古代歷史文化研究輯刊

四編

王明蓀 主編

第24冊

明代的告示榜文
——訊息傳播與社會互動（上）

連啟元 著

國家圖書館出版品預行編目資料

明代的告示榜文——訊息傳播與社會互動（上）／連啓元 著
— 初版 — 台北縣永和市：花木蘭文化出版社，2010〔民 99
〕
目 4+178 面；19×26 公分
（古代歷史文化研究輯刊 四編：第 24 冊）
ISBN：978-986-254-244-6（精裝）
1. 中國政治制度 2. 傳播社會學 3. 傳播史 4. 明史
573.16   99013199

ISBN - 978-986-254-244-6

9 789862 542446

古代歷史文化研究輯刊
四 編 第二四冊   ISBN：978-986-254-244-6

明代的告示榜文——訊息傳播與社會互動（上）

作   者 連啟元
主   編 王明蓀
總 編 輯 杜潔祥
印   刷 普羅文化出版廣告事業
出   版 花木蘭文化出版社
發 行 所 花木蘭文化出版社
發 行 人 高小娟
聯絡地址 台北縣永和市中正路五九五號七樓之三
          電話：02-2923-1455 ／傳真：02-2923-1452
電子信箱 sut81518@ms59.hinet.net
初   版 2010 年 9 月
定   價 四編 35 冊（精裝）新台幣 55,000 元

明代的告示榜文
——訊息傳播與社會互動（上）

連啟元　著

作者簡介

連啟元，臺灣臺北人，中國文化大學史學研究所博士，現為國立臺灣藝術大學通識教育中心兼任助理教授，研究領域為文化史、社會生活史、明清史，目前著重於文化史研究，涵蓋社會生活與法律文化層面。發表著作有：〈反獄動亂下的歷史書寫：明正統末年廣東黃蕭養事件研究〉、〈明代司獄形象及其社會地位的探討〉、〈文徵明的山居生活意象〉、〈爐煙裊裊：明代文人書齋與焚香雅致〉等十數篇文章。

提　　要

　　對於疆域廣大的國家組織而言，訊息的相互交流與傳遞，是維繫整體組織正常運作的重要關鍵。關於傳統社會訊息傳播的探討，多偏重於新聞學者的相關研究，較少從史學的角度深入觀察；即使有之，亦側重於邸報、朝報、塘報等政治與軍事訊息的研究，至於廣泛而全面性質的探討，仍較為少見。本文即利用碑刻、文集、檔案等大量史料，試融合傳播學的概念，以性質廣泛的官方告示榜文為研究主體，期能深入探討明代社會的訊息交流與傳遞情形。

　　本文的研究架構，是以官方告示榜文傳播為研究主軸，探討明代告示榜文的整體沿革與建置，以及朝廷發佈行政命令的來源。當官方行政命令或禁約等訊息發佈之後，地方基層百姓是否適應新政令的推行，若有所疑義或質疑時，會透過何種管道、形式反應出來，藉以瞭解官府與民眾之間的互動情形。論述主要是從告示榜文的來源對象、製作形式、刊布地點、作用類型、功能評議等角度，深入探討明代告示榜文的運作情形，藉以瞭解官方令政傳遞的差異性與特殊性，以及如何從各處地點相互連結，形成傳遞訊息的全國性網絡。最後再討論告示榜文對維護禮教綱常、社會秩序、突發事變等問題的處理，論述官方的法律效力與涵蓋範圍，以及行政命令發佈時可能遭遇的阻礙，探討政令傳播實際運作的成效性，與傳播效率的影響差異。

目

次

第一章　緒　論

一、研究動機目的

　　歷史是舊事陳跡，新聞則是發生於當代的事件紀錄，所以歷史與新聞之間具有密不可分的關係。訊息的傳播活動，一直以來都是人類社會生活之需求要素，藉由關注周遭事物的訊息接收程度，也反映出文化演進的歷程。人類是群體動物，因此傳播活動是人類存在以來就有的社會現象，藉由相互溝通與交流傳遞，使整體組織關係更爲緊密，有利於演化發展。所以從遠古時代，人類社會便開始進行傳播活動與功能〔註1〕。從訊息傳播的角度而言，涵蓋層面甚爲廣泛，其領域大致可分爲政治傳播、文化傳播、教育傳播、科學傳播、經濟傳播、軍事傳播等〔註2〕，而近代傳播學更將其析分爲大六領域，說明傳播活動對人類社會的重要性。〔註3〕

　　人類社會的訊息傳播最早是透過聲音、語言、肢體動作等作爲傳遞的型態，然後藉由符號、圖像來作爲輔助的工具，最後才出現文字。由於文字的

〔註1〕李茂政，《人類傳播行爲大系通論》（臺北：美國教育出版社，1988 年 10 月初版），頁 1～2。

〔註2〕孫旭培，《華夏傳播論——中國傳統文化中的傳播》（北京：人民出版出版社，1997 年 7 月第一版），頁 225～322。

〔註3〕羅賓（Rebecca B. Rubin）、皮耳（Linda J. Piele），《傳播研究方法：策略與來源》（臺北：亞太圖書，1997 年 8 月初版），頁 30～32。近代傳播學領域大致可析分爲六領域：人際傳播（Interpersonal communication）、小衆傳播（Small-group communication）、語言與符號（Language and symbolic codes）、組織溝通（Organizational communication）、公衆傳播（Public communication）、大衆傳播（Mass communication）等六大領域。其中大衆傳播（Mass communication）主要是將訊息或資訊，透過電視、報紙等媒介傳遞給社會大衆。

出現，知識與技能得以大量累積、保存，促進人類文明的快速發展，同時文字書寫技術的建立，更強化了訊息傳遞的效能，對於早期國家秩序的維護與管理既有關鍵性的重要作用〔註4〕。事實上訊息傳播的涵蓋層面廣泛，不僅止於訊息的取得與交換，更牽涉到整個社會結構、國家組織的管理運作。就國家整體組織而言，施政方針與行政命令能否確實傳遞，代表國家政權的穩固與否，西方社會認為訊息傳播是「政府的神經」，特別是對幅員遼闊的帝國而言，訊息的傳遞流通更顯得十分重要，隨著郵政系統的建立，訊息傳遞的效能與範圍日趨擴大，對於帝國統治與行政管理皆有相當的助益〔註5〕。西方學者 Harold A. Innis（西元 1894～1952 年）則認為，訊息傳播對於政府組織的行政措施、文明發展等，都具有重要的關鍵地位，Innis 更指出傳播媒體工具的使用改變，在不同的時空環境之下，顯示出傳播效率的差異性，就石塊、羊皮、紙張等傳播材質比較而言，紙張的使用在於其質料輕薄便於攜帶，訊息傳播的區域相對地較為遼闊，因此對於國家組織的行政管理、功能推動等，皆佔有極為重要的關鍵地位。〔註6〕

　　傳統中國由於幅員遼闊，地理環境的自然阻礙與交通阻隔，以致於形成許多獨立且孤立的區域，不僅在語言上造成特殊性，而形成獨特的文化風俗，對於整體社會的凝聚也受到影響〔註7〕。雖然各地域之間的差異性確實存在，但歷代各朝對於疆域的行政管理，通過交通驛站、傳播媒介等發展將訊息傳達至各階層，這種政治功能有助於維繫國家整體統治，建立一個上下有別、井然有序的社會關係。〔註8〕

　　古代社會雖無現代化先進的傳播媒介，但上至中央政府的法律條例，下至地方鄉里的政令傳聞，仍可藉由透過言語宣揚、告示刊布等各種其他傳播類型，達到訊息流通傳遞的功效。受到求知慾望的影響，人類透過文字、語

〔註4〕詳見：海拉・哈爾門（Harald Haarmann）著、方奕譯，《文字的歷史》（臺中：晨星出版社，2005 年 4 月初版）。

〔註5〕Asa Briggs、Peter Burke 著，李明穎等譯，《大眾傳播史：從古騰堡到網際網路的時代》（*A social history of the media: from Gutenberg to the Internet*）（臺北：韋伯文化，2004 年 7 月初版），頁 28～31。

〔註6〕殷尼斯（Harold A. Innis）著，曹定人譯，《帝國與傳播》（*Empire and Communication*）（臺北：遠流出版社，1993 年 8 月初版），頁 11～18。

〔註7〕金耀基，《從傳統到現代》（臺北：時報文化，1992 年 6 月三版），頁 119～120。

〔註8〕王銘銘，〈國家與社會關係史視野中的中國鄉鎮政府〉，《中國社會科學季刊》第二十四期，1998 年，頁 75～80。

言、符號等作爲傳遞見聞的工具，而傳播材料媒介的轉變，最早是以竹簡、絲帛爲主，漢代以降由於紙張的問世，更加速訊息傳遞速度與範圍。然而社會的傳播活動，不單僅止於訊息傳遞而已，其擴大作用可能更影響文化發展與政治社會變遷，以先秦時期社會爲例，東周以來封建解體，列國並立，在相互征伐的同時，也因爲交往頻繁，促使各區域間的文化相互融合，經過思想觀念的激盪與衝擊，致使不同的觀念意識逐漸轉趨相近，於是發展成一統性的政治環境。〔註9〕

就國家組織而言，行政命令的傳遞與宣達，通常多委由地方官吏所負責，傳統中國官僚體制的架構，官與吏之間的關係，大體是以「官」主行政，「吏」主事務，因此當中央行政命令發佈之後，地方官員便依照事類不同，交付相關屬吏實際負責，因此「吏」是直接處理行政事務的主要角色。循吏，是指遵循法令而行的官方人員，而漢代循吏更兼具有政治與文化雙重功能，政治功能即遵奉並宣達朝廷法令，以確保地方行政的正常運作，維持社會治安，此爲「吏」的特質；文化功能即教化百姓、宣揚倫常，以建立文化秩序，此爲「師」的特質〔註10〕。顯然國家機構在維繫統治權力運作的同時，兼具文化教育的傳播功能，兩者之間並存不廢。

唐代官方的傳播網絡主要是由中央進奏院爲核心開展而來，進奏院爲地方藩鎮所委官設立於京師，其目的在於呈遞公文、邸報，辦理與中央各部門有關行政交涉事宜，藉由京師長安與諸道進奏院的往來通報，並透過驛傳的傳遞發送，中央與地方雙方皆得以瞭解匯集各項訊息〔註11〕。除官方公文與榜文訊息傳遞方式之外，唐代另有露布、烽燧、檄文等軍事傳遞系統，對於維繫唐代帝國的繁榮與安定具有重要地位。

宋代研究則偏重在新聞傳播層面，特別是探討邸報的發展，從內容而言，宋代邸報兼具官方進奏院官報性質，與民間小報性質的雙重特徵〔註12〕，由於受到當時印刷造紙技術的突破，無論在邸報、榜文與時文都獲得廣大的閱

〔註 9〕 張玉法，《先秦的傳播活動及其影響》（臺北：臺灣商務印書館，1993 年 4 月初版）。

〔註10〕 余英時，〈漢代循吏與文化傳播〉，《中國思想傳統的現代詮釋》（臺北：聯經出版事業公司，1987 年 3 月初版）。

〔註11〕 李彬，《唐代文明與新聞傳播》（北京：新華出版社，1999 年 6 月第一版），頁 20～56。

〔註12〕 鄭傳斌，〈論宋代邸報的雙重性特徵〉，《河南大學學報》（社會科學版）第六期，2002 年。

讀群眾，更促進宋代傳播事業的進步，邸報成爲中央與地方之間的溝通管道〔註 13〕。事實上，宋代的官方傳播包含官辦邸報、邊報、與榜文等，主要皆爲傳播朝廷政令消息，同時朝廷也對信息傳遞設立出版法規與新聞檢查制度，而宋代官方發佈榜文情形，涵蓋榜示對象、範圍、功能作用等特點，特別是宋室南遷之際，官軍與金人交戰，雙方政治宣傳與戰情傳遞的激烈互動，尤見榜文制度在宋代新聞傳播的重要地位。〔註 14〕

由於傳播本身的定義有兩種，一種是將傳播視爲過程，並對接受者產生影響；一種則是將傳播當作協商與交換意義，藉由訊息的傳遞產生理解與互動關係。前者著重於對傳播的目標（接受者）所產生的影響，而後者更強調訊息對目標所產生的交換互動以及理解程度〔註 15〕。既然訊息傳播有助於國家統治與行政管理，歷代王朝莫不建立一套完整的訊息傳播系統，作爲維繫國家政權穩固的憑藉，同時由於各項訊息的傳遞模式，並非僅止於單向的溝通途徑而已，傳遞模式的差異性，更影響著訊息傳達的效能優劣〔註 16〕。因此傳統中國自先秦以來，官方機構對於訊息的傳遞特重於政權維繫之功能，無論是透過官僚體制的官吏負責行政命令的傳遞與宣達，或是中央機構彙集各地方的訊息，皆是欲建立一套與地方聯繫互動的機制，藉以深入瞭解各地方民情風貌，以利於國家政策、政令的確實執行。自隋唐時期以來，告示榜文的傳遞訊息模式，逐漸成爲官方機構推行政令、宣揚規範的管道，更深刻的影響後代傳遞架構。

明代作爲一個皇權高度集中的國家，官方機構又是如何藉由訊息傳播，達到國家統治與管理疆域之目的？本文即試圖釐清官方性質的訊息傳播架構，理解告示榜文制度在明代訊息傳播地位的重要性。同時藉由傳播概念的基礎，探討告示榜文制度的傳播範圍、功能與影響，並深入考察官方訊息對

〔註 13〕游彪，〈宋代朝廷與地方之間的「文字」傳遞——圍繞邸報及其相關問題而展開〉，《河北大學學報》（哲學社會科學版）第三期，2003 年。

〔註 14〕朱傳譽，《宋代新聞史》（臺北：中國學術著作獎助委員會，1967 年 9 月初版）。

〔註 15〕Tim O'Sullivan 等著，楊祖珺譯，《傳播及文化研究主要概念》（*Key Concepts in Communication and Cultural Studies*）（臺北：遠流出版事業公司，1997 年 5 月初版），頁 68～69。

〔註 16〕彭衛、孟慶順，《歷史學的視野：當代史學方法概述》（西安：陝西人民出版社，1987 年 12 月第一版），頁 250～256。訊息溝通的傳遞過程，依據傳播者與接受者互動差異，可分爲單向溝通、雙向溝通、橫向溝通、縱向溝通、正式溝通、非正式溝通等傳遞模式。

觀看者的反應互動、理解能力等議題，以期瞭解中央與地方、國家與社會的整體相互關係。

　　榜文即告示、文告〔註 17〕，就嚴格的區分而言，廣義的榜文，可泛指所有官府衙門所頒佈張貼的公文；狹義的榜文，則是指秉承皇帝旨意所發佈、懸掛的榜文。告示榜文包含官方性質與私人性質兩大類型，官方性質的告示榜文是由國家機構所發佈的行政命令、法律條例為主，交付地方政府刊布之後再加以執行，屬於公開的訊息傳播，其涵蓋政治、經濟、軍事、社會等各層面範圍。本文是以官方性質的告示榜文為研究主體，討論訊息的傳播過程與影響，並試圖瞭解明代官方機構對於訊息的掌控情形，凡屬於非官方、非公開等私人性質的訊息傳播，即使採用類似告示榜文之刊布型式，皆不在本文討論範圍之列。〔註 18〕

　　本文研究主旨在於探討明代告示榜文制度的整體架構，瞭解官方訊息的傳遞過程與發佈型態為何？影響範圍如何？社會管理與地方互動關係為何？藉由以上研究動機的提出，衍生出核心的問題討論，因此本文擬討論以下主題：

1. 官方告示榜文的發佈法定程序為何？其程序制定的背後意義為何？告示榜文的法律效力與影響範圍有何關連性？

2. 對於官方訊息的發佈與傳遞，中央朝廷與地方政府的兩者存在何種相互關係？在地方社會控制與管理方面，中央與地方的關係是否僅為單一傳遞模式，還是相互抗衡的對立？而地方民眾的建議或公眾意識，是否具有協調與緩衝的能力？

3. 面對官方訊息的發佈，做為接受者的地方民眾與士紳，在遵守相關條約禁令的態度為何？是否會對訊息的接收與反饋（feedback）產生回應，兩者之間的互動關係為何？

4. 官方訊息的傳遞與發佈地點、載體材質是否有所關聯，而不同地點的

〔註17〕中文大辭典編纂委員會編，《中文大辭典》第五冊（臺北：中華學術院，1973年 10 月初版），頁 378。

〔註18〕所謂非公開或私人性質的訊息傳遞，包含廣告、私揭、匿名揭等型式，主要是代表個人意志與看法，或具有譏諷攻擊的文字表述，其目的有時僅是情緒之發洩，有時則是企圖引起社會共鳴。部分私人性質的訊息發佈，可能是礙於官方壓力或情勢所迫，而採取匿名的方式，雖然有些是採用類似告示榜文的刊布型式，但這些屬於私人性質的訊息發佈，不僅違法更可能遭到取締處罰。

環境因素與載體材質的差異因素，又會造成訊息傳遞時的何種影響與變化？

二、相關研究回顧

訊息傳播泛指各項資訊與訊息的取得，包含官方的邸報、塘報、告示等，以及非官方的民間廣告、耳語流言等，榜文既是傳播政策訊息的方式之一，官方機構對於訊息傳播與流通格外重視。尹韻公《中國明代新聞傳播史》即從邸報、塘報、告示、社會輿論等各方面，探討明代新聞傳播的發展情形，並認為明代新聞傳播是受到商品經濟的繁榮發展、科學技術進步、文化教育提昇等因素所影響，促使訊息傳遞快速的流通，這種接受訊息傳遞的風氣，普遍成為一般百姓與知識份子瞭解全國事務的途徑。另外也對民間廣告、耳語新聞、社會輿論等非官方性質訊息傳播予以介紹。〔註 19〕

官方告示榜文的使用，反映在國家機構對地方社會控制的重要性，告示榜文主要是張掛或張貼於各地官府衙門、市鎮、鄉村、交通要衝等地，以便傳達宣揚朝廷之政令。官方告示榜文的執行，在於其法律權力的依據，最早討論有關榜文告示法律效力的研究議題，首見於黃彰建所撰〈明洪武永樂朝的榜文峻令〉一文，說明律、令、誥、榜文在明初時期，具有同等重要的法律地位，由於榜文在明初的法律地位特殊，官府對於朝廷所頒降榜文，皆須抄錄貯存，永為確實遵守，從榜文比對大誥、實錄等記載，發現部分榜文推行與內容，在明初實錄記載中多被隱匿、避諱〔註 20〕。榜文作為明初一種特殊的法律型式與治國措施，廣泛運用於社會各層面，若以榜文與當時的明律作比較考察，榜文是屬於新的立法條文，其積極目的在於將明律條文規定中有疑義與不清楚之處，加以補充說明或具體化，以便於官吏、軍民人等確實瞭解與遵守。〔註 21〕

檀上寬〈朝鮮王朝編『吏文』收載の「榜文」に見る明初の対外政策〉，則是從《吏文》所收錄的榜文史料，著重於洪武三十五年（1402，即建文帝

〔註 19〕尹韻公，《中國明代新聞傳播史》（重慶：重慶出版社，1990 年 8 月第一版），頁 7〜17。

〔註 20〕黃彰健，〈明洪武永樂朝的榜文峻令〉，《明清史研究叢稿》（臺北：臺灣商務印書館，1977 年 9 月初版），頁 237〜286。

〔註 21〕楊一凡，《洪武法律典籍考證》（北京：法律出版社，1992 年 8 月第一版），頁 154〜163。

四年）的〈禁約販賣番貨事〉榜文，參照《南京刑部志》、《明實錄》及相關研究等資料，加以詳細考證。從〈禁約販賣番貨事〉榜文的研究，歸納出明初勘合制度成形與國際秩序的確立，而同一時期所發生的胡惟庸事件，則因胡惟庸與日本的通謀，從單一政治案件轉而演變成國際化事件。另外，從番貨的禁止販賣，更可瞭解明初重法制度下的堅決態度，以及海禁政策的嚴格施行。〔註 22〕

　　地方官接受上級機關的行政命令外，同時具有發佈政令、刊布告示榜文的權力，更是政令實際推動與否的主要關鍵。巡撫為明代地方最高行政長官，屬於都察院系統，職掌各地布政司、按察司、府州縣官的考察，遇有特殊事件則領有專敕，並於職稱上加欽差之銜，以便統合調度地方事務〔註 23〕。地方州縣官號稱父母官，為中央朝廷與百姓的溝通橋樑，對於上級所交付的行政命令，皆須藉由公牘文書的傳遞來達成，其中包含陳述地方政務、地方建言等，而州縣官的行政權限，可分為自主行政權、半自主行政權、不自主行政權，對於所屬地方發佈行政命令、規章，選拔鄉里保甲及衙門胥吏，則是州縣官自主行政權，比較不受到上級機關干涉〔註 24〕。由於州縣官職務過度著重催徵錢糧，以及官與吏設置比例的不合理、胥吏濫權等弊病，嚴重影響州縣官的職權運作〔註 25〕。州縣官既為牧民之官，通常被賦予賢能的形象，期許能愛民如子，然而在責任上需身處上級官員與地方百姓的雙重壓力，生活上則面臨行政職務繁重、俸祿微薄的困境，可謂內外交困；此外，州縣官的出身與資格，從明初三途並用轉變為任用進士出身，因此非進士出身者多遭受冷落，而進士出身者更無心於地方政務，只將縣官之職視為行政歷練的過程，嚴重影響地方政務的推展與施行。〔註 26〕

〔註 22〕檀上寬，〈朝鮮王朝編『吏文』收載の「榜文」に見る明初の対外政策〉，收錄於夫馬進編，《中国明清地方檔案の研究》（京都：京都大学文学院文学研究科東洋史研究室，2000 年 3 月），頁 1～15。

〔註 23〕張哲郎，《明代巡撫研究》（臺北：文史哲出版社，1995 年 9 月初版），頁 179～246；宋純路，〈明代巡撫及明政府對它的控制〉，《長春師範學院學報》第三期，2001 年，頁 365。

〔註 24〕柏樺，《明代州縣政治體制研究》（北京：中國社會科學出版社，2003 年 1 月第一版），頁 122～191。

〔註 25〕顏廣文，〈明代縣制〉，《明代政治制度研究》（北京：中國社會科學出版社，1996 年 5 月二版），頁 176～208。

〔註 26〕吳智和，〈明代的縣令〉，《明史研究專刊》第七期，1984 年 6 月。

　　賦稅爲國家經濟命脈的來源，爲確實掌握賦稅情形，明代建立黃冊制度來管理全國戶籍，而黃冊需於每十年編造一次，在攢造之時朝廷將該遵行之事例，刊印成榜文圖冊式樣，頒佈至全國各府州縣翻刻，然後轉發所屬鄉鎮張掛，以便官吏、里甲依式攢造。由於黃冊的確實攢造與否，關係著賦稅制度的公平性，因此中央政府將圖冊式樣刊印成榜文告示，然後轉發張貼至全國各地，不僅能傳達編造黃冊的政令，同時也能減少因攢造時所造成的錯誤與疏失。〔註27〕

　　相較於一般行政命令的公開性質，軍情訊息的傳遞則因考量到機密要素，而採取保密原則，故而此類消息無法完全公開內容。塘報主要是指軍情與戰報的傳遞，爲確保官軍戰略計畫的施行，塘報屬於機密訊息，不得任意洩漏〔註28〕，所以相較之下，邸報則是屬於較爲公開性質的政治訊息。蘇同炳認爲明代的邸報多爲手抄形式，同時朝廷對於邸報消息的流通，是採取監督的檢查制度，由於邸鈔爲匯集群臣章奏，若有攻擊當道執政或閹黨的言論，勢必爲此輩所忌憚，復以邸鈔原爲寫本，因此只要將原本重新擅改抄錄即可替換，也就造成邸鈔容易被僞造的弊病〔註29〕。透過邸報的流通，地方官員可以藉此獲得有關國家政事與政令的訊息，有時會將其傳遞給鄉里的仕紳，或是關心國事的知識份子，而將官方訊息予以傳播開來。〔註30〕

　　在國家機構對地方社會控制的議題下，面對地方事務的執行處理時，通常，皆以仕紳階級等地方上層人士介入協調衝突〔註31〕，明代紳權在權力結構上，介於皇權與平民之間，是爲中央在地方上的代理者，協助處理政務的推行，因此紳權在鄉里之間具有其影響力，若紳權過度膨脹，反而會破壞地方政務的推行〔註32〕。關於官府推行政令時，百姓對於政策的支持與否，有時會反映在輿論之上，因此如何處理地方輿論所反應的民情，則是地方官在

〔註27〕 韋慶遠，《明代黃冊研究》（北京：中華書局，1961 年 12 月第一版）；欒成顯，《明代黃冊研究》（北京：中國社會科學出版社，1998 年 7 月第一版）。

〔註28〕 馬楚堅，〈明代搪報的創生及其編制〉，《明清邊政與治亂》（天津：天津人民出版社，1994 年 8 月第一版）。

〔註29〕 蘇同炳，〈明代邸報與其相關諸問題〉，《明史偶筆》（臺北：臺灣商務印書館，1970 年 6 月初版）。

〔註30〕 吳振漢，〈明代邸報的政治功能與史料價值〉，《國立中央大學人文學報》第二十八期，2003 年 8 月，頁 3～9。

〔註31〕 瞿同祖，《清代地方政府》（北京：法律出版社，2003 年 6 月第一版）。

〔註32〕 史靖，〈紳權的本質〉，《皇權與紳權》（天津：天津人民出版社，1990 年 11 月一版），頁 134～136。

推行政務上需要詳加注意之處。在訊息交流的傳播影響下，閱聽者在接受訊息之後，會針對訊息提出反饋（feedback），或因消息與事件的不公平發出疑義、批評，於是興論活動應運而生。經由訊息的相互傳播，民眾在接受訊息的同時也會適時做出反應，並與整個地方社會建立關係，進而直接或間接參與公共事務，並凝聚地方社會的群體意識〔註 33〕。因此地方百姓透過結合群眾的意識與力量，作為改善或爭取自身利益的方式，反映出代表國家與社會之間，存在一種中間地帶，既不屬於國家機關或社會組織，不僅牽涉到司法制度的判決與調解，同時也影響士紳階層對地方事務參與。〔註 34〕

面對民眾對官方政令或訊息的質疑、批評，中央與地方政府應該即時處理，一旦凝聚群體意識，很有可能造成民眾抗爭的情形出現。事實上，傳統中國民眾抗爭情形的產生，大多是由於朝廷未維持民眾基本的福利，進而引發的抗爭事件，例如賦稅不公、糧食不足、救災不力等因素，若朝廷無法審慎而有效率的處理，事件將擴大到危急地方秩序的安定，如何合理地解決衝突問題與政治運作息息相關〔註 35〕。所以，官方訊息傳播流通之後，觀察與考量民眾接受的態度，才能有效維持政令的確實施行。

交通驛傳制度的建立，牽涉到官方訊息的傳達效率，而關於政令傳遞的正常與否，更是確保國家權力正常運作的象徵。明代交通驛傳系統包含驛站、遞運所、急遞鋪等，其中驛站所負責的事務最多，計有宣傳政令、飛報軍情、接待四方賓客等，對於國家整體管理制度而言，著重於如何將朝廷的行政命令傳達至各地所屬機關，因此公文的傳遞顯得更為重要，公文傳遞的方式有兩種，普通性公文由各地來京的官員差役，於回途時順道齎回；緊急公文則由兵部發火牌，差遣專人飛馳遞送，或由各地差用人員，以較快速的交通工具迅速傳遞，這些都需要經由驛遞所設的馬驢、船隻等交通工具來完成

〔註33〕　王鴻泰，〈社會的想像與想像的社會——明清信息傳播與公眾社會〉，收錄於陳平原等編，《晚明與晚清：歷史傳承與文化創新》（武漢：湖北教育出版社，2002 年 3 月第一版），頁 143～145。

〔註34〕　黃宗智，〈國家和社會之間的第三領域〉，收入哈貝瑪斯（J. Habermas）等著，《社會主義：後冷戰時代的思索》（香港：牛津大學出版社，1995 年），頁 71～95。

〔註35〕　王國斌（R. Bin Wong）著，李伯重、連玲玲譯，《轉變的中國——歷史變遷與歐洲經驗的局限》（*China Transformed: Historical Change And The Limits Of European Experience*）（江蘇：江蘇人民出版社，1998 年 12 月第一版），頁 159～223。

〔註 36〕。驛站的位置所在與分佈範圍，代表國家政權實際掌握的地區，楊正泰的《明代驛站考》將明代驛站於官方史料上所載、未載、革除等情形，加以列表圖繪說明，有助於瞭解明代驛站制度的整體架構與運作情形〔註 37〕。由此可知，明代所設立的完整驛傳系統，其網絡延伸至全國各地，有助於官方政令的確實傳播。

官方訊息的確實傳遞與否，關係著交通驛傳系統的傳達效率，一旦官方訊息有所缺失或發生錯誤時，將破壞國家組織運作的正常性，日本學者對此方面多所關注，川越泰博甚至以情報傳遞作爲研究題材〔註 38〕。岸本美緒則以李自成攻陷北京城一事爲例，從事變發生之後，以及消息傳至南京、福建等地的時間差異，說明訊息傳遞之重要性。崇禎十七年（1644）三月八日，闖王李自成包圍紫禁城，崇禎帝自縊煤山，此後消息輾轉傳至南京地區，雖然部分南京官員，聞變旋即告誓天地，號召勤王，然而大部分官民仍對於皇帝自殺的消息疑信參半，甚至抱持懷疑態度。直至四月中旬以後，從北京的逃亡者陸續抵達南京，才證實皇帝自殺消息的眞實性〔註 39〕。司徒琳（Lynn A. Struve）認爲，這種訊息的眞僞與不確定性，對當時南京地區的官員而言，無論是在組織勤王軍隊，或規是劃對抗清軍方針等各項行動，都阻礙到處理問題時所需的時效性〔註 40〕。由此可知，政令消息傳遞的正常流通，顯示出國家運作的情形。

文化程度與理解能力的差異，表現在觀看者對官方告示的理解程度，明代爲通俗文化蓬勃發展的時代，不僅刺激印刷書籍的市場消費〔註 41〕，對於

〔註 36〕 蘇同炳，《明代驛遞制度》（臺北：中華叢書編審委員會，1969 年 6 月初版），頁 6～10。

〔註 37〕 楊正泰，《明代驛站考》（上海：上海古籍出版社，1994 年 6 月第一版）。

〔註 38〕 川越泰博，《明代異國情報の研究》（東京都：汲古書院，1999 年 4 月）。

〔註 39〕 岸本美緒，〈崇禎一七年の江南社会と北京情報〉，收錄於《和田博德教授古稀記念明清時代の法と社会——明清時代の法と社会》（東京都：汲古書院，1993 年 3 月），頁 349～353。以南京作爲明代留都的重要都市而言，在發生如此重大事變之後，尚且無法確認消息的正確性，南京官民起初還抱持懷疑的態度，遲至一個月以後，京師失陷的消息才逐漸傳至福州、漳浦等地，才證實崇禎自縊消息的眞僞。

〔註 40〕 Struve, Lynn A. *The Southern Ming 1644~1662*, London: Yale University Press, c1984, p1。中譯本見：司徒琳（Struve, Lynn A）著，李榮慶等譯，《南明史（1644～1662）》（上海：上海古籍出版社，1992 年 7 月第一版），頁 1～2。

〔註 41〕 邱澎生，〈明代蘇州營利出版事業及其社會效應〉，《九州學刊》五卷二期，1992 年，頁 139～159。

大眾閱讀能力也有提升的作用。由於官府為宣揚政令所發佈的告示榜文，並非全部採用淺現易懂的白話敘述，因此對於觀看告示榜文的廣大群眾而言，其知識程度之優劣，關係著官府政令訊息是否能傳達。Evelyn Rawski 對於明清以來大眾的識字能力加以研究，認為一般平民百姓的識字能力，是具有一定程度的讀寫能力（literacy）〔註42〕，高彥頤（Dorothy Ko）則以明清婦女文化為研究主軸，提出在明代中葉以來的出版事業蓬勃發達之下，使得閱讀大眾（reading public）大量出現，而這些閱讀大眾正是促使明代印刷出版事業，商業化蓬勃發展的重要刺激因素之一，而這正說明當時社會大眾普遍具有基本的讀寫能力〔註43〕。從民間日用類書的使用情形，也適時反映出民間知識如何的被運用〔註44〕，事實上就知識的層次而言，平民學習知識主要在識字、學習書算，學習時間較短，但求能大略理解使用即可，並非研究專門學問，與士人求取功名仕官，在本質上似有不同。〔註45〕

三、史料徵集運用

（一）官方政典史料

史部正史類的實錄、政書類的會典與會要，如《明實錄》、《大明會典》、《續文獻通考》等，皆以記載國家大事為主，對於榜文的刊布與建置多有載錄，具有重要參考價值。

有關明代榜文最重要而直接的研究史料，首見於《南京刑部志》，編撰者為明人曹棟，其書卷三所收錄榜文六十九榜，皆屬嘉靖時期（1522～1566）南京刑部所懸掛的洪武、永樂兩朝榜文。黃彰建曾將榜文內容附錄於〈明洪武永樂朝的榜文峻令〉一文〔註46〕，爾後大陸學者楊一凡等主編《中國珍稀

〔註42〕Evelyn Sakakida Rawski, *Education and Popular Literacy in Ch`ing China*, Ann Arbor: University of Michigan Press, 1979, p.1-6。所謂讀寫能力（literacy）可視為一種散播價值、影響的技術工具，作為一種社會制度而言，讀寫能力受制於社會分配和控制，只有某些身分地位的人才有使用權力，並且限制其用途。參見《傳播及文化研究主要概念》，頁 219～220。

〔註43〕Dorothy Ko, *Teachers of the Inner Chambers: Women and Culture in Seventeen-Century China*, Stanford: Stanford University Press, 1994.

〔註44〕吳蕙芳，《萬寶全書：明清時期的民間生活實錄》（臺北：政治大學歷史系，2001 年 7 月初版）。

〔註45〕王爾敏，《明清時代庶民文化生活》（臺北：中央研究院近代史研究所，2000 年 7 月二版），頁 1～8。

〔註46〕〈明洪武永樂朝的榜文峻令〉，頁 263～286。

法律典籍集成續編》，則參考各地藏本及黃彰建一文加以考訂，並更名為《洪武永樂榜文》。〔註47〕

朝鮮《吏文》一書，收錄有關明代各種公文的體例格式，全書收錄咨、奏、申、呈、照會、榜文告示等內容，其中卷四所收明代榜文共四十榜，起至洪武時期（1368～1398）至成化十二年（1476），此外另將書中文字難曉之處，加以註解訓釋，編成《吏文輯覽》附於書後，對於官制與地名等類也一併考釋〔註48〕。《吏文》所收錄明代榜文之中，發佈告示的機關衙門涵蓋禮部、兵部、吏部、都察院與遼東地區所屬各府州縣衙門。由於遼東驛站地處兩國邊境，所以禁約朝貢使臣等涉外告示榜文數量不少，而驛丞亦有獨立發佈告示之權力，如通州潞河水馬驛、薊州漁陽驛等，驛站的告示內容是以驛站人夫安全與相關設施維護為主。《吏文》所編纂的內容，為繼《南京刑部志》之外有關收錄明代告示榜文較為詳細的珍貴史籍，是為研究明代榜文制度運作的重要參考資料。

（二）地方實政史料

告示的撰寫與發佈，對於地方官員在治理地方政務而言，是重要的施政利器，因此不少地方官員將施政所發佈的告示內容加以收錄，稱為實政錄、政書之類，作為自身或後繼者的實政經驗參考。

王守仁（1472～1528）在巡撫江西南贛之時，對於所屬州縣盜賊肆虐地區，不僅頒佈寬恤禁約，更告諭軍民嚴守城池，甚至藉由告示曉諭百姓，藉以推動鄉約組織〔註49〕。山西巡撫呂坤（1536～1618）在任內之中，經常使用告示作為傳達政令之方法，為使所屬百姓能更加瞭解政令內容，在文字敘

〔註47〕 明・曹棟，《洪武永樂榜文》，《中國珍稀法律典籍集成續編》三冊（哈爾濱：黑龍江人民出版社，2002年11月第一版），頁509～533。

〔註48〕 前間恭作訓讀、末松保和編纂，《訓讀吏文》（東京：極東書店，1942年12月），〈吏文輯覽凡例〉，頁315～316。關於朝鮮《吏文》的相關研究，詳參見張存武，〈韓人保留下來的明代公牘——吏文謄錄殘卷〉，收錄於《第五屆域外漢籍國籍會議論文集》（臺北：聯合報文化基金國學文獻館，1991年12月），頁111～120。檀上寬，〈朝鮮王朝編『吏文』收載の「榜文」に見る明初の対外政策〉，收錄於夫馬進編，《中國明清地方檔案の研究》（京都：京都大学文学院文学研究科東洋史研究室，2000年3月），頁1～15。陳遼，〈朝鮮《吏文》與明史研究〉，《文獻季刊》第二期，2002年4月，頁141～158。

〔註49〕 明・王守仁，《王陽明全集》，四十一卷（上海：上海古籍出版社，1997年8月第一版）。

述上採取口語化的方式，如〈山東勸栽種語於後〉、〈救命會勸語〉、〈鄉甲勸語〉等有關民生事務方面的數篇告示，都採用口語化敘述，加強百姓對官府政令的配合程度〔註50〕。福建布政使沈演（1566～1638）在面對布政司東廊失火的突來事變，更緊急發佈數道牌文、告示，妥善處置相關措施與善後工作，顯示出官方告示對於緊急事務的處理效能〔註51〕。崇禎十三年（1640）黃希憲以右僉都御史授命巡撫應天等處，到任三年之內，對於禦寇、救濟、商稅、禁訟等有關民生事務，發佈諸多官府告示榜文，藉此以推動行政命令，其發佈告示之數量總計高達百餘道，堪稱收錄最為詳盡的地方施政紀錄。〔註52〕

縣級的地方官對於地方政務之處理，更是直接透過告示榜文的發佈，以傳達相關的施政命令。況鍾（1384～1442）在治理南直隸蘇州府之時，多次以告示勸諭百姓禁奢、申明禮俗，甚至用以解決百姓欠糧、抗爭等社會問題〔註53〕。李陳玉所撰《退思堂集》之中，卷四即收錄施政文告項目，內容涵蓋催徵錢糧、禁訟、保甲等事務，其中更記載李陳玉於浙江平湖縣到任之初，隨即向地方百姓陳述施政理念的告示，以及各項禁令內容，詳實記錄地方官員的實際施政經驗〔註54〕。海瑞（1514～1587）在浙江淳安縣知縣任內，曾發佈賑貸、課徵與禁革積弊等告示，同時也收錄興革條例、督撫條例，作為推動地方政務之依據。〔註55〕

崇禎末年的南直隸太和知縣吳世濟，在其所撰《太和縣禦寇始末》之中，匯輯自崇禎七年至八年間（1634～1635）所寫的公移文牘，其中屬於告示性質史料達數十條〔註56〕。顏俊彥擔任縣官任內，《公移》一卷收錄各項禁約、

〔註50〕 明‧呂坤，《呂公實政錄》（臺北：文史哲出版社，1971年8月初版，據清嘉慶丁巳年重刊本景印），卷二，頁6上～7下、15下～19下；卷三，頁4下～6上。

〔註51〕 明‧沈演，《止止齋集》，七十卷（臺北：漢學資料中心景照明崇禎六年刊本）。

〔註52〕 明‧黃希憲，《撫吳檄略》，八卷（臺北：漢學研究中心影照明刊本）。

〔註53〕 明‧況鍾，《況太守治蘇集》，十六卷，續十二卷（臺北：漢學研究中心照清乾隆二十九年刊本）。

〔註54〕 明‧李陳玉，《退思堂集》，十三卷（臺北：漢學資料中心影照明崇禎年間刊本）。

〔註55〕 明‧海瑞，《海忠介公全集》，七卷（臺北：海忠介公集輯印委員會，1973年5月初版）。

〔註56〕 明‧吳世濟，《太和縣禦寇始末》，二卷（北京：中華書局，1983年10月第一版）。

文告，從規範私人行為操守如禁止請託、求情、鑽營等，以及禁止屬吏擾民、索取常例、禁訟等政事禁令，發佈告示的範圍極為廣泛〔註 57〕。其餘地方官員如歸有光〔註 58〕、曹履泰等〔註 59〕，在任官其間皆以告示榜文做為推動政令之方式。因此，無論是地方施政的各項禁令、規範，或是突發事變的應對處理，都必須藉由告示榜文來傳遞或貫徹行政命令。

（三）檔案史料

檔案是重要的一手史料，其文件種類包含皇帝詔令文書、誥敕、諭旨，臣工的題奏、奏議、表、箋，各衙門往來的文移、咨、呈以及編纂注記等文書資料〔註 60〕。現存檔案主要是以明清檔案為最多，但是明代檔案史料並不多見，近年來廣西師範大學出版社所纂輯出版的《中國明朝檔案總匯》〔註 61〕，收錄包含《明代檔冊》等數十種明代檔案資料，對於明代史研究提供珍貴的史料價值，其中收錄成化元年（1465）所制訂之〈各處理榜房及抄謄寫洪武以來榜文張挂〉條例，對明代告示榜文的收貯、榜房設置等相關運作，有更深入而詳細的瞭解。

在遼東地區方面，則有遼寧省檔案館、遼寧省社會科學院歷史研究所共同編纂的《明代遼東檔案匯編》。遼寧省檔案館現存明檔共一千零八十卷，其中整理較完整檔案五百八十五件而編輯此書，內容可分為遼東都指揮使司檔案、山東等處總督備倭署及山東都司檔案、兵部題稿、明實錄稿本等四部分。根據《明代遼東檔案匯編》所錄，萬曆三十一年（1603）三月某處副鄉長為張貼改募土著告示所具的甘結，計有四份文書〔註 62〕，所謂的「甘結」，即類似現今的切結書。此四件告示文書，雖殘缺不全，但告示內容皆是議

〔註 57〕 明・顏俊彥，《盟水齋存牘》，不分卷（北京：中國政法大學出版社，2002 年 1 月第一版）。

〔註 58〕 明・歸有光，《震川先生集》，三十卷，別集十卷，《四部叢刊初編》集部（臺北：臺灣商務印書館，1975 年 6 月臺三版，據清康熙刊本景印）。

〔註 59〕 明・曹履泰，《靖海紀略》，《叢書集成新編》九十七冊（臺北：新文豐出版公司，1985 年 1 月初版）。

〔註 60〕 秦國經，〈略談明清檔案的價值和作用〉，《明清檔案與歷史研究──中國第一歷史檔案館六十周年論文集》（北京：國際文化出版，1995 年 8 月第一版），頁 150。

〔註 61〕 廣西師範大學出版社，《中國明朝檔案總匯》（桂林：廣西師範大學出版社，2001 年 6 月第一版）。

〔註 62〕 遼寧省檔案館、遼寧省社會科學院歷史研究所匯編，《明代遼東檔案匯編》（瀋陽：遼瀋書社，1985 年 6 月第一版）。

撤選鋒改募土著事，負責人等需於本屯人煙湊集處所，用板粘貼告示，並立狀切結，以免告示被風雨所損壞，這些史料反映出對告示的維護與巡視之重視。

　　明清檔案的資料，包括《明清史料》〔註63〕、《明內閣大庫史料》〔註64〕兩種。內閣大庫是清代內閣庋藏書籍、表章、檔案的場所，檔案經過整理之後，可以分爲明檔、清檔、盛京舊檔三大類，而明檔內容多爲清初所徵集天啓、崇禎朝以來的檔案〔註65〕，並由中央研究院歷史語言研究編纂爲《明清史料》，共編纂甲編至癸篇；爾後再輯錄相關明檔資料，而成爲《明內閣大庫史料》。這些明清檔案資料，皆是研究明清史直接而重要的史料。

（四）碑刻史料

　　由於傳播媒體工具的不同，傳播效率亦隨之有所差異，一般而言明代告示榜文多採用紙張爲傳播材質，雖然紙張缺點卻正是本身材質之脆弱，因此明代告示榜文的另一特色，便是「告示碑」普遍使用。「告示碑」或稱「禁約碑」，是利用石材堅貞不變之特性，適合長時間的政令傳達，故而使碑石成爲紙張告示之外，官府經常使用的告示型態。

　　關於現存收錄的歷代碑刻資料數量不下數十種，保存相當多值得研究的史料，對於利用碑刻內容加以分析，有助於對官方政令傳播與推行效能等議題的研究。碑刻資料之中載錄明代禁約碑的相關資料，最重要的有：（1）《明清以來北京工商會館碑刻選編》〔註66〕，北京爲明清兩代的政治中心，四方輻輳，士商雲集，會館之設堪稱全國之冠，收錄有關北京地區會館的碑刻資料，其中不少碑刻爲記述重修經過。（2）《明清以來蘇州社會史碑刻集》〔註67〕、《江蘇省明清以來碑刻資料選集》〔註68〕、《明清蘇州工商業碑刻

〔註63〕中央研究院歷史語言研究所編，《明清史料》（臺北：維新書局，1972年3月再版）。

〔註64〕前東北圖書館編，《明內閣大庫史料》，《中國文史哲資料叢刊》（臺北：文史哲出版社，1971年5月初版）。

〔註65〕《明清史料》甲編，徐中舒〈內閣檔案之由來及其整理〉，頁1。

〔註66〕李華編，《明清以來北京工商會館碑刻選編》（北京：文物出版社，1980年6月第一版）。

〔註67〕王國平、唐力行主編，《明清以來蘇州社會史碑刻集》（蘇州：蘇州大學出版社，1998年8月第一版）。

〔註68〕江蘇省博物館編，《江蘇省明清以來碑刻資料選集》（東京都：大安株式會社，1967年8月）。

集》〔註69〕，此三種碑刻資料集主要收錄有關蘇州府地區的碑刻資料，由於南直隸蘇州府地屬江南富庶區域，所以碑刻內容多爲市鎮、鋪戶、工匠、漕糧等有關工商業活動史料。(3)《上海碑刻資料選輯》〔註70〕，松江府上海縣地臨長江出口，位居水路交通要衝，明代時期上海、嘉定等縣隸屬松江府，由於地處沿海商業交易頻繁，有關市鎮商業、手工業等碑刻資料頗多，其中不乏牙行、鹽務、蕩田、公所等告示碑文，明代中期一條鞭法的施行，民間稅糧改以銀量徵收，對於嘉定縣地不產米，僅能種植棉花的地質特性，減輕不少經濟負擔，因此關於漕糧改折之記載碑刻甚多。(4)浙江溫州府的《溫州歷代碑刻集》〔註71〕。以上四類碑刻史料主要偏重於南北直隸與浙江地區，所收錄的碑刻史料則以工商經濟相關事務爲主，反映出南北直隸經濟發展的社會結構特性。

　　除以上四類有關明清碑刻史料之外，屬於通論性質的有《明清石刻文獻全編》〔註72〕、《歷代石刻史料彙編》〔註73〕、《北京圖書館藏中國歷代石刻拓本匯編》等〔註74〕；其餘各地域的碑刻史料亦頗豐富，如四川地區的《四川歷代碑刻》〔註75〕、陝西《咸陽碑刻》〔註76〕、廣東《廣東碑刻集》〔註77〕、廣州府南海縣的《明清佛山碑刻文獻經濟資料》〔註78〕、《廣西少數民族地區

〔註69〕蘇州博物館、江蘇師范學院歷史系、南京大學明清史研究室編，《明清蘇州工商業碑刻集》（蘇州：江蘇人民出版社，1981年2月第一版）。

〔註70〕上海博物館圖書資料室編，《上海碑刻資料選輯》（上海：上海人民出版社，1980年6月第一版）。

〔註71〕金柏東主編，《溫州歷代碑刻集》（上海：上海社會科學院出版社，2002年12月第一版）。

〔註72〕國家圖書館善本金石組編，《明清石刻文獻全編》（北京：北京圖書館出版社，2003年3月第一版）。

〔註73〕國家圖書館善本金石組編，《歷代石刻史料彙編》（北京：北京圖書館出版社，2000年8月第一版）。

〔註74〕北京圖書館金石組編，《北京圖書館藏中國歷代石刻拓本匯編》（鄭州：中州古籍出版社，1989年8月第一版）。

〔註75〕高文、高成剛編，《四川歷代碑刻》（成都：四川大學出版社，1990年12月第一版）。

〔註76〕咸陽市文物考古研究所等編，《咸陽碑刻》（西安：三秦出版社，2003年7月第一版）。

〔註77〕譚棣華、曹騰騑、冼劍民編，《廣東碑刻集》（廣州：廣東高等教育出版社，2001年1月第一版）。

〔註78〕廣東省社會科學院等編，《明清佛山碑刻文獻經濟資料》（廣州：廣東人民出版社，1987年6月第一版）。

石刻碑文集》等〔註 79〕。這些碑刻集的記載與收錄，反映出以石刻型式的告示榜文，在有明一代作為官方傳遞政令的使用，是極為普遍的現象；此外「告示碑」的存在，同時也顯示出地方百姓或官員，在推行部分政令、禁約之時，冀望藉由石碑「傳之久遠」的特性，作為將政令定制化、永久化的目標。

（五）筆記小說、文集資料

部分的告示榜文資料，不少是散列於子部雜家類的野史筆記、史部地理類的地方志等史料，以及公案小說之中，透過這些記載大致反映出當時社會生活的現狀。明代通俗大眾文化蓬勃發展，不少小說戲曲藉由描繪前代或當代的故事，反映出生活環境的真實面相，《喻世明言》〔註80〕即提到關中人楊復在外娶妾生子，因後見官府榜文得知倭寇將近，於是決定及早動身出發，說明官府告示對百姓生活作息規劃的重要性。《二刻拍案驚奇》〈程朝奉單遇無頭婦·王通判雙雪不明冤〉〔註81〕、《喻世明言》所載〈沈小霞相會出師表〉都提及官府如何發佈捕盜告示，緝捕逃犯歸案，以維持社會秩序的安定。而《皇明諸司公案傳》即記載不少官府利用緝捕盜賊的告示，並配合縝密的謀劃，進而將盜賊繩之以法〔註82〕。這些小說將官府發佈告示的情節與過程詳細描述出來，有助於瞭解官府發佈告示的運作情形，同時提及百姓如何將所取得的官方訊息，加以轉化運用於日常生活。

文人的筆記、札記多是站在細膩的觀察角度，其內容記載尤能反映出社會生活的各種面相，因此不少筆記小說描繪到有關官方行政命令或告示榜文的發佈，以及百姓對官方訊息的反應與態度。謝肇淛（1549～1613）以親身治理地方政務之實際經驗，深刻體會到官府告示過於繁冗，確實有礙政令推行，故而強調官方告示內容「詞簡意明」的重要性〔註83〕。朱國楨（1558～1632）則是從京師所見各衙門告示大小逾制的情形，不僅提到官方告示榜文

〔註79〕廣西民族研究所編，《廣西少數民族地區石刻碑文集》（南寧：廣西民族出版社，1982 年 9 月第一版）。

〔註80〕明·馮夢龍，《喻世明言》，四十卷（臺北：桂冠圖書公司，1990 年 1 月再版）。

〔註81〕明·凌濛初，《二刻拍案驚奇》（臺北：桂冠圖書公司，1992 年 2 月四版），卷二十八〈程朝奉單遇無頭婦·王通判雙雪不明冤〉，頁 539～540。

〔註82〕明·余象斗編述，《皇明諸司公案傳》，《古本小說叢刊》第六輯（北京：中華書局，1990 年月第一版，據明萬曆三台館余氏刊本景印）。

〔註83〕明·謝肇淛，《五雜俎》，十六卷（臺北：新興書局，1971 年 5 月，據明萬曆戊申年刻本景印）。

的發佈程序遭到破壞，進而感慨風俗澆薄〔註 84〕。對於官方告示所發佈不合理的政令或禁令，百姓有時會群聚抗議，迫使官府修正政令的推行，《萬曆野獲編》則記載萬曆時期（1573～1620）禮部尚書張昇因告示中的誤字、巡城御史楊四知嚴禁殺牛，兩者皆因告示內容的不合理，引起民眾群聚抗議，甚至幾乎遭到激動民眾的殺傷。〔註 85〕

此外，不少的官方告示榜文，被官員視爲施政的績效，而與公文案牘，散列於明人文集著作之中。薛應旂（1500～？）於治理延綏兵政之時，對於延安府所屬各州縣所發佈的〈行各屬招撫流賊告示〉、〈行按屬安民告示〉等數篇告示，皆收錄於文集之中，其中還包含較白話語體的告示內容〔註 86〕。馮從吾（1556～1627）在清理鹽法積弊時，即發佈多次告示要求嚴格執行相關鹽務措施〔註 87〕。當新官蒞任、或巡行視察地方時，也會發佈告示榜文知會地方鄉里，以免驚擾地方安寧，尹昌隆在〈巡按溂江曉諭榜文〉內容之中，提及受命巡察地方的緣由以及地方需配合等相關事務。〔註 88〕

對於地方學校各類規條的頒訂，部分提學官員有時則以告示的型式，張貼於學校明倫堂或直接曉諭生員，如王宗沐（1523～1591）於提督江西學政任內〔註 89〕、李維楨（1547～1626）提督陝西學政〔註 90〕、郭子章（1542～1618）在提督學政時〔註 91〕，這些提學官員對於學校各項事務的規定，皆曾

〔註 84〕 明・朱國禎，《湧幢小品》，三十二卷，《筆記小說大觀》二十二編七冊（臺北：新興書局，1978 年 9 月初版）。

〔註 85〕 明・沈德符，《萬曆野獲編》，三十卷，補遺四卷（北京：中華書局，1959 年 2 月第一版）。

〔註 86〕 明・薛應旂，《方山薛先生全集》，六十八卷，《續修四庫全書》集部一三四三冊（上海：上海古籍出版社，1997 年，據明嘉靖刻本景印）。

〔註 87〕 明・馮從吾，《馮少墟續集》，六卷，《叢書集成三編》五十冊（臺北：新文豐出版公司，1997 年 3 月初版，據臺灣大學藏馮恭定全書本景印）。

〔註 88〕 明・尹昌隆，《尹訥菴先生遺稿》，《四庫全書存目叢書》集部二十六冊（臺南：莊嚴文化公司，1997 年 7 月初版，據明萬曆刻本景印），卷一〈巡按溂江曉諭榜文〉，頁 10 上～11 上。

〔註 89〕 明・王宗沐，《敬所王先生文集》，三十卷，《四庫全書存目叢書》集部一一一冊（臺南：莊嚴文化公司，1997 年 7 月初版，據明萬曆元年劉良弼刻本景印）。

〔註 90〕 明・李維楨，《大泌山房集》，一三四卷，目錄二卷，《四庫全書存目叢書》集部一五三冊（臺南：莊嚴文化公司，1997 年 7 月初版，據明萬曆三十九年刊本景印）。

〔註 91〕 明・郭子章，《蠙衣生蜀草》，十卷，《四庫全書存目叢書》集部一五四冊（臺南：莊嚴文化公司，1997 年 7 月初版，據明萬曆十八年周應鰲刻本景印）。

以告示的型式曉諭生員知悉，使其恪守相關學約之規定，這些告示內容即等同於學校學規、學約的地位。

四、論文架構介述

本文的論述架構，主要是以官方榜文告示傳播為研究主軸，探討並瞭解明代榜文告示的整體沿革與建置，以及朝廷發佈行政命令的來源。當官方行政命令或禁約等訊息發佈之後，地方基層百姓是否適應新政令的推行，若有所疑義或質疑時，會透過何種管道、形式反應出來，藉以瞭解官府與民眾之間的互動情形。本文在內容論述除緒論與結論之外，共分為五章，各章結構如下：

第二章告示榜文的來源對象。告示榜文制度之來源，可追溯至先秦時代以來的「懸法象魏」制度，即將政令或律法懸掛於宮門兩側，以便告示百姓知悉，此後歷代各朝皆沿襲此制度，作為傳遞政令訊息的模式，而後又如何由原先懸掛文書的方式，發展出使用張貼、刊布的告示榜文？國家重要之政令多由皇帝頒佈詔書，然後轉行各所屬機構，出榜告示百姓之後在加以施行。由於告示榜文的告諭對象廣泛，依照告諭對象的身分地位、社會階級不同，張貼或懸掛榜告示的地方、內容亦有所不同，本章旨在論述內容榜文來源，以及所衍伸出不同類型的告示對象。

第三章告示榜文的製作形式。本章旨在討論地方官府在承接上級命令或處理政務之後，採取何種形式發佈告示榜文，依照當時傳播技術，在採取徒手抄寫或雕版印刷之間，如何衡量取決？而面對閱讀群眾的廣泛，告示內容的敘述語體，是否考慮到平民百姓的知識水準與理解能力？此外，告示載體的材質使用，其差異性則是影響訊息傳播的效能與範圍，在明代所使用的官方告示載體，可分為紙張、刻石、木版、鑴鐵等類型，各類型之間的優缺點為何？而材質本身之差異性，又對訊息傳播產生何種影響？透過對告示榜文製作形式的分析，理解明代官方告示榜文發佈的運作情時，並探討各項告示材質類型對傳播訊息的差異與優劣性。

第四章告示榜文的刊布場所。根據告示榜文所屬事務的性質不同，所張掛的地方各有差異，而張掛地點的差異性，是否反映在政令傳遞之效能？以各地方官府的政治中心為主軸，如何向鄉村、商業地區、交通要道等處擴散延伸？本章從行政機構、地方鄉村、商業貿易、交通要道等告示刊布的區域地點，探討從各地點如何相互連結，形成傳遞訊息的全國性網絡。

第五章告示榜文的作用類型。地方官員對境內百姓宣布政令或禁約，多以告示的形式加以刊布，以便公開宣達前政令，務使所屬軍民知曉並加以推行，而對於歷來告示榜文的收貯情形爲何？官府在處理突發事變時，告示的發佈與使用，能發揮如何的應變處置功效？在面對維護禮教綱常、社會秩序等問題，官方告示又如何傳遞官府所表明的態度與立場？本章試圖從推動行政命令、端正社會風氣、維護地方秩序、傳遞軍情等角度，論述官方告示榜文的各項類型。

第六章告示榜文的功能評議。對於告示榜文的法律效力探討，是論述其法律性質的規範與發佈情形爲主軸，並理解與律令、誥敕的相互關係，而官方告示榜文在發佈之後，其行政命令涵蓋範圍與施行時間，是否對告示榜文的法律效力產生影響與變化？在榜文告示發佈的程序與規範上，所屬機關如何運作，方能具有公信力與法律效力？關於告示內容本身適當性、公平性，又是如何影響到告示具體施行的成效性？本章藉由官方告示榜文的法律效力與涵蓋範圍，以及行政命令發佈時可能遭遇的阻礙，探討政令傳播的實際運作與傳播效率差異。

第二章　告示榜文的來源對象

　　榜文即告示之文，然而就嚴格的區分而言，廣義的榜文，可泛指所有官府衙門所頒佈張貼的公文；狹義的榜文，則是指秉承皇帝旨意所發佈、懸掛的榜文。告示榜文制度的形成，自先秦時代以來，便已有「懸法象魏」的制度，即將政令或律法懸掛於宮門兩側，以便告示百姓知悉，此後歷代各朝皆沿襲此制度，作為傳遞政令訊息的模式，並由原先懸掛文書的方式，發展出使用張貼、刊布的告示榜文。

　　明代朝廷重要之政令，多由皇帝頒佈詔書轉行各所屬機構，再依地方政府出榜告示百姓然後加以施行。在明初立法過程之中，榜文是以皇帝聖旨的型式公佈於世，藉以迅速反映朝廷的施政方針，以便明確執行當前政令，如《教民榜文》即由明太祖口諭而加以刊布，另外為懲元末以來官吏之貪墨，特重吏治的整頓，凡官員犯法者皆揭於申明亭以示戒，並屢次累頒戒諭、榜諭等，以誥示天下〔註1〕，這種因事立法而發布榜文禁例，為明初制度之特色。除皇帝旨意之外，如職官升遷、律法頒佈等，皆由中央政府發佈行政命令，轉下地方政府遵行處置。

　　關於告示榜文的告諭對象甚為廣泛，上至皇親宗室、文武官吏，下至平民百姓、罪犯、盜賊，依照告諭對象的不同，張貼或懸掛榜告示的地方、內容性質亦略有差異。誠諭宗室、官吏的告示榜文，多榜示於朝堂或官署衙門之上；告諭一般百姓的事務則較為龐雜，有官署衙門附近以及倉場、市鎮、交通要衝等處；至於違法犯罪者，則多榜於事發所在、官府、山林禁區等

〔註1〕清・張廷玉等，《明史》（臺北：鼎文書局，1978年10月再版），卷九十四〈刑法志二〉，頁2318。

地。在告示內容方面，皇親宗室與官吏人等，偏重於如何治理政務、愛民等為官之道，以及告誡奢侈、毋欺凌地方的命令；平民百姓則偏重於日常生活規範、倫理綱常等政令的遵守施行。

　　百姓對於官府的行政命令發佈，不僅單方面視為行為上的依據與規範，有時還會其轉化為生活所需的訊息來源，有時作為遠行規劃的參考因素，有時則作為街談巷議的趣聞，連結地方鄉里之間的溝通網絡。透過耳語相互傳遞，官方告示內行政命令，不再僅止於政治上的禁令、限制，而是可以轉變為日常知識，甚至應用於一般的生活作息之上。

第一節　歷代告示榜文的源流

一、先秦至魏晉時期

　　中國自周代以來即設立史官，其職責在於紀錄帝王、王侯的言行與國家政事，至春秋戰國以後，開始有懸書的出現，「懸書」是指懸掛宣示簡牘或帛書，懸書的內容有官方性質與私人性質兩種。《史記・晉世家》曾記載，晉公子重耳經過顛沛流離之後回國即位，是為晉文公，隨其出亡的五位重臣，唯有介之推未被封賞。介之推的門客為此憤恨不平，遂於街道上張掛匿名懸書，以隱諱的手法寫道：「龍欲上天，五蛇為輔，龍已升雲，四蛇各入其宇，一蛇獨怨，終不見處所。」﹝註2﹞這便是屬於就是私人性質懸書。然而其內容不免涉及譏評時政、臧否人物，對執政者不免造成影響，因此歷來官方對於私人性質懸書是相當禁止。

　　「懸書」是指懸掛簡牘或帛書，並不專指政治性文書，爾後諸侯各國為宣傳政令、推行教化，而發展出將官府文書懸掛於宮門兩側的「象魏」制度。追溯歷代朝廷官方性質的佈告，最早可推至商周時期，《禮記・中庸》記載：「文武之政，布在方策，其人存則政舉，其人亡則政息。」所謂的「方」即是木牘，「策」即為竹簡之冊；而「布」則有宣示、公布之意涵﹝註3﹞。因

───────────────

﹝註2﹞漢・司馬遷，《史記》（臺北：鼎文書局，1979年10月再版），卷三十九〈晉世家第九〉，頁1662：「介子推從者憐之，乃懸書宮門曰：「龍欲上天，五蛇為輔，龍已升雲，四蛇各入其宇，一蛇獨怨，終不見處所。」文公出，見其書，曰：「此介子推也，吾方憂王室，未圖其功。」使人召之，則亡。遂求所在，聞其入綿上山中，於是文公環綿上山中而封之，以為介推田，號曰介山。」
﹝註3﹞漢・鄭玄注、唐・孔穎達疏，《禮記正義》，《十三經注疏整理本》（臺北：臺

此朝廷的相關政令，皆藉由張掛、刊布而使官員、百姓知悉。這種懸掛政令、律法，用以告知群眾的形式，在周代極為常見，如《周禮‧秋官》所載大司寇之職責為：

> 正月之吉，始和布刑于邦國都鄙，乃縣〔懸〕刑象之法于象魏，使萬民觀刑象，挾日而斂之。〔註4〕

其中「挾日而斂之」，即是指將法令張掛十日之後，方予以撤去。除昭示法令之外，另有所謂的「布憲」官員，執旌節以宣布於四方邦國及都鄙等地方，專門負責公布與宣傳刑禁、政令，說明朝廷對法令重視的情形〔註5〕。此外，大宰、大司徒、大司馬等官，也都需要在正月之吉將「治象之法」、「教象之法」、「政象之法」等懸於象魏，而所謂的象魏即是指宮殿的門闕，兩旁各一，築土為臺，類似城樓，懸法於其上，故謂之「象魏」，又因其可以觀望，或稱為「雙觀」、「雙闕」〔註6〕。因此《周禮》《禮記》、《爾雅》等諸書，皆有將法令、公文懸掛於「象魏」的記載，說明將法令懸掛於宮門兩側，用以宣揚、告知百姓，是周代普遍常見的現象。

懸法象魏的制度，由於只將法令懸掛於宮門兩側，宣傳效果略顯狹隘，因此有時採取以告示文書的形式，直接佈告天下百姓。如齊湣王四十年，燕、秦、楚、三晉合謀伐齊，湣王出亡至莒地，楚使淖齒率領軍隊救齊，湣王遂以淖齒為相，不久淖齒殺湣王，並與燕國共分齊地，湣王之子法章遂變易姓名，逃匿至莒太史家為傭人，而後莒人與齊亡臣尋求湣王之子，遂共立法章襄王，並布告齊國人民：「王已立在莒矣。」〔註7〕此處的布告，即是以

〔註4〕 漢‧鄭玄注、唐‧賈公彥疏，《周禮注疏》，《十三經注疏整理本》（臺北：臺灣古籍出版社，2001年10月初版），卷三十四〈秋官司寇第五‧大司寇〉，頁1066。

〔註5〕 《周禮注疏》，卷三十六〈秋官司寇第五‧布憲〉，頁1132。鄭玄注：「憲，表也，謂縣〔懸〕之也。刑禁者，國之五禁，所以左右刑罰者。司寇正月布刑于天下，正歲又縣其書于象魏，布憲於司寇布刑，則以旌節出宣令之，於司寇縣書則亦縣之于門閭及都鄙邦國。刑者王政所重，故屢丁寧〔叮嚀〕焉。」

〔註6〕 晉‧郭璞注、宋‧邢昺疏，《爾雅注疏》，《十三經注疏整理本》（臺北：臺灣古籍出版社，2001年10月初版），卷五〈釋宮第五〉，頁144。引《白虎通》云：「闕是闕疑義，亦相兼，然則其上縣法象，其狀魏魏然高大，謂之象魏，使人觀之謂之觀也。是觀與象魏。闕，一物而三名也，以門之兩旁相對為雙，故云雙闕。」

〔註7〕 《史記》，卷四十六〈田敬仲完世家第十六〉，頁1901。

告示文書之形式，告知國中百姓齊王已立的重大消息。

秦代朝廷官方行政命令的推動，亦藉由告示文書的刊布，以便傳達相關政令。睡虎地秦簡內的《語書》，即為南郡守騰於始皇二十年（前 227），頒發於南郡所屬各縣、道〔註8〕，其中說明郡守頒行告示之主要目的：

> 凡法律令者，以教道（導）民，去其淫避（僻），除其惡俗，使之之於為善殹（也）。今法律令已具矣，而吏民莫用，鄉俗淫失（泆）之民不止，是即法（廢）主之明法殹（也），而長邪避（僻）淫失（泆）之民，甚害於邦，不便於民。故騰為是而脩法律令、田令及為閒私方而下之，令吏明布，令吏民皆明智（知）之，毋巨（距）於罪。〔註9〕

所謂「毋巨（距）於罪」，即是不要犯罪。從文告內容可知，南郡守騰認為法令之目的在於教導百姓，去除不良習俗使之為善，因此頒佈法令並囑令屬吏傳達曉諭，使百姓能夠明白瞭解，以免誤蹈刑罰而犯罪。

對於朝廷政令、禁令等規範，也常透過告示形式昭示全國。漢景帝以民間「雕文刻鏤，傷農事者也，錦繡纂組，害女紅者也，農事傷則飢之本也，女紅害則寒之原也」，遂詔令並布告天下，勸諭百姓以務農為根本〔註10〕。漢武帝因河南人卜式，願輸家產之半助邊，以協助朝廷討伐匈奴，遂遣使「召拜式為中郎，爵左庶長，賜田十頃，布告天下，使明知之」〔註11〕，漢武帝此舉不僅是將封給卜式官爵的消息告示天下，更因為當時出兵塞外征伐匈奴，造成朝廷上經濟龐大負擔，因此另有勸諭全國百姓，捐輸家財以充實國庫的積極意義。漢平帝即位，以太皇太后臨朝，大司馬王莽秉政，即詔令大赦天下，並著為令布告全國〔註12〕。此外，東漢光武帝建武七年（32），鑑於世俗以厚葬為德，薄葬為鄙，遂布告詔令於天下，使百姓明瞭薄葬送終之義

〔註 8〕 1975 年湖北雲夢睡虎地十一號秦墓，發現一千五百五十五枚竹簡，經過整理後可分《編年記》、《南郡守騰文書》、《秦律十八種》、《效律》等十種。其中《語書》或稱《南郡守騰文書》，是為秦代官方文書，是以南郡守騰的名義於始皇二十年（前 227）頒發於南郡各縣、道的告示文書，有助於瞭解秦朝在南郡（楚北地區）的統治概況與律令頒佈情形。

〔註 9〕 睡虎地秦簡整理小組編，《睡虎地秦墓竹簡》（北京：文物出版社，1990 年 9 月第一版），〈語書釋文〉，頁 13。

〔註10〕 漢‧班固，《漢書》（臺北：鼎文書局，1976 年 10 月再版），卷五〈景帝紀第五〉，頁 151。

〔註11〕 《史記》，卷三十〈平準書第八〉，頁 1431。

〔註12〕 《漢書》，卷十二〈平帝紀第十二〉，頁 348。

〔註13〕，並以藉以改變奢侈的風尚。

漢代交阯地產明珠、翠玉、犀、象、異香等珍寶，歷任刺史皆以貪賄搜刮為務，致使當地吏民怨聲載道，至靈帝中平元年（184），交阯屯兵執刺史及合浦太守反叛，朝廷推舉賈琮為交阯刺史，並前往平息亂事，賈琮到任後詳加詢問，得知起因於刺史貪賄、賦斂過重，不得已而群聚為盜。賈琮乃移書告示，並招撫流散，蠲免賦役，征討賊首，然後簡選良吏治理，於是百姓各安其業，百姓感念其德乃為歌曰：「賈父來晚，使我先反，今見清平，吏不敢飯。」〔註14〕安帝元初三年（116），西南邊境民族因當地郡縣賦斂過重，遂舉兵反叛，永昌、益州等郡皆應之，聚眾十餘萬，聲勢浩大，所過郡縣皆遭肆虐，朝廷詔益州刺史張喬負責討平，張喬以詔書告示各郡徵求武士，然後設謀征討大破之，斬首三萬餘級。〔註15〕

至魏晉時期，告示榜文運用於傳達政令的情形日趨普遍。魏文帝曹丕即王位時，以酇縣戶口數萬，其中多有不法者，乃以賈逵為酇令，後遷豫州刺史，到官數月之內整頓吏治，糾劾並奏免貪賄不法官員多人，魏文帝甚為嘉許，同時告示天下當以豫州為法，賜爵關內侯〔註16〕。北魏莊帝即位三年，元顥起兵趁虛攻陷滎陽，或勸帝赴關西避難，道穆則勸莊帝元顥兵力不足懼，若親率宿將，重賞招募兵勇，背城一戰，必能大破敵軍，不疑矣，莊帝遂命道穆「秉燭作詔書數十紙，布告遠近，於是四方知乘輿所在」〔註17〕，於是召集各方勤王之師，此處的告示則兼具有詔書、檄文的作用。南朝梁武帝天監十八年（519），蕭景出任都督郢司霍三州諸軍事、安西將軍、郢州刺史，當時齊安、竟陵郡鄰近北魏國界，因此盜賊叢生，蕭景移書告示，遂不復侵略。〔註18〕

先秦時期懸法於宮門兩側的象魏制度，主要是將法令、刑書懸掛於宮門

〔註13〕 南朝宋・范曄《後漢書》（臺北：鼎文書局，1979 年 10 月再版），卷一下〈光武帝紀第一下〉，頁 51。

〔註14〕 《後漢書》，卷三十一〈列傳第二十一・賈琮〉，頁 1111～1112。

〔註15〕 《後漢書》，卷八十六〈列傳第七十六・南蠻西南夷・邛都〉，頁 2853。

〔註16〕 晉・陳壽撰、南朝宋・裴松之注，《三國志》（臺北：鼎文書局，1979 年 10 月再版），卷十五〈魏書十五・賈逵〉，頁 482。

〔註17〕 北齊・魏收，《魏書》（臺北：鼎文書局，1978 年 10 月再版），卷七十七〈列傳第六十五・道穆〉，頁 1715。

〔註18〕 唐・姚思廉，《梁書》（臺北：鼎文書局，1979 年 10 月再版），卷二十四〈列傳第十八・蕭景〉，頁 370。

兩側以便宣達政令，至秦漢以後鑑於法令僅懸掛宮門，宣傳與傳布效果不夠廣泛，因此採取以告示文書的形式，直接佈告天下百姓。先秦時期的「懸法象魏」精神被保存下來，但在傳播形式上則轉變爲以告示榜文、佈告天下的型態，有助於宣傳朝廷或官方行政命令與施政方針，而以告示榜文作爲官方宣揚政令的傳播架構，則被歷代後世所沿用。

二、隋唐時期的發展

隋文帝開皇元年（581），以天下錢貨輕重不一，乃重新更鑄新錢，謂之「五銖錢」，規定每錢一千，重四斤二兩。而後私鑄之錢漸多流入市面，至十年（590）詔晉王廣於揚州立五鑪鑄錢，並於「京師及諸州邸肆之上，皆令立榜，置樣爲准，不中樣者不入於市。」〔註19〕所謂的「立榜」，即是設立告示榜文，然後將官方所制訂的新錢式樣，懸掛置於其上，以便檢驗市面上的流通錢幣，是否爲私造的僞幣。唐憲宗元和三年（808）六月，爲使全國貨物交易順暢，朝廷以告示的形式發佈新規，詔令官員不得逼迫商人限制使用錢幣，同時禁止蓄錢，以保持錢幣流通。〔註20〕

隋末群雄競起，榜文告示也成爲各方豪傑招納人才俊傑的方式，如王世充擊破李密之後，自封太尉、尚書令，加黃門印綠綟綬，並以尚書省爲府，設置官屬。爲拉攏人心，遂設三榜於府外，以求文學、武藝才幹者，於是上書陳事者一日數百，雖吏卒亦加以讚許〔註21〕。除了以告示榜文徵求人才之外，科舉制度更是知識份子晉陞仕途的主要途徑，因此士子莫不冀望數年寒窗苦讀之後，能一舉成名登入仕途，所以唐代科舉放榜之時，往往引來士子群聚圍觀。其中進士科的放榜名單，則張掛於禮部貢院的南院東牆，據《唐摭言》所載：

> 貞觀初，放榜日，太宗私幸端門，見進士於榜下綴行而出，喜謂侍
> 臣曰：「天下英雄入吾彀中矣！」進士榜頭，豎貼黃紙四張，以氈筆
> 淡墨衮轉書曰：「禮部貢院」四字，或曰文皇頃以飛帛書之，又去象

〔註19〕唐・杜佑，《通典》（北京：中華書局，1988 年 6 月第一版），〈食貨九・錢幣下・隋〉，頁 198。

〔註20〕後晉・劉昫，《舊唐書》（臺北：鼎文書局，1979 年 10 月再版），卷四十八〈食貨志上・錢〉，頁 2101～2102。

〔註21〕宋・歐陽修、宋祁撰，《新唐書》（臺北：鼎文書局，1979 年 10 月再版），卷八十五〈王世充傳〉，頁 3692。

陰注陽受之狀。進士舊例，於都省御考試。南院放牓，張牓牆乃南
院東牆也，別築起一堵高丈餘，外有壖垣，未辨色，即自北院將牓
就南院張掛之。〔註22〕

由於朝中大臣的選任，多爲進士科出身者所擔任，因此進士科放榜成爲舉國
矚目的重要大事，根據當時禮部員外郎沈既濟的觀察，所謂「每歲得第之人，
不浹辰而周聞天下」〔註23〕，不出十二天全國皆聞知其名。進士放榜舊例，
需於放榜前由禮部侍郎將進士及第人名，先行呈報宰相然後放榜，此舉似有
不公之處，因此太和八年（834）正月，朝廷依照中書門下所奏請，凡今後進
士放榜，不用先行呈報人名之舉，以求取士過程的公正。〔註24〕

唐代上承魏晉時期的世家大族遺風，甚爲注重郡望與門第之見，對於婚
姻關係之締結，亦特重出身門第，而當時山東士族如崔、盧、鄭、王諸姓皆
爲望族，朝廷官員皆爭相與之聯姻。此外更注重婚姻之財貨，若是女方門望
甚高，議婚時則需納財以賠門望，謂之「賠門財」，以致於有「新官之輩，豐
財之家，慕其祖宗，競結婚媾，多納貨賄，有如販鬻」，儼然形成賣婚之舉，
因此唐太宗於貞觀十六年（642）六月，詔令規定「自今已後，明加告示，使
識嫁娶之序，各合典禮，知朕意焉，其自今年六月禁賣婚。」〔註25〕企圖透
過政治力量發佈政令，將過度重視門第與財貨等賣婚習俗加以禁革，同時削
弱舊士族的政治影響力。

在喪葬習俗方面，唐代王公百官競相以厚葬爲樂，凡出殯之時人偶象馬
等明器，雕刻裝飾華麗，用以炫耀路人，流風所及，百姓爭相仿效，致有傾
財破產者，武宗會昌元年（841）十一月即依御史臺所奏，規定百官與士庶葬
禮所使用的明器、物品、隨從等相關數量，根據士庶喪葬禮俗之差異，以免
逾越過甚，靡費奢侈，並將詔令轉下京兆府，散榜於各城市與城門，使百姓

〔註22〕唐・王定保，《唐摭言》，《筆記小說大觀》二十編一冊（臺北：新興書局，1978
　　　年9月初版），卷十五〈雜記〉，頁1下～2上。
〔註23〕《通典》，卷十五〈選舉三・歷代制下・大唐〉，頁357～358。
〔註24〕宋・王溥，《唐會要》，《中國學術名著》第二輯（臺北：世界書局，1974年），
　　　卷七十六〈貢舉中・進士〉，頁1381：「（太和）八年正月中書門下奏：進士放
　　　榜，舊例，禮部侍郎皆將及第人名先呈宰相，然後放榜。伏以委任有司，固
　　　當精慎，宰相先知取舍，事匪至公，今年以後，請便令放榜，不用先呈人
　　　名，其及第人所試雜文及鄉貫三代名諱，並當日送中書門下，便合定例。勒
　　　旨，依奏。」
〔註25〕《唐會要》，卷八十三〈嫁娶〉，頁1528。

知所遵守。〔註26〕

　　對於地方社會秩序的維護，告示榜文也適時發揮相當的作用。僖宗乾符六年（879）四月，西川節度使崔安潛到任之後，爲解決當地盜賊爲患的問題，遂出庫錢一千五百緡分置三市，並豎立榜文曰：「有能告捕一盜，賞錢五百緡。盜不能獨爲，必有侶，侶者告捕，釋其罪，賞同平人。」此榜文張掛之後，果然引起盜賊相互自首告官的效應：

　　　未幾，有捕盜而至者，盜不服，曰：「汝與我同爲盜十七年，贓皆平
　　　分，汝安能捕我！我與汝同死耳。」安潛曰：「汝既知吾有榜，何不
　　　捕彼以來！則彼應死，汝受賞矣。汝既爲所失，死復何辭！」立命給
　　　捕者錢，使盜視之，然後剮盜於市，並滅其家。於是諸盜與其侶互相
　　　疑，無地容足，夜不及旦，散逃出境，境內遂無一人爲盜。〔註27〕

崔安潛巧妙利用盜賊之間的自私、利益等矛盾心理，使其自相猜疑，藉以瓦解當地盜賊集團的勢力，進而維護地方平靖。僖宗光啓三年（887）六月，張全義任河南尹，當地因飽受黃巢之亂肆虐，以致白骨蔽地，居民不滿百戶，四野俱無耕作者，張全義於「麾下選十八人材器可任者，人給一旗一榜，謂之屯將，使詣十八縣故墟落中，植旗張榜，招懷流散，勸之樹藝」〔註28〕，透過榜文、旗幟勸諭居民耕作，並宣達招懷流散、減免租稅等法令，數年之後河南地區遂逐漸恢復生氣。

　　在民生事務方面與百姓生活息息相關，特別是遭逢水患災荒過後，物價必然上漲，而糧米的需求可能因爲農作物欠收或蓄意囤積，造成價格飆漲，懿宗咸通七年（866）十月准御史臺所奏，詔令今後災荒地區「如有所在閉糴者，長吏必加貶降，本判官錄事參軍並停見任，書下考，仍勒州縣各以版榜寫錄此條，懸示百姓，每道委觀察判官，每州委錄事參軍勾當，逐月具申閉糴事由申臺。」〔註29〕經由官府政令強制糧食的公開販售，以避免囤積或哄抬糧價的情形出現。此外，對於市鎮或稅場的課稅情形，凡屬於免稅的物品，經朝廷許可後即由官方榜示，以促進市場經濟的流通〔註30〕。對於朝廷

〔註26〕《唐會要》，卷三十八〈葬〉，頁697～698。

〔註27〕宋‧司馬光編撰、元‧胡三省音註，《資治通鑑》（臺北：世界書局，1980年10月初版），卷二五三〈唐紀六十九〉，頁8212～8213。

〔註28〕《資治通鑑》，卷二五七〈唐紀七十三〉，頁8359。

〔註29〕《唐會要》，卷九十〈閉糴〉，頁1636。

〔註30〕《唐會要》，卷八十四〈雜稅〉，頁1547～1548。

所發佈的政令，必須確實刊布告示傳達予百姓知悉，如有怠忽職守者，御史後訪查奏聞處置。〔註31〕

在其他各項事務的規範上，榜文告示皆具有傳遞官府政令之作用。武宗會昌二年（842）四月，朝廷敕令節文諸陵栽種柏樹，凡今後每至歲首，委有司擇期動土，並榜示百姓知悉設法栽植〔註32〕。除告示文字敘述之外，有時還採用懸掛實物的方式，唐代尚書省下設刑部，掌門關出入之籍及闌遺之物，其中凡「闌遺之物，揭於門外，榜以物色，期年沒官」〔註33〕，而「闌遺之物」則是指失落的物品〔註34〕，尚書省刑部掌管出入稽查，凡有遺失物品則掛於門外，若無人認領，一年後沒官充公。

至於不當的官府態度或榜文禁令，通常會招致民眾的反對與抗議。懿宗咸通八年（867）七月，因河南懷州一帶發生旱災，懷州民至官府訴旱，卻遭到刺史劉仁規揭榜禁止，此舉引發民怨，竟相與作亂驅逐劉仁規，致使逃匿鄉村躲藏，州民遂入劉仁規宅第掠奪家產，久之乃息〔註35〕。相較於懷州刺史劉仁規的違背民情，西川節度使陳敬瑄則更強調官府榜文所代表的公平與誠信原則。僖宗中和二年（882）十二月，西川節度使陳敬瑄在平定邛州的地方動亂，將賊首阡能處決之後，發佈榜文盡將阡能的餘黨親友釋而不問，不久邛州刺史卻捕獲阡能的叔父行全等三十五人繫獄，並請求依法處置：

> 敬瑄以問孔目官唐溪，對曰：「公已有榜，令勿問，而刺史復捕之，此必有故。今若殺之，豈惟使明公失大信，竊恐阡能之黨紛紛復起矣！」敬瑄從之，遣押牙牛暈往，集眾於州門，破械而釋之，因詢其所以然。果行全有良田，刺史欲買之，不與，故恨之。敬瑄召刺史，將按其罪，刺史以憂死。〔註36〕

〔註31〕清‧董誥等編，《全唐文》（臺北：啟文書局，1961年2月臺初版），卷三十〈元宗十一‧飭州縣承敕宣示百姓詔〉，頁3上～下：「凡制令宣布，皆所以為人，如聞州縣承敕，多不告示百姓，咸使闆巷閭不知旨意，是何道理。宜令所縣捉搦，應有制敕處分事等，令終始勾當，使百姓咸知，如施行有違，委御史訪察奏聞。」

〔註32〕《唐會要》，卷二十一〈諸陵雜錄〉，頁419。

〔註33〕《新唐書》，卷四十六〈百官志一‧尚書省〉，頁1200。

〔註34〕《吏學指南》，〈贓私〉，頁64：「闌，遮也。路有遺物，官遮止之，伺主至而給與，否則舉沒於官。」

〔註35〕《資治通鑑》，卷二五○〈唐紀六十六〉，頁8118。

〔註36〕《資治通鑑》，卷二五五〈唐紀七十一〉，頁8282～8283。

由於陳敬瑄已經事先頒佈阡能餘黨親友的免罪榜文，如今若背信將之問罪，勢必破壞官府的信用，甚至導致餘黨復起作亂；更何況此事的背後還牽涉私人恩怨，最後在孔目官唐溪明察之下，圓滿解決事件。

若事關爭議或容易引起各方疑慮時，更需藉由告示榜文向各方解釋以釐清疑惑。玄宗開元時期（713～741）張審素爲巂州都督，有人告其貪贓，朝廷敕命監察楊汪詳查，然而楊汪卻於途中被張審素之黨所劫，並對著楊汪面前殺害告事者，楊汪遂以張審素謀反罪呈報朝廷，構陷成死罪，籍沒其家。張審素之子張琇兄弟，於遷徙嶺外數年之後逃歸，並手刃楊汪爲父報仇，時人對於張琇兄弟爲父報仇的行爲，寄予同情憐憫之心，因此要求法司從輕論罪。朝臣如中書令張九齡等欲議以減刑免死，裴曜卿、李林甫等則議以依律論罪處死，玄宗認爲：「復讎禮所許，殺人亦格律具存，孝子之心，義不顧命，國家設法，焉得容此，殺人成復讎之志，赦之虧格律之道。然道路喧議，當須告示。」因此令河南府發佈告示，廣爲宣諭並解釋朝廷對於孝子復仇之義、殺人償命之律，兩者間的取決與審判死刑的結果。〔註 37〕

三、宋元時期的發展

告示榜文制度的發展流變，至宋代時期臻至完備。宋代的告示榜文在規定官員之各項事務，則由皇帝詔諭經御史臺出榜，如北宋仁宗死後無子嗣，英宗（1064～1067）以濮王之子的身份入繼大統，並於治平二年（1065）四月，詔議濮安懿王典禮，濮議之爭遂起，最後英宗裁決尊濮王爲皇，並將事情本末，令中書門下御史臺出榜朝堂，及進奏院遍牒告示，以傳布天下知悉〔註 38〕。元豐八年（1085）五月，爲鼓勵官員上書言朝政闕失，遂以詔令榜於朝堂之上〔註 39〕。另外在規定官員於朝會或宴會之禮儀方面，則命御史臺事先預定位次告示，令其端坐，不得諠譁，違者委由大夫中丞、侍御史等左右巡察彈奏，凡有虧失禮容者，即送所屬論罪，若有蔽匿者同罪〔註 40〕。此外，朝臣若有更革朝政、倡爲異端之說而混淆視聽者，則由御史臺彈劾議行

〔註 37〕 唐·劉肅，《大唐新語》（北京：中華書局，1984 年 6 月第一版），卷五〈孝行第十一〉，頁 81～82。《舊唐書》，卷一八八〈列傳·孝友〉，頁 4933。

〔註 38〕 宋·宋綬、宋敏求編，《宋大詔令集》（臺北：鼎文書局，1972 年 9 月初版），卷一九四〈政事四十七·誡飭五·勒牓朝堂詔〉，頁 713。

〔註 39〕 清·畢沅，《續資治通鑑》（臺北：世界書局，1962 年 10 月初版），卷七十八，頁 1960。

〔註 40〕 《宋大詔令集》，卷一四五〈典禮三十·宴集·誡約朝會端肅詔〉，頁 529。

黜落，仍出榜朝堂之上〔註41〕。因此榜示於朝堂之上，主要傳布皇帝的旨意，告諭對象則以朝臣為主，必要時則再轉發至路、府、縣等地方所在。

對於法令的頒佈，原則上是奉聖旨之後出榜曉諭，若屬於普通行政規定或約束，各級政府機關也有出榜的權力，或交由開封府代為出榜。靖康二年（1127）樞密院箚子建議禁止京師居民打造兵器，以免引發不必要事端，遂將命令箚送開封府，出榜於朱雀門禁約施行，此即為樞密院命令，交開封府代為出榜曉諭的一例。〔註42〕

關於地方政務之施行，除朝廷直接發佈告示榜文之外，更多是由地方官府依照事類，由官府於市鎮等處張貼告示，以便曉諭政令。太平興國七年（982）五月，朝廷為勸勉百姓耕致力織，遂令州縣長史將詔命內容告諭鄉民〔註43〕。徽宗時（1101～1125）胡松年出任平江知府，為革除官吏貪賄的弊端，「以興利除害十七事，揭于都市，百姓便之。」〔註44〕宣和二年（1120）八月，為管理民間宗教行為，詔令諸路事魔聚眾燒香等人，凡其所習經文，由尚書省立法嚴禁，行文各處地方燒毀，並令刑部「遍下諸路州軍，多出文牓，於州縣城郭鄉村要會處，分明曉諭。」〔註45〕在貿易商稅方面，則規定將課稅名物，令有司官員揭榜然後頒佈天下〔註46〕。在民間禁訟方面，虔、吉等州當地多有教習詞訟者，以致於脅持州縣，傷害善良者，當地官府即便出文榜加以禁止，違者嚴懲不殆〔註47〕。徽宗末年宋江等嘯據梁山盜賊，朝廷還為此出榜賞格，以便擒拿到案：

> 《居易錄》載宋張忠文公叔夜招安梁山濼榜文：有挈獲宋江者，賞錢萬萬貫，挈獲盧進義者賞百萬貫，挈獲關勝、呼延綽、柴進、武松、張清等者賞十萬貫，挈獲董平、李進者賞五萬貫有差。今葉子戲有萬萬貫、千萬貫、百萬貫遞降，皆用張叔夜榜文也。〔註48〕

〔註41〕　《宋大詔令集》，卷一九七〈政事五十・誡飭八・誡諭不更改政事手詔〉，頁727。

〔註42〕　《宋代新聞史》，頁130。

〔註43〕　清・徐松輯，《宋會要輯稿》（臺北：新文豐出版社，1976年），〈刑法二之二〉，頁6482。

〔註44〕　《宋史》，卷三七九〈胡松年傳〉，頁11697。

〔註45〕　《宋會要輯稿》，〈刑法二之八三〉，頁6523。

〔註46〕　《宋史》，卷一八六〈食貨下八・商稅〉，頁4541。

〔註47〕　《宋會要輯稿》，〈刑法二之一五〇〉，頁6556。

〔註48〕　清・趙翼，《簷曝雜記》（北京：中華書局，1982年5月第一版），卷六〈招安梁山濼榜文〉，頁116～117。

出榜賞格之目的，即在期望有能力才幹者，能將嘯據盜賊擒捕歸案，而賞格的多寡，則視盜賊的能力強弱、罪行輕重而有所差異。

市鎮既爲人潮聚集之處，有時則將處決人犯事項，榜示於市鎮地區以示警戒，如靖康元年（1126）九月處決童貫，梟首後榜示開封府，並令開封府於市曹要鬧之處，以大字出榜示標〔註49〕。除頒示一般官府告示之外，面對地方動亂之時，朝廷也會張立黃榜曉諭軍民百姓，以迅速恢復社會秩序的穩定。靖康二年（1127）四月，趙子崧即發佈戒諭軍前榜文〉，說明王室之危殆，皆由張邦昌誘使嚮導金人入侵，因此起勤王之師討逆，文告中並提到若能捕獲張邦昌者充賞封王，若敢從必殺無赦，戮及家族〔註50〕，並藉此激勵將士士氣。高宗紹興十四年（1144）八月賊寇朱明作亂，樞密院事李文奏請賞賜有功將士，並請張掛皇榜重賞，許其黨徒自相捕殺，不久朱明遂請降於朝廷。〔註51〕

對於不當的告示榜文，受到臺諫、輿論非議之後，也會撤榜的方式取消法令。靖康元年（1126），金人南下肆掠，並以要索金銀作爲退兵的理由，南宋朝廷爲此決議，由中書侍郎王孝迪奉旨出搜括京師官民的財物，以作爲金人退兵的交換條件，但因王孝迪所撰寫的榜文內容用詞不當，竟引起群情激憤。據《三朝北盟會編》記載：

> 榜曰：「中書侍郎專領收簇大金國犒軍金銀，所以今日二十日奉聖旨：大金國兵馬攻城，其勢甚急，朝廷爲宗社生靈，遣使議和，須藉金帛以結盟好金國，要金五百萬兩，銀二千萬兩。……右出榜曉示諸色人，如有乞覓並依軍法施行。都人讀榜，見金銀不足，則必致怨怒，卻來攻城，男子殺盡，婦人驅虜，屋宇焚燒，金銀錢物，竭底將去。」又言家族不保，雖有財寶何所用之？讀之者莫不扼腕唾罵。〔註52〕

王孝迪所出示的榜文，言詞之間充滿幾近強迫的語氣，即謂如不給納金銀，則必將「男子殺盡，婦人虜盡，宮室焚盡，金銀取盡」等恫嚇口氣，事實上，搜刮京師官民的財物，上納金人然後請求退兵，此事已屬辱沒國格，而

〔註49〕 宋·徐夢莘，《三朝北盟會編》（臺北：文海出版社，1977年12月再版），卷五十六〈靖康中帙三十一〉，頁10下～11上。

〔註50〕 《三朝北盟會編》，卷九十〈靖康中帙六十五〉，頁11上～下。

〔註51〕 宋·李心傳，《建炎以來繫年要錄》，《宋史資料萃編》第二輯（臺北：文海出版社，1968年1月初版），卷一五二，頁6上～下。

〔註52〕 《三朝北盟會編》，卷三十〈靖康中帙五〉，頁14上～15下。

朝廷榜文的文辭內容又如此乖謬，遂導致京師居民情緒不滿的爆發，爲此臺諫連章奏劾王孝迪，王孝迪因爲此次事件的處理不當，被譏諷爲「四盡中書」〔註53〕，最後只得撤去原有的榜文以平息民怨。〔註54〕

　　除平時官府出榜告知行政命令，但在特殊情況下如推行新政、戰爭之際，出榜的次數更爲頻繁。北宋靖康年間（1126～1127）欽宗即位不久後，金兵即已直驅開封城下，撤退後又數次侵擾，居此危難之際，朝廷爲此屢屢出榜曉諭軍民，或安撫民心，或招募將士，一年多內出榜高達近一百四十次。由表 2-1 可以得知，從靖康元年（1126）三月至靖康二年（1127）四月，不到半年內出榜約九十次，平均兩天出榜一次。由於出榜次數頻繁，民眾對於局勢越爲瞭解，復以朝廷敗壞依舊，由不滿政治情勢轉而干涉政治，遂有太學生與民眾數萬伏闕，要求起用李綱，以期振衰中興的集體請願。〔註55〕

表 2-1：宋靖康年間（1126～1127）出示榜文一覽表

對象／出榜單位	全國民眾	文武官員	京師居（軍）民	京師軍士	河北地區
聖旨詔令	20	1	21	2	2
樞密院	1		3		
尚書省	2	1	6		
開封府	1	1	48		
留守司			4		
軍器監			1		
守禦使司			2	1	
都巡檢使司			1		
其他	2	1	7		

註：參考《宋代新聞史》，頁 141～151 所製成，其中屬於張邦昌與金人告示則不予計算。

〔註53〕 丁傳靖輯，《宋人軼事彙編》（北京：中華書局，1981 年），卷十四，頁 766：「李鄴歸自賊壘，盛談賊強我弱，謂：『賊人如虎馬如龍，上山如猿，入水如獺，其勢如泰山，中國如累卵。』時人號爲「六如給事」。王孝迪領簽合犒設金國金銀所，出榜文，籍士庶所有之物。謂如此則免，不然則男子殺盡，婦人虜盡，宮室焚盡，金銀取盡，人謂之『四盡中書』以比『六如給事』。」

〔註54〕 此次事件的後續效應，則因爲當時李綱鑑於王孝迪榜文造成民心疑慮，親自巡城收回榜文，此舉卻被部分官員糾劾爲「掠人主之美」，並質疑李綱有收攬人心之嫌。《三朝北盟會編》，卷五十六〈靖康中帙三十一〉，頁 3 上。

〔註55〕《宋代新聞史》，頁 140。

對於宋代告示榜文的常見格式，起語通常爲「勅某某事」或「勅某某人」，文末則爲「故茲榜示，各令知悉」或「故茲榜示，宜想知悉」；前者是直接指出告諭的對象或事件，後者則屬於固定的文告語詞格式。如太祖開寶年間（968～976）所頒佈的〈開封府管內許人戶從便輸納勅榜〉：

> 勅開封府管內鄉村人戶等，省本府奏，今半夏稅，訪聞人戶，糴卻斛斗，送納價錢，乞將小麥與紬絹見錢等令人戶取便折納，庶得人戶易爲辦及，伏候指揮事，朝廷每行一事，要利萬民，既沿徵皆納見錢，則斛斗必須賤糶，有傷黎庶，無益國家，今覽奏陳，特宜依允，宜依所奏，取人戶穩便，依倉式例折納諸色斛斗并綿紬絹見錢，故茲榜示，各令知悉。〔註56〕

此爲要求開封府所屬百姓，繳納稅糧等相關事務的官府榜文，並由朝廷轉下開封府刊佈，文末的「故茲榜示，各令知悉」，即是要求將此行政命令確實傳達至各地百姓身上。事實上根據北宋九朝皇帝發佈的各項詔令，所編纂而成的《宋大詔令集》，其中收錄不少頒行全國各地如〈賜潭州造茶人戶勅榜〉、〈賜通州煎鹽亭戶勅榜〉等；頒賜於各鄰國者如〈招諭江州勅榜〉等，其告示榜文的起語、結語格式大致相同。從宋代的告示文本架構來看，間接影響到對明代官方告示的格式撰寫，而宋代的告示格式與明代相較，在整體形式上相似，但行文語詞上則略有所不同。

元代所發佈的告示榜文，不少收錄在《大元聖政國朝典章》、《通制條格》等典章律法之內。對於官府的公文往返、詞訟審理，需於期限之內歸結，皇慶二年（1313）五月規定，凡官司有違者，在外行臺廉訪司，在內監察御史糾察究治，而妄告、越訴等欺詐繁冗之弊，皆予以禁絕，並由行省行臺廉訪司多出榜文曉示，一體施行〔註57〕。在人事遷轉方面，由於地方司吏多有土豪之家買囑承充、捏造買放，爲避免百姓深受其害，大德七年（1303）七月規定，凡遷轉人吏需由「各官開具姓名、住貫榜示通衢，常川曉諭」，若仍有私冒違犯者，緝拿到官問罪。〔註58〕

〔註56〕《宋大詔令集》，卷一八三〈政事三十六・賦斂・開封府管內許人戶從便輸納勅榜〉，頁662。

〔註57〕元・不著撰人，《大元聖政國朝典章》，《續修四庫全書》史部七八七冊（上海：上海古籍出版社，1997年，據元刻本景印），朝綱卷一〈典章四・政紀・省部減繁格例〉，頁4下～5上。

〔註58〕《大元聖政國朝典章》，吏部卷六〈典章十二・吏制・司吏・遷轉人吏〉，頁

不少的官方告示也刊布在沿海江河的市鎮或渡口附近。在元代所制訂的二十三條市舶則法之中，對於船隻的航行安全與維護皆詳加規範，如遭遇風雨、被劫等事故，需至所在官府陳告，並移文市舶司轉申總府衙門備案；若私藏貴重物品上岸、或逃避市舶官課稅，許諸人告捕，犯人處以杖刑，首捕者以沒官物三分之一給賞，「仍行下沿海州縣出榜，曉諭嶼□等處，責在官吏巡檢人等，常切巡捉催趕舡隻。」〔註59〕河道的暢通與否，對於船隻往來運輸至為重要，更可能因為水道阻塞，而造成南北米糧不通，因此武宗至大四年（1311）七月規定：凡有蓄意損壞船隻繩纜、阻截民船等擾民不便者，令所在官司出榜嚴加禁治，並委官軍沿河巡察禁約〔註60〕。另外，若有官司藉職務之便，任意搜檢，要索錢財，而阻當經商販賣船隻者，嚴加治罪，並於關津渡口之處出榜曉諭。〔註61〕

泰定元年（1324）所編纂《新編事文類要啟箚青錢》一書，其中卷十一《公私必用》收錄契式、約式、榜式、批式、書式等十六種常見的文書格式，而榜式則有〈判山木榜式〉、〈占墓山榜式〉兩件，大致可以窺探元代的告示榜文式樣。現載錄〈占墓山榜式〉內容如下：

> 具位某官宅。本宅有祖墓山一片，坐落某都土名，某處四至廣闊，即目林木茂盛，近被一等不懼公法之人，帶領三五為群，自擅入山，公然盜斫，深為狼藉，風水不便。除差人暗行緝捕外，仍立賞鈔若干貫文，許諸色人告捉，如帶面情，仰密地前來通報，賞鈔即支。的無黏帶其犯人，自經所屬官司陳告，懲治施行，的不虛示。故榜。

年　月　日　　榜押

保人　姓某　號〔註62〕

榜式內容首先說明墓山的位置所在，以及遭受盜砍林木之損失，並願出賞格緝捕盜砍之徒。此榜式文末，署有地方保人之姓名，並透過官府許可張貼，

---

　　　　33 上。

〔註59〕《大元聖政國朝典章》，戶部卷八〈典章二十二·市舶·市舶則法二十三條〉，頁 51 上。

〔註60〕方齡貴校注，《通制條格校注》（北京：中華書局，2001 年 7 月第一版），卷二十八〈雜令·船路阻害〉，頁 672。

〔註61〕《通制條格校注》，卷二十七〈雜令·拘滯車船〉，頁 639。

〔註62〕元·不著撰人，《新編事文類要啟箚青錢》，《四庫全書存目叢書》子部一七一冊（臺南：莊嚴文化事業有限公司，1997 年 6 月初版，據元泰定元年建安劉氏日新堂重刊本景印），外集卷十一〈公私必用·占墓山榜式〉，頁 3 下。

以作爲財產擁有之證明。

對於盜賊的懲治與預防，元代多採取「粉壁」或「牓壁」的方式，直接揭示罪行於罪犯家門，或用以曉諭百姓遵守相關法律規定。成宗大德九年（1305）二月即制訂〈斷賊徒例粉壁〉的條例，從法律條例的明文規定，將盜賊之罪行遍行出榜粉壁曉諭〔註 63〕。順帝至正二十三年（1363）六月，在制訂有關農桑各項條例時，更規定凡游手好閑、不務本業者，於門首大字粉壁書書寫以示警戒，直到知恥改過後，方得毀去粉壁〔註 64〕。此外，在禁約豪強之家仗勢害民〔註 65〕、禁止婚禮夜宴〔註 66〕、禁止詐稱妖言等〔註 67〕，皆採取粉壁門首的方式。除施行粉壁之外，有時也會輔以張掛榜文，加強傳遞曉諭的功效。

事實上，這種「粉壁」方式宋代已經施行過，根據《宋大詔令集》所載，凡「兇狡之徒，希望恩宥，民之多僻，無甚於茲，其八月一日已後，持杖強盜，遇南郊赦恩，不在原免之限，令所在牓壁告示。」〔註 68〕因此，粉壁告示的方式最早可見於宋代，而元代沿襲此種「粉壁」之法並加以定制化，甚至制訂明文條例，普遍使用於遏止盜賊之措施上，進而影響到明代將告示榜文刊佈在民家門首的傳遞訊息模式。〔註 69〕

第二節　告示榜文的內容來源

一、聖旨詔書

一般而言，包含詔書、誥命、敕命、敕諭、金榜、冊、書等，通稱都爲

〔註63〕《大元聖政國朝典章》，刑部卷十一〈典章四十九・諸盜一・強竊盜・斷賊徒例粉壁曉諭〉，頁 6 上。

〔註64〕《通制條格校注》，卷十六〈田令・農桑〉，頁 461。

〔註65〕《通制條格校注》，卷二十八〈雜令・豪霸遷徙〉，頁 701。

〔註66〕《大元聖政國朝典章》，禮部卷三〈典章三十・禮制三・婚禮・禁夜筵宴例〉，頁 2 下。

〔註67〕《大元聖政國朝典章》，刑部卷三〈典章四十一・諸惡・大逆・妖言虛說兵馬〉，頁 12 下。

〔註68〕《宋大詔令集》，卷二○一〈政事五十四・刑法中・令八月一日已後持杖強盜南郊赦恩不原詔〉，頁 745。

〔註69〕關於明代官府傳達政令之措施，不僅採用宋元以來粉壁法的傳遞訊息模式，更發展出將告示、木牌直接張貼或懸掛於民家門首，此皆可視爲粉壁法的改良與延伸使用。詳參見第四章第二節相關論述。

聖旨。聖旨詔書的撰寫具有固定的格式，起首句必定是「奉天承運，皇帝詔曰」，結尾通常為「故茲誥示」、「布告天下，咸使聞知」，中間則敘述詔告天下事件的內容。朝廷重要的政令，多為皇帝頒佈詔書施行，若事關全國政務，則刊印發佈至各地，再由地方政府出榜告示百姓。在明初立法過程之中，榜文是以皇帝聖旨的型式公佈於世，藉以迅速反映朝廷的施政方針，以便明確執行當前政令。明太祖在位期間多以榜文的形式詔諭天下，所以明初常因事立法而發布榜文禁例，其中《教民榜文》即依照明太祖口諭而加以刊布，內容特重於地方里甲、老人的教化風俗與斷理民訟等職權，盡皆勸民忠孝、禮義之事，並藉由各地榜文之刊布，以達到教化之意：

> 榜文內坐去事理，皆係教民孝弟、忠信、禮義、廉恥等事，所在官吏、老人、里甲人等，當體朝廷教民之意，各宜趨善避惡，保守身家，常川遵守奉行，毋視虛文，務在實效，違此令者，各以所犯罪之。〔註70〕

《教民榜文》共收錄明太祖所口諭的四十一條禁例，然後加以刊布，可謂是洪武初期榜文的總彙與整理〔註71〕。整個洪武年間屢頒榜文從未間斷，即使到洪武末年，雖曾禁革一切榜文律令，但仍詔令戶部修訂《教民榜文》以刊布天下〔註72〕。為強調榜文的法律效用，永樂朝更屢次申明洪武舊例，永樂十七年（1384）即諭令各處軍衛，凡屬洪武朝一應榜文，皆需張掛遵守，如有藏匿棄毀不張掛者，凌遲處死〔註73〕。明初的法司機關主要是依據當時所頒佈的榜文作為審判標準，因此榜文的地位比《明律》還要高，於是以榜文條例斷案漸成慣例。

以聖旨形式刊布的榜文，或稱為「皇榜」、「黃榜」，其法律效力與地位，皆在一般普通榜文之上。明初皇權集中的情形極為顯著，對於各項事務之制訂，動輒以聖旨榜文的型態發佈，例如《教民榜文》、《大誥》四編、嘉靖時

〔註70〕 明‧張鹵校刊，《皇明制書》（臺北：成文出版社，1969 年，據明萬曆年間刊本景印），《教民榜文》，頁 19 下。

〔註71〕 明‧談遷，《國榷》（臺北：鼎文書局，1978 年 7 月初版），卷四，洪武三年二月庚午條，頁 408：「召江南富民赴闕，上口諭數千言刻布之，曰《教民榜》。初，元富室多武斷凌民，故上召諭之。」

〔註72〕 《皇明制書》，《教民榜文》，頁 1 上。根據張鹵所言，教民榜文於洪武二十一年三月十九日，明太祖面諭百官於奉天門，至洪武三十一年四月再由張鹵纂輯成《皇明制書》，並收錄《教民榜文》加以刊印。

〔註73〕 《大明會典》，卷二十〈戶部七‧讀法〉，頁 23 上。

期所編纂《南京刑部志》等，內容皆爲聖旨榜文，至永樂（1403～1424）以後，此種情形較爲減少，只有在特殊或重大事件發生時，才會由朝廷直接發佈皇榜。

皇榜的刊布，大多是基於政治事務的需要，以皇帝聖旨的形式發佈，再由中央部、院等機構轉發地方衙門，並於各處地方市鎮鄉村榜示〔註74〕，洪武至弘治時期的各地衙門，皆可奉行聖旨而出榜禁約。所以明代榜文內容的來源，一部份是來於自皇帝的詔書與誥敕，並藉由榜文的刊布，傳達各地衙門與軍民知曉。如張璁（1475～1539）對刊布敕諭的看法：

> 臣捧到敕諭一通，內備載事宜，率由祖宗舊章，革除近年宿弊。內外臣工，孰不警惕！但傳播不遠，信從無由。臣欲將原捧敕諭翻刻成書分播，兩京及內外各衙門，仍各翻刻頒給各官，俾咸知宣揚德意，勉效忠誠。仍立石碑於公署座右，昭揭聖諭，用飭後人，及照大獄招詞，候聖斷發落，亦應刊示中外，俾知聖明好生之德。臣不勝至願。〔註75〕

由此看來，爲傳達皇帝意旨、誥敕於天下，所採用的方式除榜文刊示之外，另有刻書、勒石等形式，有時更以敕諭列爲條目，隨附於榜文之末而刊布天下〔註76〕。爲傳達皇帝意旨給官民瞭解，即先由中央部院轉發各地官府衙門，然後再轉行張掛各地，務使天下臣民知曉。

聖旨既是代表皇帝的個人意志，所以具有絕對至高之權力。明代以聖旨形式頒佈榜文的情形甚多，明初除《教民榜文》之外，洪武二十七年（1394）對京師守衛官軍職責所訂定的聖旨榜例十七款〔註77〕。正統八年（1443）因瓦剌使臣入貢時，多有官民或私下與之交易兵器，或偷盜馬匹，朝廷遂下令

〔註74〕〈朝鮮王朝編『吏文』收載の「榜文」に見る明初の対外政策〉，頁1。

〔註75〕明・張璁，《太師張文忠公集》，《四庫全書存目叢書》集部七十七冊（臺南：莊嚴文化事業有限公司，1997年6月初版，據明萬曆四十三年張汝紀等刻增修本景印），卷三〈請刊敕諭〉，頁23下～24上。

〔註76〕明・明世宗，《敕議或問》，《叢書集成新編》七十五冊（臺北：新文豐出版社，1985年1月初版），頁16～20。嘉靖九年（1530）十二月初八日，嘉靖皇帝敕諭戶、禮二部及都察院有關安民、治民之事，並謂「今將朕偶有所見，立爲條目，爾部院便即刊布，開列于後。」

〔註77〕《大明會典》，卷一一九〈兵部二・銓選二・降調〉，頁12上：「（洪武二十七年守衛榜例）管軍官犯罪，指揮降千戶，調邊衛；千戶降百戶，百戶降總旗，總旗降小旗，衛鎮撫降所鎮撫，所鎮撫降總旗，俱調邊遠衛。」另見《大明會典》，卷一四三〈兵部二十六・守衛〉，頁1上～5下。

禁約，而此次都察院所轉發的榜文，即是於正統八年（1443）九月十六日，由都察院右都御史王文等人，於奉天門親奉聖旨，然後將聖旨事意載入榜文之中，轉發各地施行。〔註78〕

聖旨旨意是經由內閣或中書舍人草擬代寫，經皇帝批允後，然後發通政司轉發至所屬衙門。此外，有以皇帝敕諭加以刊布者，如前述所提及的張璁刊布嘉靖皇帝敕諭一例，而敕諭通常是由皇帝親自授與，洪武初期對於文士較為敬重，凡卿相、儒士皆賜有敕諭，至嘉靖時期（1522～1566）則惟有內閣、吏部大臣賜降敕諭而已〔註79〕。嘉靖十一年（1532）正月，因聖體違和而暫免朝參，凡一應領繳勅諭與辭見面聖等事宜，皆暫於左順門領繳，夏言（1482～1548）即以為此舉頗為失當：

> 夏公言奏云：「頒勅必于御前，所以重帝命，可以防詐傳旁出之姦；繳勅必于御前，所以達下情，可以防遲留隱匿之弊。至於禮該面辭、面見人員，即遇免朝日期，豈不能少待而遽然廢上下之禮，殆非臣子之心，所敢安者，伏望聖裁，重降御批，改回前命。」奉聖旨：「卿說的是。勅書領繳、見辭官員都照舊例行，如遇雪雨風寒，暫三五日免，視朝日多，准今春該寺奏准事例，行著為令。」〔註80〕

關於敕諭的頒發與繳回，應於皇帝面前親自處置，除防止政事推諉遲滯，更可防旁人伺機藏匿，然後矯旨詐傳聖意。敕諭頒賜之後，事畢多即時繳還，然而，有些官員則藉故存留以為珍寶，甚至請文士題簽於後〔註81〕。葉盛（1420～1474）仕官二十餘年來，所受朝廷頒賜的敕諭甚多，其中除繳回之外，屬於皇帝欽賜御敕皆庋藏於高閣之中，成化四年（1468）整理家藏敕書時，計有英宗的英皇寶翰二十七紙、憲宗的奎翰七紙、景帝的宣諭榜文一紙等〔註82〕。這些被皇帝所賜予墨寶、敕書與榜文等，多被官員加以妥善珍

〔註78〕《訓讀吏文》，卷四〈禁約欺侮瓦剌使臣事〉，頁238～239。

〔註79〕明‧皇甫錄，《皇明紀略》，《續修四庫全書》子部一一六七冊（上海：上海古籍出版社，1997年月初版，據刻本景印），頁27上：「高皇推卿相聘儒士皆有勅，今惟內閣、吏部元臣降手勅而已。」

〔註80〕明‧陳繼儒，《見聞錄》，《四庫全書存目叢書》子部二四四冊（濟南：齊魯書社，1996年6月初版，據明萬曆繡水沈氏刻寶顏堂秘笈本景印），卷四，頁2下～3上。

〔註81〕明‧王偁，《思軒文集》，《續修四庫全書》集部一三二九冊（上海：上海古籍出版社，1995年，據明弘治刻本景印），卷十一〈恭題鄭通政所藏督學勅諭後〉，頁2下～3上。

〔註82〕明‧葉盛，《涇東小稾》，《續修四庫全書》集部一三二九冊（上海：上海古籍

藏，以彰顯帝王恩榮的象徵。（圖 2-1）

圖 2-1：萬曆初期聖旨詔書

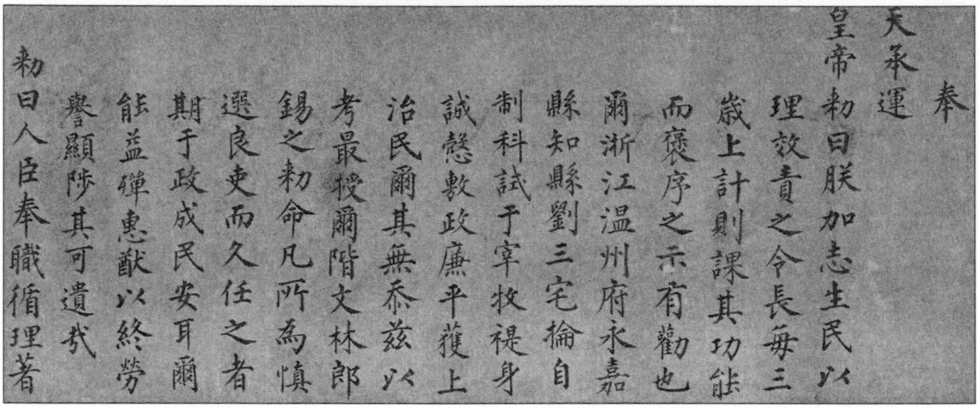
奉
天承運
皇帝勑曰朕加志生民以
理效責之令長每三
歲上計則課其功能
而褒序之示有勸也
爾浙江温州府永嘉
縣知縣劉三宅掄自
制科試于宰牧禔身
誠慤敷政廉平獲上
治民爾其無忝茲以
考最授爾階文林郎
錫之勑命凡所為慎
選良吏而久任之者
期于政成民安耳爾
能益殫惠猷以終勞
譽顯陟其可遺哉
勑曰入臣奉職循理著

資料說明：取自周慶明，《中國聖旨大觀》（上海：上海辭書出版社，2006 年 8 月）。聖旨包含詔書、誥命、敕命、敕諭、金榜、冊、書等類型，此爲萬曆七年三月御賜的敕命。

皇榜的法律效力與地位既有其特殊性，在面對紛亂的情勢處理時，往往有著特殊的功能與作用，尤其是偏重於恩賞或平叛兩方面〔註 83〕。當地方盜賊或變亂興起，地方秩序遭到破壞，尤其是盜賊勢力龐大，肆虐情形嚴重時，朝廷方針的擬定需在「剿」、「撫」之間做出抉擇，一旦做出招撫決定，除派遣專官負責相關事務之外，朝廷通常會另敕給一紙皇榜，以示賦予臨機專斷、便宜行事之權。如正統十三年（1448）十月，監察御史丁瑄授命弭平福建盜賊，即曾派遣千戶褚斌齎敕諭榜文前往招撫盜賊：

> 監察御史丁瑄奏，臣奉勑撫捕福建反賊，至彼先遣千户褚斌齎勑諭榜文揭于沙縣，賊徒聞調天兵將至，俯伏跪拜，祈恩悔罪。臣與布政使宋彰等躬臨沙縣，設法撫諭。上勑瑄等會福建四司官善爲撫諭，并勑都督劉聚、僉都御史張楷所調官軍，如已入境，俾於行都司暫操，酌量進止，務在得宜，不許輕進以疑眾心。〔註 84〕

御史丁瑄派遣千戶褚斌齎敕諭榜文，前往招撫福建盜賊，此類所謂的「敕諭

出版社，1997 年，據明弘治刻本景印），卷九〈恭題家藏勑書外封後〉，頁 10 上～11 上。

〔註 83〕關於齎捧皇榜恩賜的情形，則以會試進士及第爲主，其目的在於透過皇權昭示，並鼓勵士人參與科舉，詳參見第三章相關論述。

〔註 84〕《明英宗實錄》，卷一七一，頁 3 下，正統十三年冬十月辛酉條。

榜文」即是皇榜，聖旨榜文並非隨處張掛，而需交由專官親自「齎持」前往招撫地區宣達，以示朝廷愼重之意。從丁瑄奏疏所稱，賊徒聞知官軍將至，隨即俯伏跪拜乞罪，應是榜文之中威嚇語氣所發揮的功效，朝廷見招撫策略已有作用，爲免徒生爭端，逐將前往征剿盜賊的官軍，暫時駐紮地方，以免受撫盜賊猜疑驚恐，並愼防可能的變數與事端。此外，景泰七年（1456）二月，爲招撫寇邊苗人，朝廷即差官員星馳齎去榜文，於苗寨各處張掛〔註85〕。正德初年所發生的河北群盜作亂，其中趙鐩的勢力攻破寶縣，僉事孫盤即齎黃榜至城下招撫〔註86〕。嘉靖七年（1528）三月雲南土夷安銓等亂事，朝廷除派軍前往弭平之外，另遣派官員親執聖旨榜文，限期四十日內趕赴雲南，並由鎮守官遣派專員曉諭各土官，以免亂軍結合其他土官勢力，宣揚朝廷恩威並削弱其氣勢。〔註87〕

表 2-2：明代頒降聖旨榜文招撫平叛事例表

時 間	事 件 經 過	出 處
洪武 15 年（1382）11 月	朝廷出兵雲南，並降頒聖旨招撫當地土官與百姓。	《雲南機務鈔黃》
正統 7 年（1442）	朝廷遣官齎榜文往雲南麓川、孟撒等處撫諭土官。	《土官底簿》卷下
正統 13 年（1448）10 月	千戶褚斌齎敕諭榜文揭於福建沙縣，以便招撫盜賊。	《明英宗實錄》卷一七一
景泰 2 年（1451）5 月	兵部奏請給聖旨榜文，並差官齎與湖廣等處提督軍務及鎮守等官，張掛招撫軍民、番夷頭人等。	《忠肅集》卷八
景泰 3 年（1452）9 月	朝廷勅兵部差遣官齎奉榜文至莊浪等處招撫蒙古部族。	《忠肅集》卷十
景泰 7 年（1456）2 月	朝廷諭兵部差官齎去榜文，招撫寇邊苗人。	《芳洲文集續編》卷一
成化 18 年（1482）10 月	朝廷遣布政使等官，捧勅書榜文往諭雲南麓川。	《椒邱文集》卷二十

〔註85〕 明・陳循，《芳洲文集續編》，《續修四庫全書》集部一三二八冊（上海：上海古籍出版社，1997 年月初版，據明萬曆四十六年陳以躍刻本景印），卷一〈諭兵部出榜文〉，頁 8 下～9 上。

〔註86〕 清・谷應泰，《明史紀事本末》（臺北：三民書局，1969 年 4 月初版），卷四十五〈平河北盜〉，頁 469。

〔註87〕 《明世宗實錄》，卷八十六，頁 11 下～12 下，嘉靖七年三月戊戌條。

正德 5 年 （1510）	平定真鐇事變後，千戶王臣、百戶韋臣，齎領榜文撫諭地方。	《楊一清集》卷十
正德 6 年 （1511）	河北盜起，趙鐩勢力攻破寶縣，僉事孫盤齎黃榜至城下招撫。	《明史紀事本末》卷四十五
正德 15 年 （1516）3 月	遣官齎領榜文招撫雲南彌勒州十八寨盜賊。	《何文簡疏議》卷六
嘉靖 12 年	朝廷詔命錦衣衛千戶齎旨招撫大同兵變。	《太師張文忠公集》卷八
嘉靖 7 年 （1528）3 月	雲南土夷安銓變亂，朝廷遣派官員執聖旨榜文曉諭招撫。	《明世宗實錄》卷八十六
嘉靖時期	江西盜賊變亂，頒降黃榜至弋陽縣境內招撫。	《太保費文憲公摘稿》

從表 2-2 來看，明廷自洪武時期（1368～1398）以來即採行頒降聖旨榜文或敕諭榜文，作為招撫叛亂勢力來降的手段，其中涵蓋少數民族、地方盜賊、兵變、宗室叛亂等。在少數民族方面，除蒙古部族之外，最常見的是主要是雲南地區土官的相互起兵仇殺，或當地百姓的作亂，特別雲南麓川地區更是叛服無常；而宗室叛亂則有，正德五年（1510）安化王寘鐇之亂、寧王宸濠之亂，由於其宗藩身份特殊，一般地方政府的招撫榜文可能較不具有效力，所以必須由朝廷派遣專門官員，齎持皇榜才具有招撫與安定民心的作用。至於齎敕榜文招降的官員有：上至兵部屬官、布政使、提督軍務及鎮守等官，下至錦衣衛千戶、衛所千戶、百戶等，由此可知，因為是齎持聖旨榜文──皇榜前往招撫，所以派遣官員多屬於中央機關所屬官員居多，以示朝廷慎重之意。當然對於其他地方盜賊的招撫與征討，只要盜賊勢力未波及數省，通常由地方政府呈報朝廷後，自行處置，所發佈的招撫告示榜文則僅限於所屬行政轄區，不必由朝廷直接頒佈皇榜招撫。

朝廷既以頒佈聖旨榜文作為招撫盜賊、亂軍之手段，同時也會考慮到現實情勢，以圖萬全之策。嘉靖十二年（1533）十月，因總兵官李瑾平日御下過嚴，後以督工嚴苛，遂釀大同兵變，後亂軍聚守城中，與官軍相持不下，朝廷鑑於城內百姓、宗室無數，官軍若以武力強行攻取，必然造成重大傷亡，故而召開朝臣廷議商榷，謀求應對之道。張璁即建議：

> 聖諭欲先命錦衣衛千戶齎旨前去解諭，城中宗室良善，不問男婦，
> 俱令出城，此誠聖明，念及無辜天地好生之心也。臣思得逆軍見今
> 閉塞城門，宗室官員人等不肯放出，正欲挾此使官軍不敢急攻，以

自圖苟全，前日該部請黃榜曉諭，亦慮及此。〔註88〕

既要保全城中宗室官員人等，又要避免亂軍趁官軍鬆懈之際，亂兵突出而流劫地方，審慎考量以達到招撫亂軍，平靖地方秩序的功效。此時朝廷已詔命總督劉源清、提督郤永率軍前往，除張掛黃榜遍行勸諭之外，並遣千戶李椿、張著進入城中曉諭禍福，但郤永竟揚言進兵攻城，致使流言蜚語、猜忌不斷，城內人心幾至「不信黃榜，且疑兩千戶賣己」，由於民眾對政令的恐懼猜疑，導致招撫政策的執行延宕許多時日。〔註89〕

圖 2-2：頒降聖旨招安圖

資料說明：取自明刊本李卓吾批評《忠義水滸傳全書》，第八十九回〈宋公明破陣成功·宿太
　　　　　尉頒恩降詔〉，描寫宋江等人破陣成功之後，受到宋徽宗遣官宣讀聖旨嘉獎的情
　　　　　形。可見接受朝廷聖旨宣諭時，通常有皇宮侍衛隨身保護，接受聖諭者必須跪拜
　　　　　迎接，以示尊崇之意。

〔註88〕《太師張文忠公集》，卷八〈議處大同兵變第一〉，頁 27 下～28 上。
〔註89〕明·蘇祐，《雲中事記》（《叢書集成新編》一二〇冊（臺北：新文豐出版社，
　　　　　1985 年 1 月初版），頁 3～7。

二、人事陟黜

明代的官員銓選，文歸吏部，武歸兵部，故吏、兵二部在六部之中地位顯赫，而吏部號爲銓部職權尤重，所謂「統敘百僚，爲天子平章四海」〔註90〕，吏部分爲文選清吏司、驗封清吏司、稽勳清吏司、考功清吏司，舉凡文官的初授、升任，均由文選清吏司所管理〔註91〕。明代官員銓選之法，每年有大選、急選、遠方選等，其中的「大選」屬於官員的升遷考核〔註92〕，以其事關重大，朝廷需委由吏部填榜之後，張掛於朝堂之上以昭公信。

大選是指進士、貢舉、吏員的初授，以及考滿官員的升遷，通常在單月舉行，經由文選清吏司根據其資格與加以考核，然後依照所缺員額予以安置，至雙月奏請選官，正式填榜公布結果，並送吏科收貯保存〔註93〕。每逢大選，吏部尚書、侍郎需會同文選清吏司郎中、員外郎等官，於吏部大堂舉行大選，並由吏科給事中負責監督打印、謄寫簿冊與張掛榜文等事務：

> 凡雙月吏部大選，則吏部堂官，率選司官入內銓除，吏科都給事中同入，看打選官印子，掛榜登簿，以待總繳入內，雖大權不得干預，亦寓監制微意焉。是日，例賜酒飯於內，則吏部尚書上坐，都給事下席，此在掖垣之體，已自尊重。〔註94〕

吏部雙月大選時，吏部尚書、文選司官與吏科給事中共同參與，以爲相互制衡監督，上朝奏請選官之時，百官先行辭退，待皇帝覽畢之後，宣召吏部與司禮監用印，再交由吏部照本填榜張掛〔註95〕，大選之後則由皇帝賜宴於皇宮之內，以慰勞選官之辛勞。成化時期吏部尚書李裕（1424～1511），在負責大選事務之時，即會同侍郎、文選司官等處理大選事宜，「以缺員與選人，一一第資格可否，註于手牘，謹緘之，至期引奏填榜，更無舛錯，至庶官亦稱

〔註90〕《高文襄公集》，卷三〈懇乞天恩辭免重任疏〉，頁1下。

〔註91〕文選清吏司以其掌選官之重任，是爲四司之首，文選郎中亦常受到朝廷的禮遇與優崇，甚至可獨攬選官之事。張榮林，《明代吏部文選清吏司職掌之研究》（臺北：政治大學政治研究所博士論文，1976年6月），頁4～13。

〔註92〕《明史》，卷七十一〈選舉志三·任官〉，頁1716：「選人之法，每年吏部六考、六選。凡引選六，類選六，遠方選二。聽選及考定陟降者，雙月大選，其序定於單月。改授、改降、丁憂、候補者，單月急選。其揀選，三歲舉行。舉人乞恩，歲貢就教，無定期。」

〔註93〕《大明會典》，卷五〈吏部四·選官〉，頁17下～18上。

〔註94〕《萬曆野獲編》，卷十一〈吏部·吏兵二部大選〉，頁289。

〔註95〕《明神宗實錄》，卷七十八，頁4下，萬曆六年八月辛卯條。

得人」〔註96〕，因此整個大選過程極為慎重，吏部官員僅負責引奏填榜而已，此外不得置喙一言。

選官填榜張掛的所在，《萬曆‧大明會典》是記載於午門東廊揭示〔註97〕，而《湧幢小品》所載嘉靖二十八年（1549）八月大選之時，則是先由吏部面奏請旨選官，待各衙門奏事完畢後，會同吏科給事中候於御道之旁，謝恩而出，然後百官賜宴。待皇帝預覽奏本之後，傳出印本子於左順門，由部官接出之後，照本填榜，張掛於吏科之上西向，除授官員前往看榜，大選事畢，各官出朝。從朱國禎（1558～1632）所作數首有關大選的詩句，內容提及到選官填榜、張榜等的過程，是由皇帝預覽批示之後，傳出印本子予吏部等相關官員，然後照本填榜，而當時觀榜官員之踴躍，動輒可達數百人：

> 印子官銜即御書，移時傳本付尚書。天官捧下方填榜，歡動除官意氣舒。〈填榜〉

> 看榜除官數百人，歡呼萬歲祝龍宸。今朝幸免遵行過，祿厚才疏愧此身。〈張榜〉〔註98〕

從觀榜官員群聚圍觀的情形，反映出對職官除授的重視與關注，而詩中所述授予新官職的官員，更是為此歡欣鼓舞。

職官銓選制度的運作，至明代中期以來漸趨敗壞，私相請託的情形日益嚴重，吏部改以拈鬮法皆常作為選官授除之依據，至萬曆年間則又變為掣籤法。「掣籤法」的創立，始於萬曆二十二年（1594），吏部尚書孫丕揚所建議，其目的同樣是為杜絕選官時所產生的請託之弊，而原先掣籤法的使用，因鑑於大選所牽涉的層面廣泛，最初僅用於急選，後來其公平性普遍受到當時官員的贊同，於是奏請適用於大選〔註99〕。根據《增修條例備考》所載吏部奏請的經過為：

> 大選之法，每遇雙月，查天下缺官，請旨填補。故事，因寫榜時迫，

〔註96〕《西園聞見錄》，卷三十〈吏部一‧銓授〉，頁11下。

〔註97〕《大明會典》，卷五〈吏部四‧選官〉，頁18上。

〔註98〕明‧朱國禎，《湧幢小品》，《筆記小說大觀》二十二編第七冊（臺北：新興書局，1978年9月初版），卷八〈大選詩〉，頁2下～3上。

〔註99〕《明代吏部文選清吏司職掌之研究》，頁23～35。掣籤法創立於萬曆二十二年（1594）吏部尚書孫丕揚的建議，其後仍出現不少缺失，天啟三年更因吏部尚書趙南星奏請而廢除，至天啟末年才又恢復掣籤法，此後雖屢有官員奏請廢除，但以掣籤法選官的方式，仍一直沿襲到明末為止。

> 先期擬缺，夫缺以預議而寡過，若在可行，但人以知名而留情，事
> 屬可改，不若易員缺爲抽籤之法，於計爲善。宜容本部先置籤筒，
> 書應選之缺於各籤，後奉命某人授某官，擬缺出榜，此其目也，當
> 引各官於東闕，唱名抽籤，即而定之，……然後具榜張掛，豈非光
> 明正大之永規乎？〔註100〕

可見掣籤法之採用，除了避免私相請託之弊病外，亦考慮到大選過程的時間
冗長，從候旨、填榜到授缺，往往拖延時日，若採行掣籤法即可「刻日舉行」，
而以掣籤法選官，籤上不註明官職，只記北五省、中五省、南五省等地方，
抽中者即授與當地所缺官職，令其前往赴任。從選官掛榜的方式，其背後所
代表的意涵，皆是在說明皇權的認證，並將各職官之授與加以公開化，昭示
其公正明白之意。

　　官吏的考察制度稱爲「大計」，有京察、外察之分。「京察」是指針對京
官所做的職官考核，時間訂於己、亥年，至天順八年（1464）訂爲每十年舉
行一次，弘治時期（1488～1505）以來屢有官員奏陳，認爲京官十年一察於
法太過疏略，遂改以每六年一考察〔註101〕。「外察」則是以外官爲對象所做的
考核制度，外官於辰、戌、丑、未年例應赴京朝覲，朝覲完畢之後，吏部即
會同都察院考核官吏，然後奏請定奪，凡存留者，引至皇帝御前，各賜予敕
諭一道，並加以申誡〔註102〕。官吏考察的內容，可概分爲八法：貪、酷、浮
躁、不及、老、病、疲、不謹；給予的處份則分爲致仕、降調、閑住、爲民
四等〔註103〕，因此凡經大計考核處分者，皆永不敘用。

　　官吏人事陟黜、遷轉，需經由榜文張掛告知以昭公信，而告知對象既以
官員爲主，職官銓選務以公正明白爲要，若有徇私不公等情形，則會遭到給
事中或御史的糾劾。嘉靖三十年（1551），大計京察之後，吏科給事中張秉壺
糾劾吏部尚書夏邦謨不職，致使夏邦謨去職致仕；萬曆三十九年（1611），京
察之際，因御史金明時糾劾吏部侍郎王圖，隨後引發刑部、都察院連番攻訐吏
部尚書孫丕揚，造成孫丕揚自請致仕〔註104〕。崇禎十六年（1643）四月，舉
行計典，至二十八日大察，二十九日掛榜；例轉給事中范士髦等四人、御史

〔註100〕《增修條例備考》，卷二〈選官抽籤註缺以示公正〉，頁 12 上。
〔註101〕《萬曆野獲編》，卷十一〈京官考察〉，頁 299～300。
〔註102〕《大明會典》，卷十三〈吏部十二・朝覲考察〉，頁 1 上～下。
〔註103〕《明史》，卷七十一〈選舉志三・保舉〉，頁 1721。
〔註104〕《萬曆野獲編》，卷十二〈辛亥兩察之爭〉，頁 304～305。

陳盡等六人〔註105〕。然而此事卻因人事糾紛而產生波折，根據舊例是「例轉一科二道」，而吳昌時卻欲藉機援引黨羽，於是增加陞遷人數，致使河南道御史祁彪佳、山東道御史徐殿臣、賀登選等，各上奏疏參劾吳昌時紊制弄權。

　　無論京察、外察等考考核官吏升遷，一旦有不公平或令人質疑之處，往往釀成後續的人事紛亂，甚至引起黨爭。因此，對於明代官員的銓選或考核，以其事關重大，需先經由皇皇帝的承認許可，然後再委由吏部官員填榜，張掛於朝堂之上，透過職官授的公開化，避免紛爭並以昭示公信。

三、懲處禁令

　　以榜文告示昭示天下，作為懲戒官員的傳播訊息模式，在有明一代當屬明太祖所創下的先例。洪武十三年（1380），左丞相胡惟庸因謀反伏誅，牽連者坐死者達三萬餘人，明太祖更因此事廢除中書省丞相制度，改設六部直屬皇帝統轄，實行中央集權的措施。然而自此之後，明太祖藉由胡惟庸案，陸續羅織胡黨罪犯，持續達十餘年之久，而胡惟庸罪名也不斷擴大，如十九年（1386）增加入海私通倭國謀反、二十三年（1390）增加勾結北元罪名。洪武二十三年（1390），另以吉安侯陸仲亨、太師韓國公李善長等坐胡惟庸黨，作《昭示姦黨錄》布告天下〔註106〕。洪武二十六年（1393）二月，因藍玉戰功彪炳且驕縱恣意，被錦衣衛指揮蔣瓛首告謀反，明太祖族誅之，牽連者一萬五千於人，凡官爵列侯以下坐黨夷滅者不可勝數，同時手詔條列為《逆臣錄》布告天下〔註107〕。明太祖在處理胡黨、藍黨的手段，通常是條列罪臣姓名，然後布告於天下知悉。

〔註105〕明・張岱，《石匱書後集》，《明史附編》（五）（臺北：鼎文書局，1978 年 10月再版），卷一〈烈皇帝本紀〉，頁 31。

〔註106〕《明史》，卷三〈本紀第三・太祖三〉，頁 47；《明史》，卷三○八〈列傳一百九十六・奸臣〉，頁 7908。根據《明史》，卷一二七〈列傳第十五・李善長〉，頁 3771 記載李善長因胡黨牽連入獄時，明太祖「作《昭示姦黨三錄》布告天下」。

〔註107〕《明史》，卷一三二〈列傳第二十・藍玉〉，頁 3866。清人趙翼則認為胡獄有《昭示奸黨錄》，藍獄有《逆臣錄》，至清代已不可考。但查考《明太祖實錄》關於胡黨、藍黨兩案記載，僅敘述兩人如何為惡當誅，對於頒佈《昭示姦黨錄》、《逆臣錄》等獄詞卻隻字未提，顯然實錄有曲意隱諱，竄改史實之情形。而近年來北京大學已將罕見的《逆臣錄》史料，點校整理之後加以出版。詳見：明・明太祖敕錄，王天有、張何清點校，《逆臣錄》，五卷（北京：北京大學出版社，1991 年）；清・趙翼，《二十二史箚記》（臺北：華世出版社，1977 年 9 月新一版），卷三十二〈胡藍之獄〉，頁 739。

　　昭示罪臣的榜文內容，不僅臚列擅作威福、蓄意謀叛等罪狀，更強調爲人臣者應順君王之意，不該有非份妄想。在洪武二十六年（1393）二月所頒佈〈爲藍玉謀逆事〉榜文中，即直斥藍玉繼踵胡惟庸陰謀，復謀叛逆之舉，罪當伏誅，又恐全國百姓產生不能保全功臣之疑慮，於是詔命刑部將罪行情詞榜示天下〔註108〕。事實上明太祖從藍玉逮繫、入獄到伏誅僅短短三天，其中藍玉的口供獄詞，更是雜取家屬口語而成，明末潘檉章（1626～1663）即質疑未待法司審理而急欲定罪，似乎透露出太祖不願讓此案有任何翻供或寬宥的機會〔註109〕。告示榜文作爲朝廷懲戒官員的方式，一般多用於謀逆、奸臣等重大政治事件之上，對於身犯重大刑責的官員而言，榜文內容勢必將其所犯下罪行內容、招供獄詞加以詳細記載，以爲其餘官員之借鏡〔註110〕。明成祖（1403～1424）在靖難之役後，也採取榜文昭示的方式，首先對於建文帝時期的朝臣，臚列不附己的「罪臣」然後榜示天下，並由法司逮繫問罪〔註111〕。明成祖主要目的是將所列「奸臣」之中的官員，只要願意承認新政權者，或予以任官、釋放；若不承認者則處以禁錮，甚至處死、族誅，其目的在於逼迫承認新政權的合法性。〔註112〕

　　然而若身處政治爭鬥之下，所謂「罪臣」的形象可能未必如同朝廷官方榜文內容所描述，甚至遭到刻意污衊而與事實相去甚遠，其中最具代表性即

〔註108〕《洪武永樂榜文》，〈爲藍玉謀逆事〉，頁 512。

〔註109〕清・潘檉章，《國史考異》，《叢書集成新編》一二〇冊（臺北：新文豐出版公司，1985 年 1 月初版），〈高皇帝下〉，頁 71：「錄（按：即《逆臣錄》）中無藍玉招，而有其兄榮及男鬧兒等四招，以丁僧兒、史敬德所供按之，則知玉以二月八日入朝被收，九日下錦衣衛，十日伏誅，未及具獄，而雜取家屬口語以證成之耳。」

〔註110〕《明史》，卷九十七〈藝文志二・史類十・刑法類〉，頁 2398。根據所記載的刑法類書目。其中有《昭示姦黨錄》一卷、第二錄一卷、第三錄三卷，皆爲記錄胡黨獄詞；《逆臣錄》五卷即記錄藍黨獄詞。關於藍黨獄詞的研究，可參見：川越泰博，〈『逆臣錄』と『藍玉党供狀』〉，《明代中國の疑獄事件：藍玉の獄と連座の人》（東京都：風響社，2002 年 2 月初版）。

〔註111〕明・郎瑛，《七修類稿》，《四庫全書存目叢書》子部一〇二冊（臺南：莊嚴文化事業有限公司，1997 年 6 月初版，據明刻本景印），卷十〈國事類・建文忠臣〉，頁 4 下～6 下：「建文間死節之士，予得諸文廟榜示奸惡官員姓名二紙，及傳於文獻者，共百二十四人，隨名考事，舊有私抄一帙，後爲兵火所失。」

〔註112〕川越泰博，《明代建文朝史の研究》（東京都：汲古書院，1997 年 7 月），頁 473～479。

爲于謙一案。于謙（1398～1457）在土木堡事變之際，擁立景帝即位並指揮謀劃抵禦也先進犯京師，拯救國祚於危難。然而英宗在南宮幽居八年之後，在石亨、徐有貞等人的建議下，發動「奪門之變」復位成功，爲了解釋再次取得帝位的合理性，石亨等人建議應將于謙問罪處死，英宗起初雖稍有遲疑，但徐有貞進言：「不殺于謙，此舉爲無名。」最終仍舊將于謙冠以圖謀不軌的謀反罪名並加以誅殺〔註113〕，同時有些希圖寵幸者，紛紛以攻訐于謙作爲進陞之階的手段，甚至奏請將于謙罪行榜示天下〔註114〕。於是朝廷爲廣泛宣揚其罪名，遂諭令都察院出榜曉諭各地，昭示其「奸臣」之名：

> 都察院爲謀爲不軌事。天順元年正月二十六日，都察院左都御史蕭維禎等於奉天門欽奉聖旨，奸臣于謙、王文結同內賊王誠、舒良、張永、王勤等，構成邪謀，逢延景泰篡位易儲，又依阿從更廢黜正后，內外朋奸，紊亂朝綱，擅奪兵權，將軍國大事都弄壞了。近因祁鈺有疾，不能臨朝視政，這廝每自知罪惡深重，恐朕不容，因共謀爲不軌，糾合心腹都督范廣等要將、總兵等要官，擒殺迎立外藩，以樹私恩，動搖宗社。……及朕復位，這廝每奸謀節次敗露，已將于謙、王文、王誠、舒良、張永、王勤等處以極刑，籍沒家產。……今後內外的官，務要竭力盡忠，奉公守法，以保身家，並不許似這廝每朋奸亂政，違了的必誅不饒。恁都察院便出榜曉諭多人每知道，欽此。今將聖旨事意備云榜示，欽遵施行，須至榜者。〔註115〕

從天順元年的〈于謙等反亂伏誅事〉榜文內容來看，于謙的形象完全被將描寫爲心懷篡逆邪謀之人，不僅意圖篡位易儲、廢黜正后，更內外朋奸、擅奪兵權，儼然權傾朝野的奸臣；迨景泰帝有疾時，更思謀逆不軌，糾合心腹欲迎立外藩，動搖國本，最後才爲英宗所逮繫問罪，處以極刑。所以英宗欲藉

〔註113〕《明史》，卷一七〇〈列傳第五十八・于謙〉，頁4550。于謙雖剛直不阿，有功於社稷，但在易儲問題上的態度頗爲猶疑，致使落人口實；而英宗更爲了「奪門之變」再次復位的合法性與合理性，接受石謙等人的建議，處死于謙。有關于謙的生平始末、功過是非等問題，參詳見：于謙研究會編，《于謙研究》（北京：中國文史出版社，1998年10月第一版）。

〔註114〕《明英宗實錄》，卷二七四，頁19下，天順元年正月壬辰條：「金吾右衛帶俸正千戶白琦請盡誅王誠、于謙等黨及邸府舊僚，且以誠、謙等罪榜示天下。事下都察院，覆奏請如琦言，榜示邸府舊僚，誠、謙等黨宜令該部具名以聞。從之。」

〔註115〕《訓讀史文》，卷四〈于謙等反亂伏誅事〉，頁259～260。

由官方告示榜文的傳播，企圖利用政治力量將于謙從「忠臣」轉變爲「奸臣」的形象，以解釋自身再次取得帝位的合理性。若相較於太祖對於藍玉一案的處置，是採取欲加之罪、不擇手段等方式；則英宗對於于謙一案的處置，可謂之爲誣陷至極。從英宗透過發佈朝廷榜文昭示于謙爲「奸臣」一例，說明朝廷企圖利用官方的政治宣傳力量，塑造一個官方所賦予的既定形象（例如：奸臣）、或事件經過（例如：篡位謀反），然後強制地傳達於民間百姓身上，並影響百姓的觀感與評價；但這種形象的塑造，有時未必就是事實眞相，甚至與事實截然不同。

　　嘉靖初期爭辯大禮議之後，張璁以首功蒙受皇帝恩寵，楊一清亦倚張璁、桂萼之力，出任內閣首輔，但不久三人之間的關係漸生嫌隙，從相互援引轉變成齟齬猜忌，攻訐不已〔註116〕。嘉靖八年（1635），先後有戶科給事中孫應奎、工科給事中陸粲奏劾張璁、桂萼等擅作威福，挾怨報復，其中陸粲奏疏內容更引起嘉靖帝震怒：

> 上乃責孚敬（張璁）、萼負君忘義，令孚敬以原職回家創悔資後用，萼革保、傅、大學士銜，以尚書致仕，仍許孚敬馳驛，而罪陸粲以不蚤聞奏，逮下緹騎獄，杖謫荒裔。居二日而榜示朝堂，明孚敬、萼功罪，且戒中外毋得更加齮齕。〔註117〕

此次事件結果，張璁以本職勒令回鄉省改、桂萼革去官銜以尚書致仕，其餘相關官員受處分者達數十人〔註118〕，而榜列張璁、桂萼功過於朝堂之上，即是藉此申誡官員，毋蹈前非。此後，朝廷還依照皇帝敕諭內容繕寫成書，即《欽明大獄錄》，並由內府刊刻印刷千餘部，分送在京衙門大小官員各一部，並發各該巡按轉行都、布、按三司，如式翻刻分發所屬衙門，以示刑罰之公正〔註119〕，透過書籍的刊刻，更廣泛的達到懲處、誡諭之作用。

〔註116〕《明史》，卷一九六〈張璁傳〉，頁5178：「（楊）一清再相，頗由璁、萼力，傾心下二人。而璁終以壓於一清，不獲盡如意，遂相齟齬。指揮聶能遷劾璁，璁欲置之死，一清擬旨稍輕，璁益恨，斥一清爲奸人鄙夫。一清再疏引退，且刺璁隱情。帝手敕慰留，因極言璁自伐其能，恃寵不讓，良可歎息。璁見帝忽暴其短，頗愧沮。」

〔註117〕明·王世貞，《嘉靖以來內閣首輔傳》，《明代傳記叢刊》（臺北：明文書局，1991年1月初版，據民國二十七年北平哈佛燕京學社排印本景印），卷二〈張孚敬〉，頁7下。

〔註118〕《明世宗實錄》，卷一〇四，頁5上～下，嘉靖八年八月丙子條。

〔註119〕《太師張文忠公集》，卷三〈頒布大獄錄〉，頁36上～下。

告示榜文不僅作爲朝廷昭示罪臣的手段，而朝臣官員之間更以此作爲政治爭鬥的攻擊宣傳手段。明代輻員廣大，全國鄉、會試取士之名額，受到各地人口密度與文化發展等因素影響甚鉅，明初取士不分南北，但因東南地區經濟富饒，北方地區則屢經兵燹，所以南方較佔有文化教育之優勢，取士以南人居多。洪武三十年（1397）會試，所錄取中試者五十二名皆爲南人，太祖遂怒其偏頗，誅殺考官白信蹈等人，親自閱卷覆試，取任伯安等六十一名盡皆爲北人。由於科舉南北卷取士差異之漸趨嚴重，使朝廷開始重視此一問題，洪熙元年（1425）遂定會試南北取士之例〔註120〕；景泰五年（1454）則改以南北中取卷，以示公正客觀之舉〔註121〕。雖然景泰年間將會試分以南、北、中卷取士，但在閣臣的比例上仍以南人佔絕大比例，這種分卷取士之地域觀念，不僅影響內閣閣員組成的結構，基於同鄉之情誼，往往造成朝政上援引同鄉入閣。如成化初期南人居內閣執政，北人掌吏部銓敘，即以出現南北抗爭之勢，而後成化中期萬安入閣盡罷北人、萬曆時期申時行援引南人入閣等情形，都是基於同鄉情誼的結合，進而造成朝臣政治立場的分立，形成南北傾軋之情勢。〔註122〕

除地域上南北差異之外，另外則是知識份子的熱衷參與政治，因政治立場分歧所造成朝政混亂與複雜的弊端。明代中晚期以來，知識份子參與政治活動甚爲活躍，進而形成組織化的行爲，朝廷士大夫的組織活動稱爲「黨」，讀書士人的組織活動則稱爲「社」。明初洪武年間對於官員之間的往來交結，無論是交結近侍官員洩漏事情、夤緣作弊，或稱頌朝臣才德美言者，皆斥之爲「姦黨」，並以法律條文加以嚴格禁止〔註123〕，可見明代帝王將官員之間的

〔註120〕《明史記事本末》，卷二十八〈仁宣政治〉，頁 298。
〔註121〕《明史》，卷七十〈選舉志二〉，頁 1697：「宣德、正統間，分爲南、北、中卷，以百人爲率，則南取五十五名，北取三十五名，中取十名。景泰初，詔書遵永樂間例。」即南卷率取 55%、北卷 35%、中卷 10% 之比例，遂成爲日後取士標準的依據。
〔註122〕張治安，〈明代閣臣出身經歷及籍貫之研究〉，收入氏著《明代政治制度研究》（臺北：聯經出版事業公司，1992 年 6 月初版），頁 147～148。
〔註123〕《明律》所載關於嚴禁「姦黨」的條文，有：〈姦黨〉、〈交結近侍官員〉、〈上言大臣德政〉等，主要是禁絕前朝所常見的朋黨之禍，《明律集解附例》纂註在解釋〈上言大臣德政〉條時更指出，「此條即上條〈姦黨〉之未盡者，嚴阿附之門，所以重絕朋黨之禍，意深遠矣。」可見朝廷面對官員之間所形成的朋黨，如何的戒愼恐懼而予以嚴禁。參見：《明代律例彙編》，卷二〈吏律一‧職制‧姦黨〉，頁 441、〈吏律一‧職制‧交結近侍官員〉，頁 441、〈吏律

相互往來交結，視爲威脅政權存在的隱憂，而採取截然禁絕的態度。然而自萬曆朝（1573～1620）以降，朝臣之間因政治、經濟利益等因素相互援引結合，但卻又因立場相同，而衍生出相互扶持或傾軋惡鬥等複雜形勢，於是流於「黨同伐異」、純盜虛名之弊〔註124〕。造成朝臣關係劣質化的根源，主要是來自於萬曆皇帝對於朝政的荒怠，致使官員集團之間爭鬥漸趨惡化。〔註125〕

　　面對政治環境的紛爭，無論是朝臣與閹黨的爭鬥，或朝臣之間的傾軋，得勢的一方有時會將對手冠以罪名，甚至採取以告示榜文的方式將其罪狀昭示於天下。沈鍊好直言，以進士任錦衣衛經歷，因上疏糾劾嚴嵩十大罪，至呼爲「嵩賊」，反被嚴嵩誣陷入獄〔註126〕，當時總督楊順、巡按御史路楷爲奉承嚴嵩，屢次上疏劾沈鍊，必欲至之死地，甚至在沈鍊死後，路楷欲滅其文章，遂榜示邊塞：「有藏沈氏遺文片紙隻字者，按捕抵罪。」〔註127〕天啓年間（1621～1627），東林黨與閹黨互鬥，魏忠賢即採納黨羽盧承欽建議，將東林黨顧憲成、李三才等人配以「先鋒」、「敢死軍人」、「土木魔神」等渾號，附以黨人姓名、罪狀榜示天下〔註128〕。阮大鋮、崔呈秀爲獻媚於魏忠賢，也分別編造《點將錄》與《天鑒錄》，將東林黨人雜附其中而榜示天下〔註129〕。迨魏忠賢所屬的閹黨失勢，亦遭到崇禎皇帝以榜文昭示罪狀於天下的處置：

　　　　一・職制・上言大臣德政〉，頁442。明・高舉刊刻，《明律集解附例》（臺北：成文出版社，1969年臺一版，據清光緒二十四年重刊本景印），卷二〈吏律一・職制・上言大臣德政〉，頁43上。

〔註124〕謝國楨，《明清之際黨社運動考》（北京：中華書局，1982年11月第一版），頁12～37。萬曆朝黨禍紛爭不斷，明代堪稱歷朝之最，從初期的國本論、三王封建、建儲議、福王之國、楚太子獄、科場案、辛亥京察、丁巳京察、妖書案、熊廷弼案等，乃至於梃擊、紅丸、移宮三案，各案緊密相扣，皆引起朝臣之間的爭端，依照不同意見與立場，區分爲東林、崑、浙、宣等黨，相互激辯對立。

〔註125〕明代國勢之衰微，至萬曆更爲加劇，前期尚有張居正輔政，以閣臣總理國事，朝政運作正常；後期萬曆親政，殆於臨朝，與外廷隔絕，更因恣意斂財，致使礦使流毒天下。關於萬曆對政事的荒怠，所導致國家政局的衰敗。詳見：孟森，《明史講義》（上海：上海古籍出版社，2002年6月第一版），頁255～291。

〔註126〕《穀山筆麈》，卷五〈臣品〉，頁57。

〔註127〕《石匱書後集》，卷五十〈辛卯殉難列傳・吳鍾巒〉，頁294。

〔註128〕《明史》，卷三〇六〈列傳・閹黨・盧承欽〉，頁7859。

〔註129〕明・計六奇，《明季北略》（北京：中華書局，1984年6月第一版），〈點將錄〉，頁44、〈天鑒錄〉，頁45。

奉聖旨：覽奏。逆惡魏忠賢，掃除廝役，憑藉寵靈，睥睨宮闈，荼
毒良善，非開國而妄分茅土，逼至尊而自命尚公。盜幣弄兵，陰謀
不軌，串同逆婦客氏，傳遞聲息，把持內外。崔呈秀委身奸閹，無
君無親，朋攘威福之權，大開縉紳之禍。無將之誅，國有常刑。既
會議明確，著行原籍撫按，魏忠賢于河間府戮屍凌遲，崔呈秀于薊
州斬首，其客氏身屍，亦著查出，斬首示眾。仍將爰書，刊布中外
曉諭，以爲奸惡亂政之戒。〔註130〕

崇禎皇帝昭示魏忠賢獄詞之目的，在於將權臣與奸黨的罪行劣跡公布於天
下，使臣民能知曉是非善惡。朝廷刊布罪臣獄詞，最早始於明太祖處置胡惟
庸、藍玉事件，以作爲昭示罪臣惡行的手段，之後因政治環境的紛爭，無論
是朝臣與閹黨之爭鬥，或朝臣之間的傾軋，以告示榜文的方式將對方罪狀刊
布天下，遂成爲一種政治爭鬥的負面宣傳與攻擊手段。

第三節　告示榜文的榜諭對象

關於榜文所告誡的對象頗爲廣泛，包含皇親宗室、官吏、百姓、罪犯等，
因爲榜諭對象的不同，所以張榜告示的地方亦略有差異。大致而言，誡諭宗
室、官吏的榜文，多榜示於朝堂或官署衙門之上；曉諭一般百姓的事務則較
爲龐雜，除榜示於官署衙門之外，另於倉場、市鎮、交通要衝等皆有其榜文
告示；至於違法犯罪者，則多榜於事發所在、官府、山林禁區等地，張示招
撫榜文聽其自首，或明訂賞格以便緝捕歸案。

一、宗室勳戚

明太祖平定天下之後，以宋、元之覆亡在於宗室的孤立，於是開始分封
諸子以屏蔽王室。之後，明成祖以靖難因役即帝位，未免武力強奪帝位之事
重演，便對宗室諸王嚴加注意，《明史》稱之曰：「有明諸藩，分封而不錫
土，列爵而不臨民，食祿而不治事，蓋矯枉鑒覆，所以杜漢、晉末大之禍，
意固善矣。然徒擁虛名，坐糜厚祿，賢才不克自見，知勇無所設施，防閑過
峻，法制日增。」〔註131〕因此明代歷代君王對於宗藩的限制嚴格，不僅二王

〔註130〕明・朱長祚，《玉鏡新譚》（北京：中華書局，1989年9月第一版），卷九〈爰
　　　　書〉，頁140～141。
〔註131〕《明史》，卷一二〇〈列傳・諸王五〉，頁3659。

不得相見，即使出城省墓亦需皇帝允許方可成行，可見對宗藩忌憚之甚。

　　明代對於宗藩的禁令，從初期寬鬆至晚期轉趨嚴密。明初由於需藉助宗藩護衛朝廷中央，以及「權不專於一司」的集權思想，故軍事職權從武將轉移到藩王手中〔註132〕。鑑於明代皇權集中的體制建構下，宗藩勢力的消長，遂成為朝廷急需解決的重要課題，因此在箝制宗藩之禁令方面，則規定不得參與兵事、出仕、入朝、交結官員等諸項限制，以致宗藩在明代中期以後，已無與抗衡朝廷中央的能力與條件〔註133〕。特別是針對宗藩日漸繁衍，造成朝廷開支日增、宗藩不法等諸情形，遂於嘉靖四十四年（1565）二月頒訂《宗藩條例》，不僅將明初以來對宗藩限制之相關條例，加以編纂彙整，更顯示出藩禁的嚴密與定制化。

　　明代律法之中禁止宗藩與文武官員交結，明初規定凡王府締結姻親者，俱外調，不得授與京職，弘治十三年（1500）增入《問刑條例》之中成為定例；至於王府所屬官員，天順以後規定其終身不得升遷外調〔註134〕。種種限制的存在，使得部分王府官員被視為朝政失勢後，所被遣派的職位〔註135〕，由於仕途受到限制與阻礙，致使許多詩書之家、衣冠世胄俱不願與王府結親。朝廷在禁止宗藩與文武官員交結的同時，也嚴禁宗藩不得擅自行移有司，干涉地方政事的運作。如永樂三年（1405）六月聖旨榜文規定：

> 為禁約事。永樂三年六月十一日奉聖旨：今後但非有朝廷明旨，王府擅自行移有司，及發落一應事務，隨即具奏，不許承行。敢有隱匿不奏，及擅自承行者，許被害之人陳告，及諸人首發，治以重罪。的然不恕。〔註136〕

此外，宗藩也不許於歲時節慶宴請官員。如嘉靖二十四年（1555）十月，出榜條例規定：

> 嘉靖二十四年十月禮部題，該禮科給事中查秉彝題，奉欽依：各該

〔註132〕吳緝華，〈論明代封藩與軍事職權之轉移〉，《明代制度史論叢》（臺北：臺灣學生書局，1971年2月初版），頁31～49。

〔註133〕暴鴻昌，〈明代的藩禁與藩害——兼論洪朝選對遼藩案的處理〉，收入吳智和編《洪芳洲研究論集》（臺北：洪芳洲研究會，1998年6月初版），頁458～465。

〔註134〕《萬曆野獲編》，卷四〈宗藩·藩國隨封官〉，頁113～114。

〔註135〕關文發、顏廣文，《明代政治制度研究》（北京：中國社會科學出版社，1996年5月第二版），頁224。

〔註136〕《洪武永樂榜文》，〈為禁約事〉，頁529。

> 巡按御史，行令有王府去處，查照先年事例，出給榜文張掛禁約，
> 並行各長史教授，啓王知會。今後郡王、將軍、中尉、儀賓以下，
> 不得與文武官員往來交結及歲時宴會，亦不許有事逼脅，非禮凌辱。
> 違者，聽親王及撫按官，參奏處治。〔註137〕

無論是結交文武官員或行移有司等禁令，目的皆是嚴禁宗藩干涉國家政務之運作，不僅減少宗藩危害地方的可能性，更是削弱其政治權力，體現朝廷中央集權之體制。

　　明代宗藩在獲得封地之後，需留在封地之內不得擅離，否則以違背祖訓論處，情重者押發鳳陽高牆監禁。嘉靖十一年（1532）十一月，禮部原已議定凡郡王以下等宗室不得擅離封地，越境赴奏，若有應奏之事件，需交由郡王轉奏朝廷，並令各地方刊刻榜文告諭宗室。然而嘉靖四十三年（1564）四月，山西代府鎮國中尉之子朱充鱝先前已因犯罪送府拘禁，卻仍舊冒用宗室三哥子之名，夥同無賴之輩，沿途詐稱聖旨，擅用地方之車輛、人夫，往來驛地之間需索擾亂，於是朝廷再次頒佈榜文申明禁諭：

> 合候命下，移咨都察院，轉行山西巡撫御史，即將（朱）充鱝押發
> 代府閒宅，嚴加拘禁。及查三哥子果係冒名，並跟隨撥置之人從重
> 究問，及行各該巡按御史將沿途軍衛有司驛遞等衙門官吏人等，逐
> 一研審縱容應付情弊，並原差遞送人役俱各追究問擬發落，仍出榜
> 文於各驛遞張掛。今後但有宗室越關經過，不許給與口糧及應付車
> 輛人夫，仍查本身之外，如有挾帶棍徒即係撥置之人，所在官府即
> 行擒治。若再縱容違禁，從重一體治罪。〔註138〕

從朱充鱝事件來看，朝廷雖屢出榜文重申禁令，但以宗藩之特殊地位，實難達到目的，因此朱充鱝敢再三觸犯禁令，然而所受之懲罰，不過押發代府閒宅拘禁，榜文所謂的「從重究問」、「即行擒治」，僅徒具虛文而已。

　　宗藩多憑藉地位特殊之權勢，欺凌地方鄉里，地方官府告示對其無任何約束作用，唯有奏請乞降聖旨榜文，期望能稍加約束宗藩之劣行。王廷相（1474～1544）因宗室結交官府，招集惡黨以騷擾地方，遂奏請降發聖旨榜

〔註137〕明・不著撰人，《大明律疏附例所載續例附考及新例》，《中國珍稀法律典籍集成》乙編第二冊（北京：科學出版社，1994年8月第一版），《新例補遺》，〈禮例〉，頁360。
〔註138〕明・禮部編纂，《宗藩條例》，《中國珍稀法律典籍集成》乙編第一冊（北京：科學出版社，1994年8月第一版），卷下〈越關奏擾〉，頁594～595。

文，以嚴禁各宗室擾亂滋事：

> 巡撫衙門仍行布政司刊刻大字榜文，給發張掛，通行曉諭，如此庶
> 法守益，嚴人心知畏，宗室富貴可保永昌，地方軍民得安生理矣。
> 緣係敷陳愚見申明舊例，昭彰憲法，禁戒宗室招集惡黨，以正體統，
> 以安軍民。〔註139〕

此奏疏經由都察院進呈，聖旨批准於各該宗室地方刊刻榜文，嚴加曉諭宗室
之行為。除透過朝廷屢加申斥，頒行榜文禁約之外，少數宗室諸王亦深切體
認到部分宗藩的為惡行徑，因此奏請朝廷量加裁抑，如嘉靖十六年（1537）
七月，伊王朱訏淳，因鑑於各將軍中尉等多有恣惡不悛之輩，乞敕諭各地撫
按官重申禁例，勸誡各地宗室守法循禮，世宗遂議令通行於各宗室所處地方，
官府刊刻榜文嚴加曉諭〔註140〕。除由都察院通行各該宗室地方，刊刻榜文嚴
加曉諭之外，並嚴令各王府長史、各教授密切訪察有無不法情事，年終造冊
送撫按衙門稽察，以規範宗室之行為。〔註141〕

宗藩自親王以下郡王、鎮國將軍等皆賜予歲祿，以及絲紵、布匹、茶、
鹽、匠料等物品，此後雖以財政因素，酌量裁減諸王歲給祿米，至嘉靖四十
一年（1562），御史林潤奏稱：天下歲供京師糧四百萬石，諸府祿米需求卻達
八百五十三萬石，地方存留多不足以供應宗室祿米之需，對全國財政形成極
大的負擔〔註142〕。此外，宗室所得盡為膏腴之地，仍猶侵奪民田、拒納稅
糧，而宗室歲祿既委由地方州縣攤派，不僅造成地方政府的財政負擔，最後
只得將所有重擔加諸於百姓之上〔註143〕。而諸項禁令的限制，特別是禁止出
仕、不得為四民之業，導致宗藩成為食租衣稅、無所事事之輩，謝肇淛對此
遂有「處宗藩之法，莫厚於本朝，而莫不便於本朝」之感嘆。〔註144〕

〔註139〕明・王廷相，《浚川內臺集》，《續修四庫全書》集部一三三五冊（上海：上海
　　　　古籍出版社，1997 年，據明萬曆刻本景印），卷三〈為敷陳愚見申明舊例彰
　　　　憲法禁戒宗室招集惡黨以正體統以安地方軍民事〉，頁 23 上～下。
〔註140〕《明世宗實錄》，卷二○二，頁 5 上，嘉靖十六年七月辛丑條。
〔註141〕明・林堯俞等纂修、俞汝楫等編撰，《禮部志稿》，《文淵閣四庫全書》五九七
　　　　～五九八冊（臺北：臺灣商務印書館，1983 年版，據國立故宮博物院藏本景
　　　　印），卷七十九〈宗藩備考・藩鑑・宗室過犯〉，頁 5 下。
〔註142〕《明史》，卷八十二〈食貨志六・俸餉〉，頁 2001。
〔註143〕明・張瀚，《松窗夢語》（北京：中華書局，1985 年 5 月第一版），〈宗藩紀〉，
　　　　頁 155。
〔註144〕明・謝肇淛，《五雜俎》（臺北：新興書局，1971 年 5 月，據明萬曆戊申年刻
　　　　本景印），卷十五〈事部三〉，頁 4 上～下。

除宗藩本身所引起的社會問題之外，其僕從數量的冗濫，同樣造成社會困擾。宗室、勛戚之家的僕從皆有人數規定，其間多市井無賴混充，藉強權之庇蔭，動輒欺凌地方鄉里。洪武初期開國功臣多有恃鐵券犯法，奴僕殺人的情形頗多，皆匿不以聞，至永樂年間（1403～1424）根據榜例規定，王公僕從二十人，一品官員不過十二人，然市井無賴混充者甚多，欺凌地方鄉里。憲宗皇帝嘗詔勛戚之家，不許占據關津、橋梁等處設置店肆鬻販，侵奪民利，違者聽巡城、巡按御史及所在有司執治以聞。〔註145〕

至孝宗弘治時期，勛戚僕從竟有多以百數計者，顯然已經嚴重違背舊制，弘治九年（1496），外戚長寧侯周彧與寧壽侯張鶴齡，因經營私利發生衝突致使聚眾相鬥，京師為之震駭，尚書屠滽與九卿官員上奏，請重申永樂間榜例，並裁定勛戚不得濫收家人、僕從，更敕都察院揭榜禁約，戒其騷擾商賈軍民，若有違犯者，聽巡城巡按御史及所在有司執治〔註146〕。然而宗室勛戚的僕從冗濫，仍舊是屢禁不止。

對於宦官的種種不法，也與身份特殊的宗藩、勛戚相同，受到朝廷的榜文禁約加以裁抑。宣宗時期（1426～1435），內官袁琦、內使阮巨隊，藉以採辦為名，虐取軍民財物，事覺後為宣宗詔命凌遲袁琦、阮巨隊等十人，並令都察院揭榜曉諭中外，凡先前內官、內使在外所侵占之物官，皆由所在官府查勘明白，歸還於軍民。〔註147〕

明代宗藩、勛戚因為本身地位之特殊性，一般官府告示的效力無法禁約其行為，故需藉由朝廷所頒降的榜文加以裁抑，不過根據事例反映出禁約宗藩的措施，以其特殊身份地位，在實際施行上仍具有侷限性。此外，對於宗室勛戚僕從的數量，歷朝儘管屢次重申永樂榜例之規定，終究無法遏止其冗濫與劣質化的現象，這種藩害延伸之情形，不免對社會經濟、秩序造成嚴重負擔。

二、文武官吏

對於告示榜文所告誡的對象官民皆有，一般而言榜文若是張掛於官署衙門正廳者，多為告誡官吏之用。例如《諸司職掌》規定，凡官府衙門需照依敕諭事理，以紅油木牌刊寫青字，常川懸掛於本衙門公廳上，以便永為遵守

〔註145〕《明孝宗實錄》，卷一一七，頁2上，弘治九年九月己酉條。
〔註146〕《明史》，卷三〇〇〈列傳·外戚·周能〉，頁7672～7673。
〔註147〕《典故紀聞》，卷十，頁176～177。

〔註148〕。洪武二十九年七月（1396），奏准京衛官軍亡故後，對其家屬支給月糧、鹽米等事，即規定將戶部所頒行之條例，置立板榜於本衙門正廳，以便常川張掛〔註149〕。明初爲懲治官吏貪污，還創設戴刑還職之制，令犯罪官員於原來職務上戴刑工作以示懲戒，希望能使其領悟爲非之恥，進而改過遷善。《大誥三編・進士監生不悛第二》即開列進士、監生出生之犯罪官吏共三百六十四名，其中戴刑還職者二百一十二名，可謂是律法五刑之外的特殊用刑〔註150〕。因此，明初無論是告誡、懲治官吏，採取張掛榜文、豎立板榜皆是常見的禁約手段。

在禮制規範方面。如朝賀之時，官員不得稽遲誤期，有司更須事先告示以做準備，《明律》規定：「凡朝賀及迎接詔書，所司不預先告示者笞四十。其已承告示而失誤者，罪亦如之。」〔註151〕對於祭祀事宜的相關規定，正統十二年（1447）正月，禮部所頒佈的榜文中提到，凡祭祀天地之禮儀，三日之內不許奏陳有關刑名、喪疾等事件，而文武官員需於祭祀前日的午後沐浴更衣，以便次日早朝致祭，陪祀官員除年老、殘疾、瘡疥、體氣、刑餘、喪過等因素之外，其餘皆需親自參與祭典〔註152〕。由此可知，除齋戒沐浴之外，官員本身的個人健康、體態等因素，也是限制參與祭祀的條件，並由禮部出榜曉諭官員知悉。

明代皇室的擇偶條件，除政治因素聯姻之外，有時會從官員子女之中挑選，首先會由朝廷張榜曉諭各處，如洪武三年（1370）五月規定天子親王后妃宮嬪，需愼選良家子女，進者勿受〔註153〕。正統六年（1441）正月更以皇帝婚期將近，由禮部欽奉太皇太后聖諭，以聖旨榜文的型式頒佈於京師、南京、鳳陽、淮安、山東，沿途曉諭各處官民之家，凡有適婚女子擇其容貌端莊、恭和有禮者，令其父母親送赴京以爲皇帝挑選〔註154〕。崇禎帝長女及

〔註148〕明・不著撰人，《諸司職掌》，《玄覽堂叢書》初輯（臺北：國立中央圖書館，1981年8月臺初版，據明刊本景印），卷一〈吏部・考功部・諸司職掌〉，頁79上。

〔註149〕《洪武永樂榜文》，〈爲定奪糧鹽事〉，頁521。

〔註150〕楊一凡，《明大誥研究》（江蘇：江蘇人民出版社，1988年12月第一版），頁110～111。

〔註151〕《明代律例彙編》，卷十二〈禮律二・儀制・失誤朝賀〉，頁595。

〔註152〕《訓讀吏文》，卷四〈大祀文武官員致齋事〉，頁243。

〔註153〕《明史紀事本末》，卷十四〈開國規模〉，頁143。

〔註154〕《訓讀吏文》，卷四〈皇帝婚期邇近女子年十三至十五令其父母親送赴京事〉，

笄時，宜擇偶婚配，即諭禮部「榜諭官員軍民人等，年十四、五歲，品萃端良，家教清淳，人才俊秀者報名，赴內府選擇。」〔註155〕皇室成員的擇偶條件大致以品行賢良爲主，然後由禮部刊布榜文告示，凡官民有適婚女子皆可送赴京師，以供爲皇帝挑選婚配，雖然詔書所稱官民有適婚女子者皆可以送赴京師，但一般而言皇室的擇偶對象，仍是從官員子女之中挑選的情形較爲常見。

透過榜文張掛，代表新政令與禮制規範的出現，甚至取代原先舊制而成爲新的「祖制」。天順四年（1460）南郊大祀，奏翰林院學士呂原、工部侍郎蒯祥等十九人，猶循舊例至西天小門，不下轎馬，直趨而入，爲校尉所伺察，禮科給事中與監察御史皆糾劾之，英宗認爲祀禮已成，悉不論罪，若有再犯不宥。遂令禮部張掛榜文禁約，凡自後過西天小門者需下轎馬步行而入〔註156〕。根據原先舊例，皇帝車駕未至祭壇之前，百官出入西天小門皆可不下轎馬，然而英宗欲嚴行祭祀之禮，所以預先遣人至宮門伺察，然後令禮科劾之以警惕，最後再由禮部張掛榜文禁約〔註157〕，以便執行皇帝的意志。

關於整飭官員行爲方面，明仁宗爲太子，居守監國時，有守京城門內使挾私構陷他人，事發入獄問罪並榜示司禮監，禁諭內官今後不得挾私報復，否則治以重典〔註158〕。此外，明初官吏若有宿娼的行爲，其刑責頗重，罪責次於殺人一等，雖遇赦免仍終身不得敘用任官〔註159〕，然而此項禁令日久漸趨寬鬆，至宣德三年（1428）八月，宣宗鑑於近來官員聚會飲酒，必狹妓隨侍，且沈酣終日，怠廢政事，敗禮壞俗至甚，遂命禮部加以揭榜禁約，若再犯者嚴加問罪〔註160〕，顯示此時現任官員前往酒樓飲宴、狹妓尋歡等情形的普遍。不過，此禮部榜文禁令之出，在於限制官員出入官妓，以免怠廢政事，並爲此革除官妓〔註161〕，至於官妓之外的民間私妓，則似乎不在嚴格禁止之列。明初以來官吏狹妓的禁令，於正統元年（1436）仍常見文武官員無視禁

頁 229～230。

〔註155〕《崇禎長編》，卷一，頁 10。

〔註156〕《典故紀聞》，卷十三，頁 237。

〔註157〕《明英宗實錄》，卷三一一，頁 3 上～下，天順四年春正月己丑條。

〔註158〕《典故紀聞》，卷八，頁 138。

〔註159〕《寓圃雜記》，卷一〈官妓之革〉，頁 7。

〔註160〕《明宣宗實錄》，卷五十六，頁 7 上，宣德四年七月丙寅條。

〔註161〕《典故紀聞》，卷九，頁 167。

令，依舊多在外狹妓飲酒，致使文案盈積，政務廢弛〔註162〕，可見即使屢加申明禁約，公領域的政治權力或行政命令，並未能限制私領域的個人行為，因此明代官員狹妓飲宴的情形實難完全禁絕。

京師為全國政治中心之樞紐，各級官署衙門除現任官員之外，凡致仕、降調之閒罷官員，不許在京潛住，擅與官員交結，違者充軍〔註163〕。成化十三年（1477），九月山東道監察御史許進奏稱，官員發往閒住或充軍調降者，往往聚集至京師，或妄訴冤枉，或懇求復職，甚至交結權貴議論時政，且適逢會試、朝覲之期將至，恐有礙要事舉行。許進遂援引天順六年（1462）八月初三日詔書事例，奏請出榜禁約，通行錦衣衛巡捕官、巡城御史會同五城兵馬司嚴加查緝。〔註164〕

對於武臣的戒諭，明初特別頒行《大誥武臣》加以約束，至永樂時期另頒行戒諭武臣榜文，嚴加規範：

> 掌中府事鎮遠侯顧仕隆等，請申明永樂初戒諭武臣榜文。上曰：「我
> 祖宗朝戒諭武臣榜文，訓告諄切，恩義深厚，承明日久，襲替者不
> 知遵守，曠職怠事。兵部其通行天下，申明曉諭，本府仍謄寫刊印，
> 給各官舍領回誦讀，使其子孫各知保守世祿。」〔註165〕

永樂時期所頒行的武臣榜文，應是沿襲《大誥武臣》而來，除仍頒給武官領回誦讀之外，還經由兵部頒行曉諭天下，於各地官府謄寫刊印，藉以達到警惕告誡的作用。

除文武官員之外，胥吏同樣也是告示榜文曉諭的對象。胥吏素來有衙蠹之稱，而吏員的濫設，往往是政事之弊病，所以明太祖嚴屬規定凡在任之官員，將吏員原額設立多少，需明出榜文告知於民，如本衙門皂隸某、當房掌文案某等，皆需並明文出示，不得濫設名目：

> 今後十二布政司、府、州、縣諸司衙門，凡有當僉應役皂隸，或親
> 身，或代替，或僱他人，在任之官將額設名數，明出榜文，告之於
> 民，本衙門皂隸某、當房掌文案吏某，各各定名若干，餘無濫設，

〔註162〕《明英宗實錄》，卷十七，頁7下，正統元年五月丙戌條。
〔註163〕《明代律例彙編》，卷二〈吏律一・職制・交結近侍官員〉，頁441。
〔註164〕明・不著撰人，《明代檔冊》，《中國明朝檔案總匯》第八十七冊（桂林：廣西師範大學出版社，2001年6月第一版），〈禁約為事問發閒住為民充軍降調等項人員不許在京潛住造言生事例〉，頁118～122。
〔註165〕《明世宗實錄》，卷三十八，頁4上～下，嘉靖三年四月辛丑條。

容留不明之人。其榜之辭曰：「除榜上有名外，餘有假以衙門名色，
稱皂隸、稱簿書者，諸人擒挐赴京。」〔註166〕

可見其榜文內容，主要是針對官吏所制訂的禁令限制。事實上吏員的員額，
因為處理政事的需要，或編制不足，或犯罪充吏等因素，常有額外添設之情
形，況且官府亦樂於多蓄差役以供驅使，以致於額外冗吏充斥於各官府衙門
之間〔註167〕。根據洪武時期的《到任須知》規定，凡知府知縣到任之初，需
將歷次所頒降的聖旨詔書、出給榜文等，逐一考究，講解立法旨意，若有破
損不全者，則需加以採訪抄寫，以便永為遵守。〔註168〕

　　除中央機關得以出示告示榜文，申飭官員行為，地方封疆同樣也能以告
示申明禁令，約束所屬官員遵守。孫傳庭（1593～1643）任陝西巡撫時，即
榜示嚴禁各所屬郡邑官員，凡問刑訴訟不得濫贖加罰、徵收錢糧不得勒加耗
羨、日用買辦不許虧累鋪戶。然而慶陽府推官何守謙卻濫加火耗，並杖斃無
罪百姓，經地方紳民狀紙申告，孫傳庭遂奏劾其貪酷罪行，拏問審理〔註169〕。
黃希憲在巡撫應天府時，為禁止閒雜人等擅入官府衙門，以藉機探聽公事，
操弄地方政務，遂出示所屬地方嚴禁關防，並「刊示遍告有司及軍民人等知
悉，各宜留心」，若有違犯如故者，嚴懲不貸〔註170〕。因此可知以官員為曉諭
對象的禁約告示，除禁約內容屬於誡諭私人品德、行為等類似官箴性質之外，
在職務的規範上，通常多會涉及到百姓。

三、平民百姓

　　官方所發佈之行政命令與禁約內容，最重要的告示對象即是平民百姓，
其告示內容涵蓋各項日常生活規定。《古今譚概》曾記載官府揭榜禁止點燈的
事例：

田登作郡，怒人觸其名，犯者必笞，舉州皆謂燈為火。值上元放燈，

〔註166〕明・朱元璋，《御製大誥續編》，《中國珍稀法律典籍集成》乙編第一冊（北京：
　　　　科學出版社，1994年8月第一版），〈吏卒額榜第十四〉，頁112。
〔註167〕繆全吉，《明代胥吏》（臺北：嘉新水泥公司文化基金會，1969年11月初版），
　　　　頁28～36。
〔註168〕《大明會典》，卷九〈戶部八・關給須知〉，頁6上～7下。
〔註169〕明・孫傳庭，《孫傳庭疏牘》（杭州：浙江人民出版社，1983年10月第一版），
　　　　卷一〈糾參婪贓刑官疏〉，頁7～10。
〔註170〕明・黃希憲，《撫吳檄略》（臺北：漢學研究中心影照明刊本），卷一〈嚴禁約
　　　　束告示・禁約告示〉，頁1上～2上。

吏揭榜於市曰：「本州依例放火三日。」俗語云：「只許州官放火，
不許百姓點燈」，本此。〔註171〕

此事是因爲州官避諱姓名，百姓所衍伸出的嘲諷，卻也反映出官府將告示張
貼於市鎮之中，讓百姓觀看政令的常見傳播型式。

以國家統治者的立場而言，被統治者應當順從國家之制度，服從相關的
法令規範，如此則視爲良民，反之則被視爲破壞社會秩序的頑民、奸民。由
於不務本業的頑民，容易因無所事事而群聚在一起，當群眾大量的聚集，往
往會因情感因素的相似而緊密結合，一旦感受到敵意或遭受迫害，便會造成
破壞或攻擊行爲〔註172〕。爲減少群眾隨意的聚集，所可能引發或滋生事端等
情形，而造成社會秩序的破壞，所以統治者對此的根本解決之道，一是設立
戶籍制度，確實有效的管理人口；一則是將不務本業者嚴加管理控制，以減
少對社會秩序破壞的可能性。

明代戶籍制度之設立，是藉由百姓各安其本業，以維護明初社會秩序
的安定，因此明太祖對於游手好閒、不務本業之頑民，動輒處以嚴苛之刑
〔註173〕，甚至將博奕、局戲者加以禁錮〔註174〕。洪武二十七年（1394）十月
更爲禁約盜賊而發佈聖旨榜文：

> 洪武二十七年十月三十日爲禁約事，奉聖旨：京都人煙輻輳，有等
> 奸頑無籍之徒，不務本等生理，往往犯奸做賊，若不律外處治，難
> 以禁止，所以在京犯奸的奸夫奸婦，俱各處斬。做賊的、掏摸的、
> 詐騙的，不問所得贓物多少，俱各梟令。已令出榜曉諭，犯者至今
> 不已，刑部在出榜申明，務要家至戶到，男子婦人大的小的，都要
> 知道。〔註175〕

爲嚴禁此等不務本業者，明太祖明確表示不惜以「律外處治」的方式嚴加懲

〔註171〕明・馮夢龍，《古今譚概》，《四庫全書存目叢書》子部一三六冊（臺南：莊嚴
　　　　文化事業有限公司，1997 年 6 月初版，據明刻本景印），〈迂腐部・諱己名〉，
　　　　頁 17 下～18 上。
〔註172〕卡內提（Elias Canetti）著，黃漢青、陳衛平譯，《群眾與權力》（Crowds and
　　　　Power）（臺北：博學出版社，1982 年 9 月初版），頁 7～56。
〔註173〕明・祝允明，《野記》，《四庫全書存目叢書》子部（臺南：莊嚴文化事業有限
　　　　公司，1997 年 6 月初版，據明毛文煒刻本景印），卷一，頁 28 上。
〔註174〕明・顧起元，《客座贅語》（北京：中華書局，1987 年 4 月第一版），卷十〈逍
　　　　遙牢〉，頁 348。
〔註175〕《洪武永樂榜文》，〈爲禁約事〉，頁 515。

治，因此凡屬偷盜、詐騙之罪，從原本笞、杖之刑，改爲梟首處斬，而這種以皇權直接干涉司法，採取律外用刑的嚴苛統治，正是明初的律法制度特殊之處。〔註176〕

游手好閒而不務本業者，不僅破壞善良風氣，甚至誘使良民作奸爲惡，擾亂社會秩序。如張翀在處理地方無賴之徒的問題上，即發佈榜文告示嚴加巡察：

> 臣又訪得寧波、紹興等處間，有一種無賴，潛從入夷，誘引作奸，如宋素卿者，實繁有徒，合行出給榜文於各該地方，張掛曉諭，有前項無賴，蹤跡可疑，許鄰里首告官府，不時覺察，即便擒挐，家屬從重究治。庶幾中國之勢常尊，外夷之侮少禦，而五兵不試，萬邦咸寧，凡沿海生靈，得以享太平之休無窮矣。〔註177〕

由於無賴往往誘民犯罪，迫使官府屢出榜文張掛嚴禁，要求地方里甲、百姓守望相助，凡有形跡可疑者，應隨即報官擒挐。可見此等莠民膂力剛彊，不務正業，橫行於市井之間，皆爲善政之蟊賊，是官府首要嚴禁的對象〔註178〕。而呂坤（1536～1618）更將此類莠民分爲無聊之民、無行之民、邪說之民、不軌之民等四種，統稱爲「幸亂之民」〔註179〕，此輩專以起釁變亂爲事，輕則偷盜不法，重則惑人心，圖謀不軌，種種行爲皆危害社會治安甚巨。不安本業的莠民在糾眾群聚的發展下，往往衍生出賭博、詐騙的行爲，反映出地方秩序逐漸失序的徵兆，若官府未能趁其「小禍」嚴加防範，待其釀成「大亂」之後，所付出的社會成本與損失則無可估算，所以透過官方的告示禁約，做爲事先防範的手段。

對於不附籍或脫籍的流民，所在府州縣官需對其招徠安置，以便增加人口繁衍與地方賦稅所得。對於流民的處置，商輅（1414～1486）曾奏請戶部計議出給榜文，遍行山東等處逃民聚集之所，張掛曉諭，凡有志復業者即令復業，並令官府撥田設法賑恤，其餘告示榜內有條列開寫者，悉照奉准事理

〔註176〕《洪武法律典籍考證》，頁90～104。

〔註177〕明・朱吾弼等輯，《留臺奏議》，《四庫全書存目叢書》史部七十四～七十五冊（臺南：莊嚴文化事業有限公司，1997年6月初版，據明萬曆三十三年刻本景印），卷十五，張翀〈杜狡夷以安中土疏〉，頁4下～5上。

〔註178〕明・顧起元，《客座贅語》（北京：中華書局，1987年4月第一版），卷四〈莠民〉，頁106。

〔註179〕《西園聞見錄》，卷九十八〈兵部二十五・緝奸・前言〉，頁10上。

明白曉諭施行〔註180〕。對於礦徒聚集之處，以官方告示申明禁令於各處，勸諭其改過從新，各安本等〔註181〕。兩廣人民多有被賊劫虜而脅從為盜者，官府則採取出榜告示，許令自首復業，並免其糧差三年，由官方措置給與房屋、種子，以便安心生產〔註182〕。王恕（1416～1508）於河南左布政使任內，屢平寇亂，並平湖廣劉千斤、石和尚之變，即榜諭各地流民，促其各自復業〔註183〕。因此安置流民與人口成長、賦稅所得，皆互為表裡，透過官方告示勸諭宣揚，以達到社會安定的功效。

除一般的平民百姓之外，亦有針對罪犯流民等不法之徒，所發佈的官府禁約告示。嘉靖時期沿海倭寇肆虐，其中王直為最大勢力，朝廷即詔命總督、巡撫等官，各將王直罪惡刊刻榜文，傳示邊海州縣地方，以便設策謀劃，擒拿治罪：

> 查得王直即王五峰，本以華人，甘為夷役，剽掠上海，潛行鬼域之謀，荼毒海邦，公肆虎狼之暴。往時傳說之流言，若不足憑，于今真倭之供由，良有可據，但昭揭黃榜事體重大，擅難輕議，合無備行總督楊宜，巡撫胡宗憲、曹邦輔、陳儒，各將王直罪惡刊刻榜文，傳示邊海州縣，多方設策，早正國法，以快人心。〔註184〕

除了規範百姓遵行政令與守法之外，若是官員有違法情事，有時也會由官府出榜檢舉違法官員的事例。如成化年間（1465～1487）楊繼宗出任嘉興知府，適有「清軍孔御史按郡，里老多被箠楚至死者，公揭示要衝曰：『孔清軍打死人役，赴府報名。』孔見之，無如公何。」〔註185〕以官員品秩而言，知府遠低於御史，而嘉興知府楊繼宗認為清軍御史孔某，恣意以酷刑箠楚鄉里實屬

〔註180〕明・商輅，《商文毅公集》，《四庫全書存目叢書》集部三十五冊（臺南：莊嚴文化事業有限公司，1996年版，據明萬曆三十年劉體元刻本景印），卷二〈招撫流移疏〉，頁14上～下。

〔註181〕明・黃瓚，《雪洲集》，《四庫全書存目叢書》集部四十三冊（臺南：莊嚴文化事業有限公司，1996年版，據明嘉靖黃長壽刻本景印），卷十一〈飛報緊急賊情疏〉，頁38下～39上。

〔註182〕《蒼梧總督軍門志》，卷二〈制勅〉，頁18上。

〔註183〕明・黃宗羲，《明儒學案》（臺北：世界書局，1965年4月再版），卷九〈三原學案・端毅王石渠先生恕〉，頁64。

〔註184〕明・楊博，《楊襄毅公本兵奏疏》，《續修四庫全書》史部四七七冊（上海：上海古籍出版社，1997年，據浙江圖書館藏明萬曆十四年師貞堂刻本景印），卷二〈覆巡江御史金淛等請懸賞格購倭逆首疏〉，頁29上～下。

〔註185〕《西園聞見錄》，卷十〈內編・剛方前〉，頁32下。

不法，遂以官方告示張貼於街道要衝，允許受害家屬前往申告。海瑞（1514
～1587）在吏部侍郎任內，目睹百姓遭受在京官吏的欺凌，憤然禁革積弊陋
規，在所發佈的告示內容之中，勸諭百姓勇於檢舉不法官吏：

> 各街人如若仍前被害，可自放膽來告，做百姓不可做習頑不聽法度
> 的百姓，亦不可做軟弱、聽人打、聽人殺而不言的百姓，不言自
> 苦，苦何日止？或攔街、或叫門、不禁狀上，必明說通政司畏忌，
> 若干次告、不准送字樣，上下有體，豈有堂官不能出令一司屬官
> 乎？〔註186〕

從告示的內容來看，海瑞認爲百姓應將自身所受的壓迫完全表明出來，甚至
應不惜「放膽來告」，此舉不僅爲捍衛自身的權益，更有監督官吏、澄清吏治
的功能與責任。楊繼宗、海瑞皆是站在百姓的立場，爲其減輕生活負擔，懲
治不法官吏，剛直不屈的個性令人欽佩；不過，在爲百姓謀福利之時，前提
是必須有一位不畏強權的正直官員作爲後盾，方能達成此目的，否則就可能
是種虛構的理想而已。〔註187〕

　　訊息的傳播不僅是單向傳遞，觀看群眾接收到訊息之後，也會有適當的
反映與回應。榜文既爲傳播政令的重要途徑，百姓若要瞭解國事或政令，唯
有到榜文之下看榜，事實上百姓透過觀看榜文內容，不僅可以瞭解官府的政
令決策，還可藉此獲知新的社會訊息，以作爲生活日常上行程規劃的重要依
據。《喻世明言》提及關中人楊復（又名楊八老）在外娶妾生子，後雖思鄉欲
歸，但總被其妾檗氏苦留而延宕，後見官府榜文得知倭寇將近，遂決定及早
動身出發：

> （楊）八老爲討欠帳，行至州前。只見掛下榜文，上寫道：「近奉上
> 司明文。倭寇生發，沿海搶劫，各州縣地方，須用心巡警，以防衝
> 犯。一應出入，俱要盤詰。城門晚開早閉」等語。八老讀罷，吃了
> 一驚，想道：「我方欲動身，不想有此寇警。倘或倭寇早晚來時，閉
> 了城門，知道何日平靜？不如趁早走路爲上。」也不去討帳，逕回身
> 轉來。只說拖欠帳目，急切難取，待再來催討未遲。聞得路上賊寇

〔註186〕明・海瑞，《海忠介公全集》（臺北：海忠介公集輯印委員會，1973年5月初
　　　　版），卷二〈告示・禁革積弊告示〉，頁50。
〔註187〕《明史》，卷二二六〈列傳一百十四〉，頁5949。《明史》對海瑞的評價爲：「海
　　　　瑞秉剛勁之性，戇直自遂，蓋可希風漢汲黯、宋包拯。苦節自勵，誠爲人所
　　　　難能。」反映出其剛直個性，確實爲常人所不能及者。

生發，貨物且不帶去；只收拾些細軟行裝，來日便要起程。〔註188〕

楊八老雖欲動身回鄉，但仍計畫收回欠帳之後再做打算，不過卻因官府張掛榜文，得知倭寇早晚將近，深恐影響到歸鄉日期，於是決定收拾細軟行裝，來日即刻起程。此外，官府告示亦可作為訊息交流的材料，成為鄉里之間的新聞趣談，浙江開化縣人裘自足在前往城裡辦事時，於城門旁看見許多人圍觀官府告示，於是也前往觀看，其目的即是想要獲取新的消息，以便回到鄉里後大肆談論一番：

> 走到城門邊，只見許多人圍在那里看告示，（裘）自足也捱上前去，看是什麼告示，也好綽些新文，好往鄉裡嚼咀。先看年月，是昨日張掛的，迤〔乃〕從頭看道：「浙江衢州府開化縣正堂某，為緝拿大盜事：蒙本府信牌開准，杭州府移關淮南直揚州府關文，開奉淮揚兵備道憲牌前事內開某月某日，據某處客商某人，報稱於胡家洲地方獲住夥盜慎明等，本道即行提審，據供有凌介山為首已經脫逃浙省，合行廣捕捱輯緣由，移關到府。蒙此合行嚴飭各屬，⋯⋯除行捕衙嚴督捕役，于境內四路踋〔踩〕輯外，合再出示，為此示仰合屬人等知悉。倘有外路面生可疑之人，務須報名解縣，以憑詢問來歷。不得私自放行，致於提究。須至示者。」〔註189〕

從裘自足觀看官府告示可以得知，此告示張貼於城門旁，主要是因為城門是城鎮與鄉村聯結的重要關卡，所以往來人潮甚多，於此處張貼捕盜告示，有助於官府宣達緝拿大盜的行政命令。從裘自足認為「綽些新文，好往鄉裡嚼咀」的想法，所謂的「新文」就等同於「新聞」，也就是最近發生的事情，正因為需要獲取「新文」，所以裘自足觀看告示之前，必須確認官府的發佈時間是否為最近日期，然後才會繼續往下觀看；若是發佈日期比較早，代表事件的發生已經過一段時間，而裘自足繼續觀看內容的動機與意願，可能就會比較低。

對於寧靜平淡的鄉村生活而言，有時縣境內的大事如燒殺擄掠、強盜殺人等，更會成為鄉里之間爭相討論的話題。《喻世明言》描述江西贛州府石城

〔註188〕明・馮夢龍，《喻世明言》（臺北：桂冠圖書公司，1990 年 1 月再版），卷十八〈楊八老越國奇逢〉，頁 269。

〔註189〕清・天花才子編輯、四橋居士評點，《快心編傳奇》三集（臺北：天一出版社，1976 年），第六回，〈看告示唬殺白頭人・避江濤搭救紅顏女〉，頁 7 上～下。

縣魯廉憲，原與鄰家顧僉事為累世通好之家，於是魯廉憲之子魯學曾與顧家之女阿秀，遂相互面約為婚，來往之間皆以親家相呼，但因魯學曾病故，復以家道衰落，兩家遂甚少往來。日後魯學曾表兄梁尚賓得知魯、顧兩家互有婚約，於是假冒魯學曾的身分與顧家小姐阿秀偷情，事發之後阿秀羞愧自盡，顧僉事更以此事為家醜，有礙聲名，乃親往縣城中告狀，必而欲置魯學曾於死地，由於事情曲折離奇，石城縣當地便打此事當做新聞，沿街傳說〔註190〕。《醒世恒言》寫道陳小四等人原為一夥殺人越貨的盜賊，後因錢財糾紛而分道揚鑣，事發後被官府緝捕，而陳小四又牽涉一樁與奸婦謀殺親夫的命案，所以當陳小四眾人被押解至官府問審時，整個揚州城「傳遍了這件新聞，又是盜案，又是奸淫事情，有婦人在內，那一個不來觀看，臨審之時，府前好不熱鬧。」〔註191〕

由此可知，受到訊息傳播普及的影響，在明代小說戲曲之中，經常見到「新聞」、「消息」、「訊息」等相關詞彙，這正是說明小說反映出真實的生活現況，由於社會人際關係的交往機會增多，渴望追求新訊息的刺激，因此在心態上多有探聽、詢問消息的行為，造成社會風尚的流行〔註192〕。此外，訊息在傳遞過程當中，可能經由群體之間的討論與說明，再經由意見領袖的轉述、解釋，彙整出具有共識的意見，這種訊息互動的模式，也出現明代的地方社會裡，訊息內容可以作為人際溝通交流的材料，成為鄉里之間的新聞趣談，進而將訊息轉化為實用知識加以運用。〔註193〕

訊息的來源與使用，一般平民百姓可能拿來做為鄉里之間的言談消遣，部分則作為生活規劃的參考，然而訊息流通對於從事商業活動的商賈而言，卻是相當重要的情報資產，商人類型大致可分為「坐賈」與「行商」，而坐賈獲利不如行商之鉅，為獲取最大利益，商人皆需充分掌握訊息流通，熟悉市場的動態，並根據市場所需來經營或販售何種物品，另外各地雇傭工價、稅收、治安、交通狀況等，也必須細加考量，因此訊息流通對商人交易實為重要〔註194〕。同時，由於明代中葉商業的發達，商業活動與知識取得，兩者息

〔註190〕《喻世明言》，卷二〈陳御史巧勘金釵鈿〉，頁52。
〔註191〕明・馮夢龍，《醒世恒言》（臺北：建宏出版社，1995年3月初版），卷三十六〈蔡瑞虹忍辱報仇〉，頁672。
〔註192〕《中國明代新聞傳播史》，頁15～16。
〔註193〕《中國明代新聞傳播史》，頁15～16。
〔註194〕韓大成，〈明代工商業管理〉，《明清論叢》第二輯（北京：紫禁城出版社，

息相關，熱絡的商業活動進而促使書籍出版的興盛，書籍出版不僅包括官方
政書、儒家經典，更涵蓋廉價而大量的大眾讀物，使知識取得與訊息流通更
爲廣泛。〔註195〕

圖 2-3：百姓觀看告示榜文圖

資料說明：取自明弘光元年（1645）刊本《剿闖小說》〈李公子民變聚眾‧闖踏天兵盛稱王〉，
　　　　　根據小說的描寫，當時李岩因明末賦稅過於繁重，請求官府暫停催徵錢糧、賑濟
　　　　　飢民，並透過官府告示榜文的張貼，以期消除百姓的疑慮不安，但事後卻被縣官
　　　　　所誣陷，以致聚眾民變。

2001 年 4 月第一版），頁 152～153。

〔註195〕傳播學理論的論述架構當中，曾提及「兩級傳播」的理論（two-step flow of
　　　　communication），指出群體間的共識通常是依賴意見領袖（opinion leader）中
　　　　介，許多訊息都是先傳達到意見領袖之後，再經由其意見轉述、解釋，然後
　　　　再次傳達給群眾，雖然有時意見領袖只是替群眾帶來訊息內容，並非能完全
　　　　決定群眾的意向，但意見領袖對群體意識的形成仍具有相當地影響力。

　　百姓對於官府的行政命令發佈，不僅單方面視爲行爲上的依據與規範，有時還會其轉化爲生活所需的訊息來源，有時作爲遠行規劃的參考因素，有時則作爲街談巷議的趣聞，連結地方鄉里之間的溝通網絡。透過耳語相互傳遞，官方告示內行政命令，不再僅止於政治上的禁令、限制，而是可以轉變爲日常知識，甚至應用於一般的生活作息之上。也因爲訊息的日常通俗化，一般百姓在觀看官府告示時，除了瞭解地方官府的施政情形，更重要的恐怕是獲知社會近況、環境變動等資訊，進而作爲鄉里之間的訊息交流，或日常生活所需的實用知識。

第三章　告示榜文的製作形式

　　官府在處理地方政務或承接上級命令之後，需發佈告示榜文於所屬各地，一般告示榜文多採取徒手抄寫，然而謄寫抄錄較耗費人力，所抄錄的數量亦有限，若遇事態緊急或重要情事，需普遍於各地張貼時，有時則採以雕版印刷的方式，以供應龐大數量之需求。

　　在刊布告示榜文之時，由於閱讀群眾的廣泛，包含官紳與百姓，其中平民百姓更佔絕大多數，爲因應百姓觀看告示的理解能力，部分官員在撰寫擬定告示榜文時，在文字的使用撰寫上，嘗試減少長篇大論或引經據典，而改採較淺顯易懂的語詞，或是輔以歌謠俚語，甚至採取繪畫圖形，以加深觀看者印象與瞭解。

　　對於告示榜文的製作形式，另一個需要值得注意則爲告示載體／材質的使用，而載體使用之差異，影響信息傳播的效能與範圍。明代官方告示榜文所使用的載體，可分爲紙張、刻石、木版、鐫鐵等四大類型，其中以紙張取得方便、製作快速，而成爲常用材質，但本身材質脆弱，則爲其缺點；木版與石材的使用，則以堅固的特性，適合較長時間政令傳達；而鐫鐵使用於官方告示，則較爲少見。

第一節　製作形式

一、手抄謄寫

　　景泰二年（1451）五月，兵部尚書于謙鑑於福建、浙江、湖廣等處地方，近年以來因持續不斷的水災、旱災，百姓生活艱窘，加以有司不能盡心安撫，

致使其聚眾生事，盜賊竊發，遂調遣官軍前往征討，並同時施行招撫之手段。為顯示出對招撫地方的重視與用心，特奏請朝廷頒降聖旨榜文，另由兵部差官分投賚與湖廣各處提督軍務及鎮守官員，並囑咐其謄寫之後，於各府州縣土官衙門去處張掛，曉諭軍民、番夷頭目人等：

> 合無請給聖旨榜文，本部差官舍人等分投馳驛，賚與湖廣、貴州、廣東、廣西、福建、浙江等處總督提督軍務及鎮守等項，尚書、都御史侍郎等官，薛希璉、王來、孫原貞、李棠、孟鑑、寇深、李匡等，令其各為謄寫，有總兵官去處用總兵官印，無總兵官處用所在本布政司印，於各府州縣土官衙門去處張掛，曉諭軍民番夷頭目人等。〔註1〕

此次為招撫各處軍民與土司頭目人等的告示榜文，是由提督軍務及鎮守等官員將所降發的聖旨親自轉抄謄寫，由於這些武官職官品秩頗高，復以加蓋總兵官印或布政司印，反映出對此次招撫行動的格外慎重。而文告加蓋官印，代表權力的合法性證明。

南直隸鳳陽府穎州太和知縣吳世濟，於崇禎八年（1635）四月二十八日所發佈的〈貸解遼餉〉告示，也是採用以親手抄寫的方式，告諭仕宦富戶之家，勸其借貸助遼餉，以解決朝廷帑藏之空虛：

> 為曉諭事：爾民荷蒙聖恩軫念，蠲緩新舊鞭銀，文到即已停徵在案。無奈強鄰伺釁，宣府告急，部議帑藏空匱，遼餉迫於星火。至勤按院張手書下府，府手書下縣，上急公家，下恫窮簷，將仰給於仕宦之家、殷實之戶，大指不過先期移借本年鞭銀，非有求於本額之外也。今將院府手書抄錄揭示通衢，須知字字皆血淚也。……寇難方夷，邊警復動，朝廷有德意而不能究，此吾之痛也。特示。〔註2〕

從告示內容所見，此文告應由巡按親手謄寫，然後轉下府州縣。告示內容既是為遼餉費用，而向縣內仕宦富戶借貸，以解朝廷庫藏匱乏的窘境，所以勸諭的對象身份屬於社會上層。由告示內容來看，所需勸諭縣內仕宦富戶人數不多，因此所需告示的數量有限，故以官員親自書寫文告，更能表現出尊崇與請託之意。

地方官在處理政事之時，通常委由吏負責實際執行，即所謂的「六房」、

〔註1〕 《忠肅集》，卷八〈兵部為防患事〉，頁 54 上～下。
〔註2〕 《太和縣禦寇始末》，卷下〈告示五‧貸解遼餉〉，頁 107～108。

「三班」等組織，而六房之設立，大體是仿照中央六部制度所設置。六房職務分別為：吏房掌印信、人事事務，戶房掌差役、稅收事務，禮房掌考試、祭祀、禮儀事務，兵房掌驛遞、民壯事務，刑房掌詞訟、緝捕事務，工房掌營造、修繕事務，此種行政事務之分工結構，使公事往來分配執行，有助於地方政事的處理效率〔註3〕。佘自強在禁約查革積棍的條例中，曾針對六房書吏、書手加以裁減，每房止留不過三、四人，「又將書手二考、或告示、或文移、或寫字，其餘不堪者一一革退。」〔註4〕《剿闖小說》提到李岩因明末賦稅過於繁重，遂至官府請求暫停催徵錢糧、賑濟飢民，並要求出示官府榜文以便消除百姓的疑慮不安，「知縣只得依言，喚書手寫了告示，李公子拿出縣門與眾百姓看了。」〔註5〕可見撰寫文移、告示等寫字工作，皆屬於書手的職責範圍。官方告示之發佈，實際上通常多委由禮房書吏、書手等負責，領取應用紙張數量〔註6〕，然後繕寫抄錄，再經由掌印官過目批示後張貼佈告，官與吏之間的關係，大致體現官主行政，吏主事務的官僚體制，如前例所舉以軍務、鎮守等官員，或府州縣官親自抄寫的情形則較為少見。《歧路燈》曾描寫到官府對於生員考試的放榜情形：

> 主意已定，即叫本夜值宿的禮房來。禮房聽得內傳，進簽押房伺候。
> 道台吩咐道：「觀風一事，因查拿公出，將近半月尚未發榜。今日閱
> 定生員三人，童生二人，卷面已寫定名次，即將卷子交付與你，速
> 速寫了榜文裝頭，按排次寫榜。不必送稿來閱，即寫真，將獎賞日
> 子空住，送來用印過硃，限今晨張掛。」禮房領命而出，一一如命
> 辦理。送進來道台過了硃，填上獎賞日期，管印家人用印，蓋年月，
> 鈐接縫。鼓樂送出，貼在照壁。〔註7〕

因生員放榜一事延宕頗久，道台囑咐值宿的禮房即刻撰寫放榜告示，並特准禮房撰寫之後不必送稿審閱，只需加蓋官印，便可逕自張貼出榜，以便盡快處理此事。

告示草稿的撰擬，不僅作為堂上官參考審閱的範本，有時也會以告示稿

〔註3〕　《明代胥吏》，頁58～80。
〔註4〕　《治譜》，卷二〈初選門〉，頁15下～16上。
〔註5〕　《剿闖小說》，〈李公子民變聚眾・闖踏天兵盛稱王〉，頁9下。
〔註6〕　《海忠介公全集》，卷二〈興革條例・吏屬〉，頁71。
〔註7〕　清・李綠園，《歧路燈》（鄭州：中州書畫社，1980年12月第一版），〈第九二回察公放榜重族情・贊初童受書動孝思〉，頁862。

直接發佈政令。馮從吾（1556～1627）在清理鹽法積弊之時，即以告示稿移文發往山東運司，特示商人勿任意私帶販賣，「仍將發去告示稿，大書告示，張掛蒲臺、洛口各鹽場所，及該司門首曉諭，俾各商咸知省悟。」〔註8〕此公文與〈發山東運司告示稿〉內容大致相同，只是後者爲告示榜文之格式。泰昌元年（1620）十一月，福州布政使司沈演（1566～1638）在處理官廳東廊失火時，所緊急發佈的牌文、告示等公文，也反映出官府在發佈告示之前，必預先草擬草稿，然後再正式張貼告知。所以上述事例都說明官府在發佈告示時，程序大致是：

> 屬吏擬定草稿 → 送交正官審閱 → 加蓋官印 → 張貼出榜

無論委由所屬官員或屬吏草擬意見內容，都需經由堂上官審閱，而加蓋官印的目的，不僅代表堂上官的承認許可，同時具有連帶的責任歸屬，並賦予告示榜文合法證明與法律效力。

除了委由官吏抄寫之外，有時則僱請他人幫忙〔註9〕，地方亦有專以書寫爲業的工匠。不過，徒手抄寫較爲耗費時間，因此發展出「影抄」的快速抄寫技術。影抄，即是以紙張摹在刻本之上，然後再描成抄本，由於影抄的技術的出現，抄寫時較不容易產生訛字、遺漏等錯誤，這種抄書的技巧，在蘇州地區大爲風行，常熟人毛晉（1598～1659）的汲古閣即僱有抄書工匠百名，所抄之書籍精美，與原書極爲相似，故有「毛抄」之稱〔註10〕，因此影抄技術的出現，代表徒手謄寫的人工勞動增加工作效率。

二、雕版印刷

中國的版刻印刷技術，自唐宋刊書以來，使用情形已經極爲發達〔註11〕，利瑪竇（Mattew Ricci，1552～1610）在中國的親身經歷，即認爲中國印刷工人技術純熟，利用鋼刀在木板表面刻字製版，然後能快速地印出複本，一天

〔註8〕《馮少墟續集》，卷十八〈公移·破積弊開自新以正鹽法行山東范運同〉，頁20下～21上；同卷，〈公移·發山東運司告示稿〉，頁21上～22上。

〔註9〕《海忠介公全集》，卷二〈興革條例·吏屬〉，頁71：「書手，書寫吏胥職也，彼或不能，自募書手代之，亦其本分。」

〔註10〕吉少甫主編，《中國出版簡史》（上海：學林出版社，1991年），頁164。

〔註11〕清·王士禎，《池北偶談》（北京：中華書局，1982年1月第一版），卷十七〈談藝七·刊書〉，頁410。

至少可印出一千五百份之多。加上木板容易修補的特點，工匠隨時皆可任意增刪內容，不僅可視情況需要而決定印刷數量多寡，更可以利用此種便利之特性，大量發行書籍〔註12〕。由於刻板印刷的快速便利，為官方告示的刊印提供了良好傳播環境，因此官方告示的發佈，除部分採取人工抄寫之外，主要仍是以刊刻印刷為主。

由於雕版印刷技術的提升，有助於官方告示的刊印與傳播情形，使用雕板印刷的官方告示，數量大致可以達到數百張至數千張之間。宣德十年（1435），少傅兵部尚書兼大學士楊士奇等人，聽聞瓦剌所逼近邊境，即奏請出示聖諭榜文，並刊印百道交付總兵官沿邊散布，以嚴加邊境官軍之防備〔註13〕。而武宗時期（1506～1521）寘鐇事變之初，其王府內即設有在官刊字匠，據楊一清奏稱，寘鐇先命令在官承奉司寫字人管珣謄寫文書，然後再刊成板榜，由王得洪以刊板印刷四、五百張告示，傳示腹裏各處地方以便煽惑人心〔註14〕。官府翻刻告示的數量，則因州縣轄地大小而有所差異，王宗沐（1523～1591）在弭盜時所採取的政策則是：

> 凡兩司與各道、各府州縣，每問強盜招由，定於招中必及失主曾否救援強盜，有無同居二項，其不係同居，兩隣雖親，父子兄弟不坐，以為定例，仍刻告示，大縣發五百張，小縣三百張，各於人煙輳集及各鄉村里戶去處，遍行張掛，務使家喻戶曉，譬若耳提面聆。〔註15〕

此份申明捕盜律令的告示，依照各縣所轄地域大小，刊印告示數量以大縣五百張、小縣三百張為標準，然後張掛於鄉村里戶各處，所以地方官在以告示榜文作為傳播政令的手段時，有時會考量到經費支出與轄區大小，在刊印告示數量上略有斟酌。大致而言，相對於利用人工的徒手抄寫，使用印刷技術翻印告示的數量較多，動輒可達數百張以上。

王守仁在巡撫南贛時，在發佈告示於所屬州縣時，即明確規定「本府官吏，即將發去告諭，照式翻刊，多用紙張，印發所屬各縣，查照十家牌甲，

〔註12〕利瑪竇（Mattew Ricci）、金尼閣（Niclas Trigault）著，何高濟等譯，《利瑪竇中國札記》（桂林：廣西師範大學出版社，2001年9月第一版），頁16～17。
〔註13〕《明英宗實錄》，卷十，頁2下，宣德十年十月壬寅條。
〔註14〕《楊一清集》，卷十〈後總制類‧為遵奉勅諭起解後獲反逆賊寇事〉，頁 364～345。
〔註15〕《敬所王先生文集》，卷二十九〈公移〉，頁8上～下。

每家給與一道」，至於鄉村山落，同樣依照屯堡里甲分散給與〔註16〕。甚至在面對岩泉寇餘黨的肆虐，除親自駐軍於上杭之外，另曾「親書告諭，翻刻千餘張」，然後至各地張貼，廣爲曉諭禍福，使餘黨盡歸來降〔註17〕。嘉靖四十五年（1566）三月，張瀚以終南山山勢陡高，西連空峒、太白，東接太華、少華，南出嵩山、衡山，官府統治力量多有不及之處，致使流民嘯聚數千。張瀚認爲此輩流民多迫於困窘，其情可憫，遂招撫流民自首，並規定官府凡收執憲票者，聽其復業生理，不得刁難追究，於是「命工匠刻刷三千餘張，用關防印識，給以大字榜文，遣撫民同知李愚馳往，諭以禍福。」〔註18〕從上述事例可知，刻板印刷的告示數量，至嘉靖時期最高可維持在三千張左右，極爲有利於政令的傳遞。

圖3-1：雕版印刷工人圖

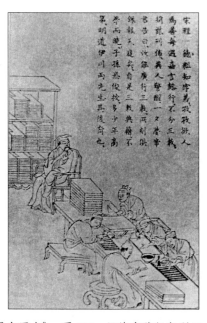

資料説明：取自《劍橋插圖中國史》，頁105，描繪出雕版印刷工人如何將文本刻在木板上，然後以墨汁刷在木板後覆蓋紙張，再用刷子刷的作業情形。

〔註16〕《王陽明全集》，卷十六〈別錄八・仰南安贛州印行告諭牌〉，頁566。

〔註17〕明・邵有道等，《嘉靖・汀州府志》，《天一閣藏明代方志選刊續編》四十冊（上海：上海書店，1990年12月第一版，明嘉靖刻本景印），卷十九〈附錄〉，頁9上。

〔註18〕明・張瀚，《松窗夢語》（北京：中華書局，1985年5月第一版），卷一〈宦遊記〉，頁16。

　　明末地方盜賊亂起，因兵燹而造成許多無辜百姓的流離失所，亟待官方收容照料，隆武二年（1646）正月監軍兵科給事中張家玉曾以安置難民得法，受到朝廷的重視與讚揚，遂命工部依相同式樣刻板印刷以為告示，並廣為散佈張貼，其數量刊印可高達萬餘張：

> 監軍兵科給事中張家玉安插難民，行各府州縣村落分理，深為得法，
> 上嘉悅之。著工部依家玉所進告示冊式刻板，刷印萬張，吏、兵二
> 部選差能幹承差才官數十人，齎送遭寇殘害處所，地方官遍行粘布，
> 其腰牌內用正官印信，以防詐偽。〔註19〕

以雕版方式所刊刷的告示數量達萬張以上，數量算是十分龐大。除木板雕刻印刷之外，朝廷中央機構曾使用過銅板印刷，如南京戶部茶鹽引印及鹽糧勘合，是以銅板鑄造，皆收貯於南京戶部，至正統十一年（1446）因使用年久模糊平乏，而奏請改鑄刊造〔註20〕。不過相較於銅板的使用情形，仍不及木板雕刻的廣泛與普及。

　　若就以上所述的事例而言，對於印刷告示數量的多寡，其影響因素大致分為兩部份：

（一）財政經費

　　張家玉的告示事例，是由中央工部衙門所承辦印刷，以其龐大的財力人力，得以應付刊刷數萬張告示的需求；但是地方州縣官府，限於經費之有限，數萬張的告示數量恐怕無法負荷，最多維持在數百張到數千張之間。〔註21〕

（二）張貼範圍

　　工部衙門所承辦印刷之告示，以其政令禁約涉及全國，故張貼範圍廣泛，因此在數量需求上較大；地方官府所屬統轄地域較小，若刊印數百、數千張，張貼各地鄉村鄰里，應當可算是足夠。因此告示的刊印數量，在官府支配之下，因為經濟因素所影響，數量最多不超過五千張，而朝廷為因應全國所需之數量，刊印數量則可高達一萬張以上。

〔註19〕《思文大紀》，卷四，頁36。
〔註20〕《大明會典》，卷二一三〈六科・南京戶科〉，頁29下～30上。
〔註21〕明代官方所使用的紙張價格，高低不一，最賤者每百張僅需銀0.06兩，最貴者則高達每百張需銀3兩，兩者價差達五十倍，復以紙張需求數量多寡有異，若官方告示所需數量過於龐大，地方官府實難以承擔如此大量的財政支出。詳見本章第四節論述與表3-1〈明代所見官方用紙價目表〉。

　　由於印刷技術的提升，明代除雕版印刷之外，另有以活字印刷刊刻。根據研究明代的活字印刷，自弘治時期（1488～1505）以後逐漸分爲木活字、鉛活字、銅錫活字三種類型，但是受到校勘不精、脫誤錯字等因素影響，整體明代印刷仍以雕版印刷爲主流〔註22〕。活字印刷可大致分爲木活字、銅鉛活字兩種。其中木活字印刷，是以蘇州地區較爲著名：

> 印板之盛，莫盛于今日矣。吾蘇特工，其江寧本多不甚工，世有用
> 活字版者，宋畢昇爲活字版，用膠泥燒成。今用木刻字，設一格于
> 桌，取活字配定，印出則攪和之，復配他頁，大署生字少刻，而熟
> 字多刻，以便配用。〔註23〕

可見木活字的使用，是經由宋代畢昇爲以膠泥燒成的活字版演變而來。至於銅鉛活字的使用情形，則見於南直隸常州府地區，根據《金臺紀聞》記載：「近日毗陵人用銅鉛爲活字，視板印尤巧便，而布置間訛謬尤易。」〔註24〕受到印刷技術發達的影響，官府除了以告示榜文的型態發佈行政命令外，更將其刊刻成書加以收貯，如嘉靖九年（1581）十月翰林院學士顧鼎臣建議，在地方查核地方錢糧之時，應先透過官府發佈榜文，於各處城市鄉村張掛，然後刊刻成書，收貯於官庫之內，以備保存稽察之用。〔註25〕

　　藉由雕版印刷技術之發達，帶動刻書市場的熱絡，至明代中葉以後，又以蘇州府刻書技術居於全國之冠，刻印書籍精緻，故有「蘇版」之稱〔註26〕。因此，無論是雕版或活字印刷，反映出明代印刷事業的蓬勃發展，復以造紙產業之興盛，藉由於紙張告示的印刷傳播速度，爲官府提供傳遞行政命令更爲便捷方法。

〔註22〕張秀民、韓琦，《中國活字印刷史》（北京：中國書籍出版社，1998 年 4 月第一版），頁 26～49。有關明代活字印刷術之發展，木活字本現今可考者，多屬萬曆時期（1573～1620）印本，弘治以前較爲少見，涵蓋江蘇、浙江、福建、江西等地區，木活字本大致校勘不精，脫誤錯字不少，謬誤較多；銅活字則有江蘇無錫、福建、浙江等地爲主。

〔註23〕清・袁棟，《書隱叢說》，《四庫全書存目叢書》子部一一六冊（臺南：莊嚴文化事業有限公司，1995 年月初版，據清乾隆刻本景印），卷十三〈活字板〉，頁 12 上。

〔註24〕明・陸深，《金臺紀聞》，《叢書集成新編》八十七冊（臺北：新文豐出版公司，1985 年 1 月初版），頁 7。

〔註25〕《明世宗實錄》，卷一一八，頁 8 上～下，嘉靖九年十月辛未條。

〔註26〕邱澎生，〈明代蘇州營利出版事業及其社會效應〉，《九州學刊》五卷二期，1992 年，頁 139～159。

第二節　圖文並用

一、文字敘述

　　刊布告示主要的目的，是在於傳達地方當前的政令，然而告示的對象群體甚眾，其中以一般平民百姓所佔比例最高，所以官府在發佈告示之前，勢必要考慮到百姓對告示內容是否能夠理解，以期達到「明白簡要，勿以詞華是炫，所謂婦人童豎皆可知之者也。」〔註27〕因此告示榜文在文辭表述上，必須兼顧「簡」與「明」兩種要素。「簡」，是指文章表述不宜過長，需簡潔扼要；「明」則是需將原因、目的明白敘述：

> 告示一端，諭紳士者少，諭百姓者多，百姓類不省文義，長篇累牘，不終誦而倦矣。要在詞簡意明，方可人人入目，或用四言八句、五六言、六句韻語，繕寫既便，觀覽亦易，庶幾雅俗共曉，令行而禁止乎。〔註28〕

這種告示語體是否應該明白簡要的疑慮，曾被宋代官員提出討論，因宋代詔令多採用四六文體，一般民眾並非能明白通曉，故而建炎元年（1127）宋高宗即位時，呂好問即提出布告之書，應當明白易曉，遂不用詞臣草擬，以便廣收傳播之效〔註29〕，而朱熹（1130～1200）更認為榜文曉諭，應隨方言俚語隨地隨時不同〔註30〕。正因為告諭的對象以百姓居多，所以在榜文告示內容敘述上，若是文字繁雜過多則阻礙閱讀與理解，反而無法引起百姓的注意，甚至還可能是官員對政事推諉之表現：

> 每見郡縣吏禁約文告之詞，布滿郊野；陳利病之議，連篇累牘，似自以為伯夷之清，龔黃之材，而不知大貪大拙者，伏於其中也。友人王百谷有言：「庖之拙者則椒料多，匠之拙者則箍釘多，官之拙者

〔註27〕　清‧黃六鴻，《福惠全書》，《四庫未收書輯刊》三輯十九冊（北京：北京出版社，2000年月第一版，據清光緒十九年文昌會館刻本景印），卷二〈蒞任部‧發各告示〉，頁17下。

〔註28〕　清‧汪輝祖，《學治臆說》，《續修四庫全書》史部七五五冊（上海：上海古籍出版社，1997年月初版，據清同治元年吳氏望三益齋刻本景印），卷上〈告示宜簡明〉，頁25上。

〔註29〕　朱傳譽，〈「宋代新聞史」研究導論〉，收入氏著《中國新聞事業研究論集》（臺北：臺灣商務印書館，1988年3月初版），頁62。

〔註30〕　《大學衍義補》，卷七十三〈治國平天下之要‧崇教化‧本經術以為教〉，頁11下。

則文告多。」有味其言之矣。〔註31〕

謝肇淛以親身治理地方政務之實際經驗，深刻體會到官府告示過於繁冗，確實有礙政令推行。因此明簡之告示，不但能確實傳達行政命令，此外在繕寫文書之時，比較不會因文句聱牙誨澀，在謄抄時發生錯誤，所以「詞簡意明」堪稱是針砭之言。

對於官方文書的內容，明廷幾度詔令規定削去繁瑣文辭，以免公文冗濫，造成理解的困難。洪武初期，明太祖鑑於元末官府文移紛冗，不易通曉其意，以致於必以故吏為師，凡案牘出入惟故吏之言，因此命廷臣議定減繁公移格式，而編纂《行移減繁體式》〔註32〕。嘉靖時期（1522～1566），都察院左都御史胡世寧，曾就臣僚章奏文移的繁簡問題，奏請申敕內外諸司，凡事當奏題者，務照弘治以前舊規，刪去煩文，務從簡要，朝廷遂採納其議，敕令諸司章奏，不許煩詞，宜明白簡要。〔註33〕

告示內容除需嚴守「簡」、「明」兩大原則之外，在告示內容的理解上，有時則加以標示句讀，方便榜文內容的閱讀。劉夏曾經奏請建議將官方告示，「凡省榜下路府，路府下州縣，州縣張掛之別，別用小字句讀刊行，過小民入州縣，州縣官常召一二試問，以能明不能明，以能行不能行，為里長賞罰。」〔註34〕因此當榜文刊行於地方之時，除加用小字斷句之外，再責成地方里長加強宣達政令，其目的皆在於使百姓方便閱讀告示榜文之內容，然後瞭解當前政令的施政情形，以期能確切遵行。

為了確實傳達官府的政令訊息，並考慮到百姓對告示內容能否理解，因此告示內容大致可區分為「白話」與「文言」兩種性質。白話即是以口語直接說出，加以記載然後刊布，以明初《大誥》最為典型，而明太祖在其頒行一系列大誥之中，尤以《大誥武臣》內容最為淺顯易懂，直接以口諭形式加

〔註31〕《五雜俎》，卷十五〈事部三〉，頁12下。

〔註32〕《明太祖實錄》，卷一二六，頁1上，洪武十二年八月戊寅條；《明史》，卷九十七〈藝文志二·史類十〉，頁2396：「行移繁減體式，一卷。洪武中，以元季官府文移紛冗，詔廷臣減繁，著為定式。」

〔註33〕清·顧炎武，《日知錄之餘》，《續修四庫全書》子部一一四四冊（上海：上海古籍出版社，1997年，據清宣統二年吳中刻本景印），卷四〈案牘減繁式〉，頁13上；《典故紀聞》，卷十七，頁304。

〔註34〕明·劉夏，《劉尚賓文續集》，《續修四庫全書》集部一三二六冊（上海：上海古籍出版社，2002年版，據明永樂劉拙刻成化劉衢增修本景印），卷四〈陳言時事五十條〉，頁9下。

以記載。序文即提到刊布《大誥武臣》戒諭軍官之目的：

> 似此等愚下之徒，我這般年紀大了，說得口乾了，氣不相接，也說
> 他不醒，我將這備細緣故，做成一本書，各官家都與一本。這話直
> 直地說，軍官有父母的，父母每教誡；有兄弟妻子的，便教生些仁
> 義之心，則把那小軍身上穿的衣服，口裏喫的飯，下的那小房子兒
> 都看了，自家心裏尋思，把做自家做軍，似這等快活，受得將去，
> 也受不將去？若是將心比心，情意度量到根前，果實過不去呵！那
> 做父母妻子兄弟，怎麼可憐小軍，發些仁慈心，教那爲官的休害小
> 軍。〔註35〕

所謂「話直直地說」即是採取直接的口語記載，其目的便是要軍官、軍吏能
夠瞭解法令規範以免其觸犯刑責，原因是軍人多屬武夫出身，知識程度較差，
對於文書、文辭修飾等多不甚瞭解〔註36〕，於是相較於之前的三編《大誥》，
《大誥武臣》行文敘述則較爲口語化。

　　針對軍官武人對於文字理解能力薄弱之情形，戚繼光（1528～1587）特
別從日常操練之中，加強口耳記憶語的傳遞訓練：

> 若有得令不傳，傳到不遵，及與傳說不明，或忘記不來，再問以致
> 誤事者，軍法重治，干係偏裨者，事小則治其中軍官。其告示文字
> 之類，亦要挨次抄傳，互相字字說明，以上二項傳諭口令、抄謄文
> 字，仍要一字一言，不許增減，及別添禍福之說。〔註37〕

凡傳諭口令必須熟記背誦，以免耽誤軍情；抄謄文字，更不得恣意增減內容，
每於傳令之後，另差遣巡視旗軍於街上隨意傳喚軍士詢問，以確保軍令傳達
無虞。若是軍士不識字者，有時則差委能言曉事之人，加以解說開諭，以便
推動政令傳布。〔註38〕

〔註35〕　《大誥武臣》，〈大誥武臣序〉，頁252。

〔註36〕　《明宣宗實錄》，卷七十三，頁5上，宣德五年十二月乙酉條。衛所軍官、軍
　　　　　吏既屬武夫出身，對於文書、公移往來等不甚熟悉的情形，可見於監察御史
　　　　　林英的奏請內容，宣德五年（1430）監察御史林英認爲：「鎮撫武人多不諳文
　　　　　移，不通律意，甚至有不識一字者，刑獄往往委之於吏及識字軍，致是非不
　　　　　明，獄囚淹滯冤枉者多。」爲防止此等弊端，遂奏請增設一員從旁協理，或
　　　　　設專員專理刑名事務。所以從此事例可以得知，衛所武官對於處理文書公移
　　　　　方面的困難性，而軍士的知識程度則更是等而下之。

〔註37〕　明・戚繼光，《練兵實紀》（北京：中華書局，2001年6月第一版），〈膽氣第
　　　　　二〉，頁54～55。

〔註38〕　《關中奏議》，卷七〈爲處置招募土兵事〉，頁232：「兵部奏行招募，事例明

　　口語化的傳遞有助於加強理解官方的行政命令，因此呂坤在山西推行類似地方結社的「救命會」時，同樣採用發佈口語化的官方告示，來勸諭當地民眾，文告開頭便說道：「天地間第一件要緊事，我說與百姓們知道」，藉此提醒百姓知道積糧於倉儲，方可保命的重要性〔註 39〕。楊一清在招撫盜賊時，建議：「多出給俗說告示，隨處張貼，諭以禍福利害」，而這種「俗說告示」即屬於口語化之告示〔註 40〕。對於口語化與文言化兩種類型的告示，同時並存於官府行政運作體系之上，有些官員甚至會將兩種告示，一併保存於文集之中。薛應旂（1500～？）即將其任官之際，對延安府所屬各州縣所發佈的公移文書彙編成文集，並收錄當時刊布的數則告示，其中僅有一道安民告示是採用口語化的敘述：

> 說與百姓們知會，即今歲時荒歉，你各處百姓窮的沒有過活，只圖
> 升斗粟米、幾件舊衣服，卻就打夥作賊，一拿到官只得依法問罪，
> 多死牢獄著甚來由。我為你計較，自有一條活路，今奉延綏巡撫都
> 御史王案驗，內開安邊鎮羌千戶所一帶，空肥田地數多，有願投軍
> 者每名給地一頃，永不起科，做你常業，編發附近操守。我又恐你
> 妻小隨帶，一時無處下落，又申呈你王爺，許先給口糧，蓋造營房
> 安插，你若肯自出投首，便是積年歇案，亦都饒你罪名。……你若
> 再不省悞〔悟〕，卻是自尋死路，縱有愛民的官府，亦無奈你何了，
> 我前日已有告示，你們又不曉得文理，故又特此示知。〔註 41〕

除此篇告示之外，其餘數篇告示皆屬於官府公文用語——文言化內容，其文末所謂「我前日已有告示，你們又不曉得文理，故又特此示知」，可見前日所張貼的告示，應該為文言化內容，薛應旂鑑於有些百姓「不曉得文理」，所以再以口語化的告示刊布，以期能達到宣諭之功效。

　　事實上，一般文集內收錄多是有關官府往來公移文書之類，關於告示內容則較不常見，口語化的告示尤為罕見，主要原因應是文集內的文章取決標準，在於(1)以文句典雅收錄為主，以彰顯優美文采。(2)以官府公文型式收錄為主，以彰顯政績。因此，無論是基於文采或公文的取捨導向之下，白話

　　　　白詳盡，雖有榜文揭示，但邊方村野土著軍民，字且不識，意何由解？必得
　　　　能言曉事之人開諭，庶幾人心樂從。」
〔註 39〕《呂公實政錄》，卷二〈養民之道·積貯倉庚〉，頁 15 下～19 下。
〔註 40〕《西園聞見錄》，卷七十六〈兵部二十五·招撫〉，頁 12 上。
〔註 41〕《方山薛先生全集》，卷五十〈公移四·行按屬安民告示〉，頁 5 上～下。

形式的口語化告示，便可能就被摒除在收錄之外。〔註42〕

　　然而官府所發佈之告示榜文，並非全部都是採用白話敘述，因此對於觀看告示榜文的百姓而言，其知識程度之優劣，關係著官府政令訊息是否能傳達。由於識字程度的差異，使得民眾可能無法瞭解官方布告的內容，因此朝廷建立一套公共宣傳制度——申明亭，藉由申明亭（或旌善亭）張貼善惡者的姓名、事蹟，再委由里老口頭宣講使民眾明白。同時也允許不識字者，向官府衙門的書吏口述，再由書吏寫成「口告文簿」，以便向官員申告或審理訴訟，這些措施都促進官方宣揚政令的效率〔註43〕。至於一般百姓的識字程度如何，外國學者認為明代的民眾識字率或讀寫能力，仍具有一定的程度〔註44〕，此外在社會環境因素之下，特別是明代中葉以後出版事業的蓬勃發達，使得閱讀大眾（reading public）大量出現〔註45〕，雖然這些統計是否僅限於都市居民，或是涵蓋廣泛的鄉村居民，或是指特定研究群體〔註46〕？另外所謂的識字率，是否僅限於理解常用的簡單字彙，至於長篇文章的解讀程度又是如何？這些都是可以深入探討的議題，但就整體研究而言，大致肯定明代一般民眾的讀寫能力應具有相當的水準。

　　即使百姓的識字率偏高，但是長篇累牘或古文駢體等詞藻華麗之文體，仍舊會對觀看告示者之理解造成阻礙，而達不到傳遞訊息的預期效果，因此有些官員為增加觀看的記憶印象，改採押韻的歌謠或以俚語替代，使其容易朗朗上口，進而增加官府政令傳布之效率。談遷（1594～1657）曾提及明末總督楊文岳為緝捕巨寇張獻忠等人，在發佈的緝捕榜文之中，內畫二人肖像

〔註42〕關於口語化告示的收錄，除前例所舉薛應旂之事外，呂坤在其《實政錄》之中，關於民務施政方面，則有〈山東勸栽種語於後〉、〈救命會勸語〉、〈鄉甲勸語〉等數篇口語化告示。因此關於口語化告示的收錄與否，或許可以作為任官者特別關注民瘼疾苦之標準。詳見：《呂公實政錄》，卷二，頁 6 上～7 下、15 下～19 下；卷三，頁 4 下～6 上。

〔註43〕《縱樂的困惑：明代的商業與文化》，頁 79～80。

〔註44〕Evelyn Sakakida Rawski, *Education and Popular Literacy in Ch`ing China*, Ann Arbor: University of Michigan Press, 1979, p.6.

〔註45〕Dorothy Ko, *Teachers of the Inner Chambers: Women and Culture in Seventeen-Century China*, Stanford: Stanford University Press, 1994, p.29-53.

〔註46〕《蘭閨寶錄：晚明至盛清時的中國婦女》，頁 40～60。曼素恩（Susan Mann）利用明清以來大量的婦女文學作品，描繪婦女在文化論述、社會經濟、性別階級等價值標準的轉化時，其中在書寫與文學方面，她也認為中國婦女的著作雖然豐富，但僅屬於少數的菁英社群，佔所有婦女人口的比例很低，而其所接受的教育程度，甚至遠比現今多數人所受的教育要高。

並配以詞曲告知百姓：

> 總督楊文岳，出師榜緝劇寇張獻忠，畫二人頭，書西江月詞一首曰：
>
> 「此是穀城叛賊，而今狗命垂亡，興安平利走四方，四下天兵趕上。
>
> 逃去改易換姓，單身黑衣逃藏，軍民人等綁來降，玉帶錦衣陞賞。」
>
> 此詞遍粘通衢，可笑甚矣。〔註47〕

談遷雖然站在士大夫的立場，稱其內容過於可笑，然而榜文中圖文並茂，繪出張獻忠等人的模樣，既誘之以賞賜厚利，復以歌謠易於朗朗上口，強化張獻忠逃亡落魄與捕盜陞賞的印象，對於官府緝捕張獻忠等巨盜，應可發揮相當的功效。事實上，若從群眾的心理狀態觀之，領導者要鼓動群眾採取行動，必須先給於強烈的暗示，這種暗示不能採用推理式的說法，而是運用武斷的言辭，越是簡潔扼要，越容易深入人心，此即口號或標語的妙效〔註48〕，而明末各地勢力紛起，李巖在李自成的武力集團中，即能善用這種群眾心理，進而編造「闖王來了不納糧」的口號，以致於李自成所到之處，至有獻城迎接者，對朝廷的統治造成極大的衝擊。〔註49〕

在事態緊急時，文字過多不僅阻礙理解與閱讀，甚至無法引起百姓的關注，反而是書寫簡明扼要的幾個大字，更能發揮絕大之功效。地方的水旱災荒，直接影響百姓之生計，甚至因飢荒形成動亂，進而影響社會秩序，而賑災、蠲稅等措施為當前災民最迫切亟之事，明確且直接地告訴災民，反而能讓告示發揮最大效用：

> 萬曆中，歲飢，人情惱惱。一當事者令人擬告示禁約，俱不稱意，
>
> 乃取一白牌，大書八字曰：「飢民必救，亂民必斬。」〔註50〕

以當時飢饉肆虐，民心躁動，簡要的「飢民必救，亂民必斬」八個字，直接說明官府救濟飢民之決心，也遏止部分躁動者趁機聚眾為亂的情緒。周孔教更認為饑荒之時，民情浮動，首先必須廣發告諭，多揭榜示，寫明「將散財」、

〔註47〕 明·談遷，《北游錄》（北京：中華書局，1960年4月第一版），〈紀聞上·榜購一詞〉，頁328。

〔註48〕 《明末鄉村自衛之研究》，頁10。

〔註49〕 《剿闖小說》，〈李公子民變聚眾·闖踏天兵盛稱王〉，頁11上～下。李巖遣人四處傳布口號，教導小兒歌唱：「喫他娘，穿他娘，開了大門迎闖王，闖王來了不納糧。」

〔註50〕 明·不著撰人，《雲間雜誌》，《四庫全書存目叢書》子部二四四冊（臺南：華嚴文化事業有限公司，1996年版，據清乾隆平湖陸氏刻奇晉齋叢書本景印），卷中，頁17下。

「將發票」、「將請蠲稅」等〔註51〕，文告內容如此簡潔扼要，便是以安定民心為首要之急。因此短短幾字，能夠吸引災民的關注，進而將原本躁動的情緒緩和下來，如此才能執行後續的賑災工作。

從官方告示內容語詞的差異，大致可以發現：雖然絕大多數的官員仍採行文言文體，但少部分官員已經嘗試使用白話文，目的在於使觀看告示榜文者，能容易理解官方政令的施行情形。事實上，從明初《大誥》各編的編纂內容用語，以及明太祖早期敕諭之用語，可知白話文體運用於官方公文，實可屬為一種「故事」或「舊例」，爾後才逐漸轉變為文言文體，而清代史家趙翼（1727～1814）也提到，明太祖對於文章，主張「宜明白顯易，通道術，達實務」〔註52〕。以通俗文化啟蒙的角度而言，有明一代通俗文化不僅流行民間日常生活，若從官方公文書的體例與使用情形來看，甚至還影響上層社會的生活形態。〔註53〕

二、圖形表述

以圖案配合告示榜文的目的，在於圖形的影像，容易加深觀看者的記憶與印象，有助於對於告示榜文之理解；另外在部分特殊場合，若單靠文字的說明，是無法完全表述清楚，因此採用以圖配文的方式加以表達。

在刊布告示榜文時，為因應觀看告示之百姓的理解能力，不僅採用較淺顯易懂的文句，或是歌謠俚語，有時甚至繪以圖形以加深印象與瞭解。事實上，繪出罪犯的肖像容貌，不僅容易加深觀看榜文內容的印象，更有助於辨認、指認。正德七年（1443）盜賊蜂起為亂，其中以劉六、劉七為首的

〔註51〕明・周孔教，《荒政議》，《叢書集成新編》三十三冊（臺北：新文豐出版公司，1985年1月初版），〈初一六先〉，頁14下。

〔註52〕《二十二史劄記》，卷三十二〈明祖文義〉，頁734。又《明史》，卷一三六〈詹同傳〉，頁3927～3928。明太祖嘗言文章宜應明白顯易，切合時務，無取浮薄，時婺源人詹同，撰文多稱旨，累進吏部尚書兼學士承旨，至老眷注不衰。這說明明太祖即曾以此簡要文體，作為拔擢士人依據之一。

〔註53〕李孝悌認為民初五四時期所標榜的白話文運動，是承續清末以來下層社會的白話運動而來，並指出1903年四川總督岑春煊所發佈的官方告示，是第一個將諭旨寫成白話者，此後更引起許多人效法，反映出亟欲突破當時所謂「諭旨僅可及於上流社會，若下流社會則不能普及」的現況。因此若以「啟蒙運動」的角度來看，官方機構出現白話文告的體例，所反映出民智開化與通俗文化的流行，則早在明代時期便已發軔開端。參見：李孝悌，《清末的下層社會啟蒙運動1901～1911》（臺北：中央研究院近代史研究所，1998年5月初版），頁31～41。

霸州賊聲勢最為浩大，糾眾流劫，遍及各地，之後陸續為官軍所弭平，其中一股以趙鐩為首的勢力，眼見情勢危急，遂藉由削髮逃遁至山區之中。之後欲渡江投奔江西賊，以便再圖起事，最後被湖廣武昌衛軍人趙成、趙宗等尾隨追捕，擒拿到案。而追捕趙鐩的關鍵，即在於告示之中加繪肖像的功效：

> 趙風子（鐩）走德安，知事不成，行至應山縣東化山坡下，遇僧眞安，因削鬚髯髮，藏度牒，令賊黨邢本道等各散。遂同眞安欲渡江從江西賊，再圖大舉。湖廣巡撫劉丙督擒官軍邢本道等三十餘人於隨州天王險寨等處，斬賊百餘級，獲馬贏器械千數。本道被獲，始知鐩削髮遁去，分命各道物色之。武昌衛軍人趙成、趙宗等行至黃陂縣九十三里坡，遇鐩過，見鐩狀貌異常，思與頒示合，心疑之。追至武昌江夏縣管家套，鐩入軍人唐虎店飯，成等進擒之，搜獲眞安度牒，檻車入京伏誅。〔註54〕

武昌衛軍人趙成、趙宗等之所以能追捕趙鐩到案，完全是於路途中「見鐩狀貌異常，思與頒示合，心疑之」，而這種「頒示」顯然就是告示，其中應當還畫有趙鐩等人的肖像容貌。因此，趙成等在路途中見其狀貌異常，才會疑心與告示內的肖像相似，於是一路尾隨至武昌江夏縣，遂於路旁的店肆中，將趙鐩等人一併擒獲。

有時將罪犯處決情形，繪圖於榜文之上，則可使觀看者起畏懼之心，而達到誡諭的功用。所以，若犯有謀逆等罪大極惡者，往往將罪犯的處決圖樣，繪入告示內容之中以榜示天下。明初繼胡惟庸案之後，又因藍玉謀逆之事，釀成政治獄案，且牽連者甚眾，事後藍玉伏誅，明太祖隨即於洪武二十六年（1393）二月圖形榜示天下：

> 洪武二十六年二月十三日，為藍玉謀逆事，奉聖旨：君奉天命則興，臣奉君命則昌。今違君逆命之臣，相繼疊出。楊憲首作威福，胡臣繼踵陰謀，公侯都督亦有從者。賴天地宗廟社稷之靈，悉皆敗露，人各伏誅。今有反賊藍玉，又復謀逆，幾搆大禍，已於洪武二十六年正月初十日俱各伏誅，若不昭示中外，將為朕不能保全功臣者，爾刑部將各人情詞，圖形榜示。〔註55〕

〔註54〕《明史紀事本末》，卷四十五〈平河北盜〉，頁472。
〔註55〕《洪武永樂榜文》，〈為藍玉謀逆事〉，頁512。

從明太祖聖旨榜文可知，主要是在說明藍玉謀逆當誅，並爲自己非不能保全功臣而加以辯解。同年（1393）三月，又因山西都司指揮何誠等官員，不思體恤軍民，巧立各項名目，藉以濫加耗錢，破壞朝廷法度至甚，明太祖遂敕諭都察院「將他所犯凌遲情罪，圖形榜示，教天下知道。」〔註56〕明初的翰林學士劉三吾（1313～？）曾提到：「臣頃在田野欽睹犯諭、戒諭、榜諭，悉象以刑，不無駭焉。暮年有幸，得依日月之光，親見罪犯者繼，乃信向所象形，不徒象矣。」〔註57〕由此可見透過「悉象以刑」的佈告，確實能使百姓知所畏懼，遵守法令。

　　江彬在明武宗時期橫行爲惡，於世宗即位後，被擒捕繫獄並磔於市，其黨羽周、琮與江彬之子數人俱處以斬刑，並繪成處決圖式，榜示天下〔註58〕。劉瑾則是於失勢之後被捕入獄，凌遲行刑之後更將獄詞配以處決圖樣，昭示全國百姓：

> 兵杖局太監孫和，嘗私以衣甲遺（劉）瑾，鎮守太監蔡昭、潘午爲造弓弩，瑾皆私貯之。又造僞璽，藏刀扇中，出入宮殿。皆謂瑾罪大惡極，反形已具，當寘重典。獄上，命徇於市，凌遲三日，不必覆奏。仍以招情并處決圖狀榜示天下。行刑之日，仇家每以一錢易一臠，有得而生啖之者，海內聞之，莫不踴躍相賀。〔註59〕

劉瑾亂政之際，戕害官民無數，冤屈者莫不憤恨，如今受刑正典，海內官民聞之無不額手相賀，而以處決圖狀榜示天下，更可稍減冤枉者怨恨之氣。對於嚴嵩擅權亂政，更縱容其子嚴世蕃爲惡地方，林潤不僅奏請會同三法司等官，將其惡行一查究，若一切屬實則應將「羅龍文、嚴世蕃處以極刑，碎肉梟首，圖示天下，以洩神人之憤。」〔註60〕

　　若是文字無法完全敘述，或交代不清楚時，亦採取以圖配文的方式，加以刊布告示。明代規定凡立春、元宵、四月八日、端午、重陽、臘八日等，皆於奉天門賜宴百官，之後改宴於午門之外，並以官品高下依次列坐，宴後

〔註56〕　《洪武永樂榜文》，〈爲山西都司指揮何誠等對撥俵糧害民事〉，頁517。

〔註57〕　明・朱元璋，《御製大誥》，《中國珍稀法律典籍集成》乙編第一冊（北京：科學出版社，1994年8月第一版），〈大誥後序〉，頁94。

〔註58〕　《明史》，卷三○七〈列傳・佞倖・江彬〉，頁7889。

〔註59〕　明・王世貞，《弇山堂別集》（北京：中華書局，1985年12月第一版），卷九十五〈中官考六〉，頁1812；《明史》，卷三○四〈列傳・宦官一・劉瑾〉，頁7791～7792。

〔註60〕　《留臺奏議》，卷二十，林潤〈申逆罪正典刑以彰天討疏〉，頁10上～下。

則賜以節錢或糕點〔註61〕。對於朝參禮儀的規範，洪武二十年（1387）已經制訂朝參儀制八條，規定相關序立與禮儀〔註62〕，然而正統元年（1436）五月，文武官員朝參時，已經出現失序混亂的情形，甚至「縱橫往來，嘻笑自若」或「多不依品級，攙越班次」〔註63〕。為管理文武百官有時而爭論座位先後，或攙扶越班而坐，或擅自挪動桌椅，嚴重擾亂禮法威儀等現象，成化四年（1468）遂以繪圖方式並張列榜文規定位次，以防賜宴時之紊亂：

> 會官議得，將各衙門該宴官員位次斟酌舊禮，除相應者仍舊不動外，數內翰林院修撰、編修、檢討、六科給事中、十三道御史、中書舍人，具係近侍風憲等官，合另別列丹墀東西稍北；其陪祀官中郎、員外官以下各衙門官，分列丹墀之南。通行畫圖，出榜張掛，俾各遵守，敢有故違者，以重論罷黜，以示其警。〔註64〕

就榜文所列的內容，是將近侍、風憲等官與陪祀官員加以區隔分列，同時為避免文字的敘述不清，另將品秩位次繪圖於榜文之上，以免再有爭論紊亂的情形。

以圖案配合告示榜文的重要場合，是在排演禮樂之時。由於演禮、舞蹈時需要肢體運動來表示，若是單靠文字敘述說明，較無法表述清楚，所以需要以圖案加以輔助配合。解縉（1369～1415）認為振興禮樂的方法之一，就是讓各地生員在讀書之外，閒暇時學習禮樂，若於出榜畫圖曉示之後，仍無能通曉者，則選派樂生前往教之，或令自求為師，數年之後便能使生員瞭解禮樂的排演〔註65〕。正因為排演禮樂需要肢體動作配合，有時單純依靠文字是無法完全表述清楚，故而採用以圖配文的方式加以表達。

將罪犯斬首懸掛示眾，則是以圖形表示之外，另一種昭示罪行的方式。嘉靖十一年（1532）哱承恩據寧夏之地為亂，後因受官軍圍困甚久，漸有降意，監軍御史梅衡湘遂趁勢招撫，許授以官職，貸以不死，哱承恩乃斬劉東陽諸叛賊以降〔註66〕。然而督撫葉龍潭懷恨功勞盡為梅衡湘所奪，竟將哱承恩拘捕入獄，審問之後隨即將哱承恩等人押赴市曹，會官處決，仍將各犯首

〔註61〕 《明史》，卷五十三〈禮志七·嘉禮一·大宴儀〉，頁1360。
〔註62〕 《明太祖實錄》，卷一八六，頁3上～下，洪武二十年十月丁卯條。
〔註63〕 《明英宗實錄》，卷十七，頁7下，正統元年五月丙戌條。
〔註64〕 《訓讀吏文》，卷四〈筵宴位次事〉，頁294～295。
〔註65〕 《解學士文集》，卷一〈獻太平十策〉，頁13下～14上。
〔註66〕 《萬曆野獲編》，卷十七〈兵部·殺降〉，頁445。

級傳示九邊，並將其問過招罪與處決圖形，榜示天下〔註67〕。除將罪犯斬首示眾以為懲誡之外，甚至有越獄重囚緝捕歸案後，將其斬首問罪，然後梟掛示眾，以杜絕囚犯再次越獄之意圖〔註68〕。南直隸鎮江府金壇縣盜賊張秀等人，劫掠地方，後為官軍所擒獲，官府隨即將其梟首示眾，並發佈告示於鄰近句容、溧陽、溧水等縣境，曉諭盜賊已經伏法，以安民心〔註69〕。崇禎十一年（1638）正月，山東總兵官倪寵擒獲駱馬湖慣盜，隨即將劉三、周三等十四犯俱梟首示於湖外〔註70〕。無論是將罪犯梟掛示眾、或傳首各邊，所代表的皆是以威嚇方式強調國法不容侵犯之威嚴。

　　以圖形配合告示內容之目的，主要有三：(1)透過圖像的傳達，容易吸引並加深觀看者的記憶與印象，即使觀看者對文字理解能力有限，仍有助於對於官方告示榜文之理解。(2)對於部分特殊事務或場合，若僅依靠文字的說明，是無法完全表述清楚，採用以圖配文的方式則可加強其表達能力。(3)對於禁約事項，圖像的呈現更可產生威嚇性，特別是盜賊、叛亂等事件，更輔以圖形或實物——斬首、梟首懸掛之方式，不僅昭示犯罪者罪行，更能恫嚇觀看告示者，切勿以身試法，進而嚴加遵守禁令。

第三節　文告格式

一、常見格式

（一）內容、地點、時間

　　告示榜文為官方機構傳遞訊息或政令的方式，文書具有一定的格式規範，明人熊鳴岐所編纂的《昭代王章》，其中就收錄榜文程規共八十四種，涵蓋禁約、安民、懲戒等格式。所謂的「程規」，即是指設立規範以為法則，編纂榜文程規之目的，即是便於官員在撰寫榜文格式的參考。〔註71〕

〔註67〕明・姚士麟，《見只編》，《叢書集成新編》一一九冊（臺北：新文豐出版社，1985年1月初版），卷下，頁220。

〔註68〕《蒼梧總督軍門志》，卷二十三，陳金〈嚴法令以靖地方疏〉，頁 12 下～13 上。

〔註69〕《撫吳檄略》，卷一〈嚴禁約束告示・為督撫地方事〉，頁57上。

〔註70〕《明清史料》辛編第四本，〈兵科抄出山東總兵官倪寵題本〉，頁357上。

〔註71〕明・熊鳴岐，《昭代王章》，《玄覽堂叢書》初輯（臺北：國立中央圖書館，1981年8月臺初版，據明師儉堂刊本景印），卷四〈榜文程規〉，頁1上～75下。

　　告示榜文內容的書寫格式，主要架構不外乎時間、地點、內容。如弘治六年（1493）十一月，浙江布政司所頒行〈禁止狹讐扶持催徵等事〉的告示內容：

> 弘治六年十一月初六日申：
>
> 浙江各布政使司左叅政周公批，看得所申前項積弊，蓋本縣□□深山，民宿習於豪獷，少知官法，以□□□，本欲通行拿問，但無指實名姓，姑且容恕，況中間必有良善百姓，縱是刁頑，豈無可化之理，惟撫字有方，則宿弊□革。仰縣行新任知縣張旭，務在廉慎公勤，撫馭寬猛適宜，民心自服，若果稔惡不悛，排陷官吏，侵賴稅糧，興滅詞訟，尅害小民等項者，指名申來，以憑拿問，仍須出給告示曉諭禁約施行，繳申。〔註72〕

此官方告示的發佈時間為弘治六年十一月初六日，發佈地點為浙江布政司及其屬縣，內容是禁約百姓挾仇興訟、侵賴稅糧等事務。另外，正統六年（1441）正月，為皇帝婚期將近，由禮部奉旨出榜曉諭全國各處，將官員民庶的適婚女子送赴京一事：

> 正統六年正月十二日欽奉太皇太后聖諭：皇帝婚期伊邇，皇后之位，必在得賢，蓋以上配宸嚴，祇奉宗廟，表正六宮，母儀天下，隆國家萬事之本也。爾禮部榜諭北京、直隸、南京、鳳陽、淮安、徐州、河南、山東、山西、陝西於大小官員民庶有等之家，用誠簡求，務擇其父母克修仁義，家法齊肅，女子年十三至十五，容貌端莊，性資純美，言動恭和，咸中禮度者，有司以禮，令其父母親送赴京，吾將親閱焉，欽此。除親遵外，今將聖諭事理備榜前去，仰欽遵施

〈榜文程規〉所列的八十四種榜文格式，大致可分為四類：

(1) 新官到任類：如〈新官到任〉、〈到任通行〉、〈新到通示〉、〈新任首諭〉等。

(2) 推行政令類：如〈重農桑〉、〈興利除害〉、〈開報丁口〉、〈修理災傷〉等。

(3) 安撫地方類：如〈撫安軍民〉、〈安撫流民〉、〈撫民〉、〈招撫流移貧民〉等。

(4) 禁約遵行類：如〈禁約訴訟〉、〈禁約屯田〉、〈禁煎賣私鹽〉、〈禁有司官吏下鄉〉等。

〔註72〕明・張旭，《梅巖小稿》，《四庫全書存目叢書》集部四十一冊（臺南：華嚴文化事業有限公司，1996年版，據明正德元年刻本景印），卷二十九〈公移・禁止狹讐扶持催徵等事〉，頁3上～下。

行，須至榜者。〔註73〕

此聖旨榜文亦以時間置於開頭，地點則幾近涵蓋全國各省，內容是有關皇帝婚期而將官員民庶的適婚女子送赴京師簡閱等事。大體而言，屬於聖旨榜文的型式，皆將時間題於榜文起始，並以皇帝或太皇太后旨意，然後開列所曉諭官的事項，依照事類不同轉由各中央衙門頒佈施行。

事實上告示時間除置於前文之外，書寫於告示文末的形式更爲常見，如應天巡撫黃希憲任內所發佈各項告示，皆於告示文末署名「崇禎某年某月張貼於某處」〔註74〕、陝西巡撫孫傳庭（1593～1643）的〈清屯示〉，告示之末同樣標明「崇禎九年十一月二十二日」所發佈〔註75〕。此外，若以豎立石碑的形式規範事項之禁約碑，則必定將告示日期書於文末，這種時間記載於末端的格式型態，可視爲石刻碑文的通則或定制，如成化十五年（1479）六月刻於萬壽禪寺的禁諭碑：

> （萬壽禪寺）近被無籍軍民人等，放牧牛羊，砍伐樹株，作踐山場，又有恃強勢要，私開煤窰，穵〔挖〕通壇下，將說戒蓮花石座并折難殿積漸拆動，司設監太監王永，具悉以聞。……。今後官員軍民諸色人等，不許侮慢欺凌，一應山田園果林木，不許諸人騷擾作踐，煤窰不許似前穵掘。敢有不遵朕命，故意擾亂沮害其教者，悉如法罪之不宥，故諭。成化十五年六月二十二日。〔註76〕

爲禁止軍民人等隨意擅自出入寺境之內，太監王永特奏請降發皇帝敕諭，並勒石立碑，嚴禁擅入放牧、砍伐，私開煤窰。由於勒石立碑之目的，在於傳之久遠，因此採用以石碑作爲告示載體，其文告之末大多繫以年月，以備查考（圖3-2）。

官方告示的發佈時間，代表事件發生與現在的時間遠近，時間越近越容易吸引觀看者的閱讀意願，就《快心編傳奇》三集所記載裘自足觀看告示的事例而言，新聞的訊息取得具有其時效性，必須是最近、最新的訊息，否則觀看告示內容的動機與意願就會比較低。

〔註73〕《訓讀吏文》，卷四〈皇帝婚期邇近女子年十三至十五令其父母親送赴京事〉，頁229～230。

〔註74〕關於應天巡撫黃希憲告示發佈的內容等相關情形探討，詳請參閱第六章。

〔註75〕明‧孫傳庭，《孫傳庭疏牘》（杭州：浙江人民出版社，1983年10月第一版），卷四〈清屯示〉，頁146。

〔註76〕北京圖書館金石組編，《北京圖書館藏中國歷代石刻拓本匯編》五十二冊（鄭州：中州古籍出版社，1989年），〈萬壽寺禁諭碑〉，頁144。

圖 3-2：萬壽寺禁諭碑圖

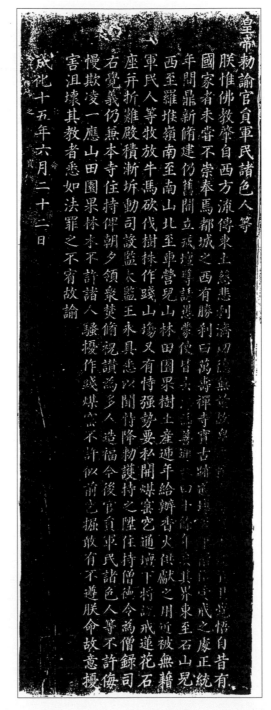

資料說明：取自《北京圖書館藏中國歷代石刻拓本匯編》，五十二冊〈萬壽寺禁諭碑〉，頁 144。

（二）轉發衙門與禁令範圍

告示榜文的內容上，除告示的日期時間、事由之外，同時會註明所應轉發的相關機關衙門。成化元年（1465）六月，禮部所奏請民生事務之中，內有一項是有關湖廣地區地方里甲擾民的情形，此項禁約內容載明各所屬機關發佈之情形：

> 乞勅都察院轉行湖廣等處巡撫、巡按、布按二司、府州縣各該衙門，出榜於城市鄉村，人煙輳集，常川張掛，嚴加禁革前弊。今後里長出役，照舊務在年終，不許搀先催辦，勾攝止許當年差役，照依均徭，不許小里通同遞年間役勾，惹管事害民。如違，治以重罪，庶俾奸弊革除，民得安生便益。〔註77〕

此禁例的發佈範圍主要是湖廣一帶，並由朝廷勅命都察院，轉行巡撫、巡按、布按二司、府州縣所屬各地方常川張掛，以嚴禁積弊。楊一清（1454～1530）在巡撫陝西之時，對於邊關的巡防事務發佈榜文禁約，並發往各該邊關巡撫都御史、巡按、巡關御史等處申令禁約，嚴行查緝並盤問可疑不明的人，以便邊境秩序的安寧。〔註78〕

此外，告示榜文之內也會提及行政命令的發佈蓋範圍，超出範圍之外，行政命令便屬無效。如嘉靖二十二年（1543）三月，南直隸揚州府維揚鈔關所發佈查緝商人偷運私茶的禁令，轉發至儀眞縣、江都縣、高郵州、通州、泰州等地的批驗茶引所與巡檢司，範圍即涵蓋整個揚州府境內〔註79〕。因此，官方的告示榜文內容，除告示的日期時間、事由之外，有時則會註明所應執行行政命令相關機關及範圍，以便讓官民知曉並確實遵守其規定。

二、文字語氣

（一）常用語氣——開頭語與結語

告示榜文開頭語通常是以「某官府示」或「某職官示」，以便告知觀看者告示事由何衙門、職官所發佈。如應天巡撫黃希憲為嚴禁閑雜人等擅入軍營轅門窺探的〈軍門示〉：

> 軍門示：炤〔照〕得轅門法紀之地，自應肅清，凡一應跟隨有司各

〔註77〕《明代檔冊》第四冊，〈禁約久禁罪人并供應等項例〉，頁310。
〔註78〕《楊一清集》，《關中奏疏》，卷四〈巡撫類・爲捉獲奸細賞罰事〉，頁133。
〔註79〕《維揚關志》，卷四〈鈔法第七〉，頁10上～12上。

員役，止許在轅門外伺候，至閑雜人等尤宜屏斥，豈容一綮混入擁
擠窺探，殊屬玩縱。今後如敢有者，許坐營中軍、府縣巡捕等官，
立刻鎖挐解院，以憑重責枷號，并提把守轅門官役一體究革，決不
姑貸。特示。

　　崇禎十四年六月十五日示，粘東西轅門外。〔註80〕

文告開頭即以「軍門示」來說明此張告示爲巡撫所發佈，因告示內容屬於禁
約軍衛將士，故而直接粘貼於轅門之外加以告知曉諭。此外，海瑞（1514～
1587）在所發佈的官府告示之中，依照其任職的職銜不同，文告開頭分別有
「撫院海示」、「淳安縣知縣海示諭」、「淳安縣知縣海示」等用法〔註81〕；沈
演（1566～1638）出任福建布政使所發佈的告示，則以「布政使司示」、「使
司示」作爲官府告示之起始開頭。南直隸鳳陽府潁州太和知縣吳世濟，於崇
禎七年至八年（1634～1635）之間所發佈的告示，文告起首分別採取「太和
縣示」、「正堂示」等用法。

　　亦有文告開頭以「爲某某事」爲告示之開頭語，直接表明官府告示內容
所執行禁約事項，這種書寫敘述方式，是最常見的官府告示開頭語。例如李
陳玉的〈逐優娼示〉：

　　爲逐優娼以清地方事。照得凡事無益，莫如唱戲，一夕佻達，燈油
　　酒食之費，減糧半年，甚而招引姦盜，爲禍地方不淺。故本縣到任，
　　一切公宴皆禁，乃查得此中每二三月，各鄉光棍假以神戲爲名，動
　　輒挨戶，窮斂民錢，流連彌月，狂擾一方。男子多事，婦人失業，
　　中間更有女優依倚豪門，最爲是非之藪，亦且挾勢凌人，殊可恨痛，
　　已往不究，合行逐出境外。〔註82〕

告示之中將優娼視爲縱情聲色、不事本業之徒，縱欲日久，將成藏匿賊盜之
淵藪，流毒地方，因此在文告上即以「爲逐優娼以清地方事」作爲開頭，強
調禁絕優娼之決心，配合地方里甲的巡察，務使將此輩悉數驅逐出境，以安
地方。

　　有時則用職銜冠以所發佈的禁約事項，兩者合併使用。如福建泉州府同

〔註80〕《撫吳檄略》，卷一〈嚴禁約束告示・軍門示〉，頁45上。
〔註81〕《海忠介公全集》，卷二〈告示〉，頁149～159。
〔註82〕明・李陳玉，《退思堂集》（臺北：漢學資料中心景照明崇禎年間刊本），卷一
　　　　〈文告・逐優娼示〉，頁45下～46下。

安知縣曹履泰的〈勸諭捐賑〉：

> 泉州府同安縣爲賑救貧民，照得年荒民飢，餓莩載道，本縣已申請
> 穀倉賑濟，指日詳允，即當煮粥，以甦殘喘之萬一。正在延竚，幸
> 蒙撫院軫念民疾，特蠲廪給銀一百五十兩，發縣買米賑民，如此德
> 意，從來未有，予叨司牧，豈能恝然。但勢值其窮，欲蠲而無可蠲，
> 姑將本縣俸資百兩，買米助賑，涓滴之施，知無益於涸鮒，而一點
> 相關至情，聊以自表云爾。凡我地方，家溫食厚，故自不乏，誰無
> 不忍之心，亮難爲路人之眹，各隨所願多寡施賑，本縣不能強，亦
> 不能已於言也。特示。〔註83〕

而提刑按察司徐世蔭在緝獲邪教情事時，所發佈的告示則以「福建等處提刑
按察司爲奉旨緝獲邪教事」爲起首方式。〔註84〕

　　此外，官府告示既然是想勸諭百姓遵守行政命令，因此部分告示直接以
「告諭某某百姓」爲起語，採用柔性的勸導語氣，使百姓從情感上支持並執
行官方的政令規範。如王守仁巡撫江西所發佈的告示，即常以「告諭軍民」、
「告諭安義等縣漁戶」爲文告起語，這種以稱呼起首的書寫方式，語氣和緩
且似較爲貼近百姓。〔註85〕

　　對於告示內的起首語的不同類型，反映出告示內容所呈現的事務特性。

1. 以職官或官署衙門爲開頭者

　　可以瞭解官方告示事務的層級高下，若是以地方基層的知縣所署名發
佈，代表著行政命令或禁約僅限於一縣範疇；若是以府級或省級以上所署名
發佈，代表著事務涵蓋層面廣泛，事件則較爲重大而複雜。

2. 以「爲某某事」爲告示起語者

　　直接說明官府告示內容所規定的禁約或執行事項，百姓於觀看告示之
際，不需觀看整篇文告，已經能大致明白瞭解，最有助於告示的傳播效率。

3. 以「告諭某某百姓」爲起語者

　　其文告的敘述方式，相較於訓斥、嚴禁等強硬語氣，使用上較爲貼近百
姓，容易使人產生親切感。

〔註83〕《靖海紀略》，卷四〈勸諭捐賑〉，頁63。
〔註84〕《明朝破邪集》，卷二〈提刑按察司告示〉，頁36上～37上。
〔註85〕《王陽明全集》，卷十七〈別錄九·告諭軍民〉，頁592、〈別錄九·告諭安義
　　　　等縣漁戶〉，頁596。

　　告示榜文的結語，主要以「須至示者」、「須至榜者」等較爲常見，說明所告示的內容，能夠確實的傳達至觀看者，也就是所謂的「示者」、「榜者」。文告結語「須至某某」是固定的公文格式，依照公文格式之差異，結語稍有不同，如萬曆二十五年（1597）十二月，分守松棚谷等處的游擊將軍韓宗文，移文所屬關柵，說明由於前月有部分官軍出關採取公用材薪，待其回營之後，即行閉關防守，文末結尾則爲「據此，理合揭報，須至揭者。」〔註 86〕因此公文形式如牌、票、揭之不同，文告的結語則改爲「須至牌者」、「須至票者」、「須至揭者」。

（二）加強語氣——嚴令與威嚇

　　爲表示官府對於發佈告示政策的施行決心，有時會在告示文中寫上「絕不虛示」、「的不虛示」等字句，強調官方告示之發佈，並非沿襲舊例、虛應故事而已，一切依法從嚴處置，反映出執政者依法施政之堅決態度。明初《大誥初編》在勸諭官民守法之時，也以榜文諄諄告誡再三，切勿以身輕蹈法網，免受律法嚴刑之苦：

> 今後官民有犯罪者，若不順受其犯，買重作輕，買輕誣重，或盡行責免，除死罪坐死勿論，餘者徒、流、遷徙、笞、杖等罪，賄賂出入，致令冤者不伸，枉者不理，雖笞亦坐以死，法司罪同犯者。此犯不同分贓之巨微，除失錯公罪不坐，凡私的決，並不虛示。〔註 87〕

而《大誥續編》對於濫設吏卒上規定甚嚴，榜文內容記載，若敢有仍前非者，額外濫設皁隸並有司官吏，皆與以族誅，強調「《誥》不虛示」、「的不虛示」的態度〔註 88〕。在《榜文程規》所列舉〈靖地方安生民示〉的內容，也對地方上不務本業之徒，如無賴、濫訟等情形皆予以嚴厲申禁，若有不悛再犯者，「必以其罪罪之，的不虛示」〔註 89〕。類似這種強調宣示的語氣，在明初所發佈的四編《大誥》內容更是屢見不鮮。孫傳庭（1593～1643）於任陝西巡撫任內，曾於西安左、前、後三衛所實施清屯，並嚴命西安理刑官清查原額軍地及應徵糧草數量，若有侵佔詭弊等情事，則嚴懲不貸。爲徹底清查軍屯數量，孫傳庭除張貼告示曉諭之外，告示文末更以「絕不虛示」的強硬口氣，

〔註 86〕《明代遼東檔案匯編》，〈松棚路閉關揭帖〉，頁 1169。
〔註 87〕《御製大誥》，〈官民犯罪第二十九〉，頁 68。
〔註 88〕《御製大誥續編》，〈濫設吏卒第十六〉，頁 112。
〔註 89〕《昭代王章》，卷四〈榜文程規·靖地方安生民示〉，頁 17 下。

以爲申明其清屯的決心：

> 示諭爾屯軍屯餘，暨占種屯地之家，其各靜聽查理。至各軍屯投到
> 告詞，姑收立案，待查出之後，各家如敢怙終不悛，生端抗拒，本
> 院應按法處治者，即按法處治，應特疏糾參者，即特疏糾參，亦無
> 庸爾等紛紛控瀆也。若所官軍職旗甲人等，務洗心滌慮，將從前隱
> 弊一一首出，除往罪盡行寬恕，仍加賞勸。如藐玩不遵，復肆奸欺，
> 一經發覺，身家性命皆不可保矣。絕不虛示。崇禎九年十一月二十
> 二日。〔註90〕

若能遵守清屯之命令，以前所犯的過失皆可寬宥，既往不咎，甚至加以獎
賞，但仍執意玩法者，則必將刑罰加諸於身。而崇禎十年（1637）十一月，
福建布政司左布政使施邦曜在兼理巡視海防事務時，爲緝拿私通倭寇者，頒
行告示曉諭沿海居民，其告示內容之末則強調「絕不輕貸」，以嚴加查緝不法
者〔註91〕。此外，前文所提及巡撫黃希憲爲嚴禁閑雜人等擅入軍營轅門窺探
的〈軍門示〉，告示文末即有「決不姑貸，特示」等字句；同安知縣曹履泰〈勸
諭捐賑〉亦有「特示」的字句。所以告示文末的「故示」、「特示」、「特諭」，
皆是用以加強語氣。

　　爲強調告示的權威性，有時透過律法或刑罰之威嚇，內容之中多會加入
「三尺不貸」等字眼，說明因循故犯者必定依法嚴懲，不容寬貸。如北新鈔
關所出示〈禁革長單第二示〉所載：

> 爾商人納稅自一兩以上者，務在大關開報，錢數小起，許就近便務
> 所開報，另置循環簿二扇，另立單簿。各單書不許搊索，每單書止
> 許收紙筆錢三十文，違者指贓，呈稟革究。開報大關者許單書，不
> 拘時刻，隨到隨稟隨發，以便遠商往返，應報稅課，俱于十分內量
> 減一分，以示招徠。各商務宜鼓舞，急公各務，亦不得混收侵課，
> 本部冰心鐵面，三尺具存，絕不女〔汝〕宥，特示。〔註92〕

爲禁革長單所造成往來商民的困擾，依照課稅多寡分別開報，以便振興商務，
告示之中即以「三尺具存，絕不女〔汝〕宥」，說明執法者必依法行事，絕不
有絲毫縱容故犯者之決心；另外文末所謂的「特示」，同樣具有強調、特別告

〔註90〕《孫傳庭疏牘》，卷四〈清屯示〉，頁146。
〔註91〕《明朝破邪集》，卷二〈福建巡海道告示〉，頁30上～35上。
〔註92〕《権政紀略》，卷三〈革長單・禁革長單第二示〉，頁5上。

知之意味。福州布政使沈演（1566～1638）在曉諭捕盜官員的告示內容上，申誡其勿任意濫捕、妄誣良民，務須遵守禁約，否則「三尺具在，斷不姑息，亟宜猛省，至無噬臍。」〔註93〕

顏俊彥在擔任知府時，在告諭所屬庫吏兌發錢糧之細例，對於無端需索常例者，允許被害者前往官府指名告訴，凡屬實者皆以究贓擬罪，因此在告示文末特別註明「三尺凜凜，斷不爾赦」，用以申誡勿犯〔註94〕。南直隸常州府宜興縣的地理位置，東南直通太湖，西北接連金溧，素有盜賊充斥其間，為整飭地方治安，官府遂發出告示，除修舉政事、武備等事務，並要求地方軍民遵循相關規定，文末則有「敢有違玩阻撓者，三尺不貸」等字句，以示威嚇〔註95〕。崇禎十四年（1641）九月，松江府上海清浦縣金澤鎮，為清理地方鹽務，嚴禁販賣私鹽，為此特勒石立碑，凡有藉故阻撓需索，「如有故違，定究不貸」〔註96〕。這些文告句末，皆藉由律法條文或嚴峻的口氣加以威嚇，以期軍民能確實遵守規範。

這種威嚇內容的字句，特別是在涉及剿平盜賊、征戰等軍事事務等方面，其告示內容最為明顯，以其事涉機要，故而文告句末的威嚇語氣居多。官軍在行軍征戰之際所發佈的告示，皆為鼓勵奮勇殺賊，並嚴守軍令，若「推託避事，不肯奮勇殺賊頭目，通行斬首，決不虛言。」〔註97〕盧象昇在嚴飭將領之告示內，凡遇戰陣怯懦不進者，皆以軍法處斬，文末強調「朝廷三尺具在，決不姑容，特示」〔註98〕。崇禎十四年（1641）八月，海寇猖獗肆虐，從外海侵入沿岸地區，甚至已經劫燒至崇明、新鎮、新河一帶，為剿平海寇之患，朝廷緊急調發官軍集結剿滅，但沿途恐官軍擾民，巡撫出示告示嚴飭官兵遵守軍紀，不許擅動民間一草一木，敢有犯令者，立拿梟斬〔註99〕，以便確實嚴行軍令。這類軍務性質所發佈的告示，其文告之末多會強調類似「決不虛言」的宣示，然後申明違令者處以「斬首」、「梟首」等重罪嚴懲，主要是維持軍令的嚴格與一致性。

〔註93〕《止止齋集》，卷十九〈借給兵糧示〉，頁15下～16上。
〔註94〕《盟水齋存牘》，〈公移・諭錢糧兌准發給〉，頁349。
〔註95〕《撫吳檄略》，卷一〈嚴禁約束告示・為督撫地方事〉，頁44上～下。
〔註96〕《上海碑刻資料選輯》，〈鹽法都運使司為蔣涇埠改為松江所驗掣商鹽告示碑〉，頁82。
〔註97〕《王陽明全集》，卷十八〈別錄十・牌行委官林應聰督諭土目〉，頁648。
〔註98〕《盧象昇疏牘》，卷三〈撫鄖公牘・嚴飭將領示〉，頁62。
〔註99〕《撫吳檄略》，卷一〈嚴禁約束告示・軍門示〉，頁60上。

官方告示為表示其政策的施行決心，通常會告示句末註明「的不虛示」等字句，強調施政者之堅決態度；甚至藉由嚴峻的口氣或律法條文加以威嚇，以期軍民能確實遵守官府所制訂的條約禁令。對於軍事事務方面，告示文具更直接訴諸軍法，凡違令者皆處以斬首、梟首等重罪嚴懲，貫徹維持軍令的嚴格性。告示文句加強或威嚇語氣，主要目的皆是在促使政令施行的常見手段。

第四節　告示載體

關於告示載體的不同，將直接會影響訊息傳播的準確性（accuracy）與效力性（efficacy）差異〔註100〕，明代官方告示榜文所使用的載體，可分為紙張、刻石、木版、鑴鐵等四種類型，其中以紙張取得方便、製作快速，而成為常用材質，但受到材質本身脆弱，易受到破壞損毀，而有木版與石材的出現，以堅固的材質特性，適合較長時間政令傳達。

一、紙　張

紙張，是榜文告示最常用且普遍之材料，只要經由抄寫或刊印，即可張貼於任何地方，待政令宣揚結束或達成之後，便可隨即撕去。明代紙張的產地集中於江西、福建、浙江、四川等地區，浙江造紙以瞿溪為中心，多以桑皮為原料；江西廣信府的永豐、鉛山等地，為產紙的集中地，原料以竹絲、百結皮為主，紙質潔白精美，工藝精良；興國、涇縣、徽州則以生產棉紙著稱〔註101〕。在紙張的產量與質量基礎上，無論是文化交流的書籍印刷，或是政令傳遞的告示刊刻，都提供相當充足的需求供應。

關於朝廷的紙張使用情形，朝廷中央之內府用紙，主要是由司禮監與乙字庫所負責，於江西廣信府永豐、鉛山、上饒三縣設立槽房，並招募工匠督造。司禮監與乙字庫兩處監造之紙張種類繁雜，可達四十種之多：

> 司禮監題為急缺綾鈔紙箚等事，行造紙名二十八色，曰：白榜紙、
> 中夾紙、勘合紙、結實榜紙、小開化紙、呈文紙、結連三紙、棉連
> 三紙、白連七紙、結連四紙、棉連四紙、毛邊中夾紙、玉版紙、大

〔註100〕《帝國與傳播》，頁 11～18。
〔註101〕羅樹寶，《中國古代印刷史》（北京：印刷工業出版社，1993 年 3 月第一版），
　　　　頁 372。

白鹿紙、藤皮紙、大楮皮紙、大開化紙、大戶油紙、大棉紙、小棉
紙、廣信青紙、青連七紙、鉛山奏本紙、竹連七紙、小白鹿紙、小
楮皮紙、小戶油紙、方榜紙。以上定例，五年題造一次，或十有餘
色至二十六色，數目或百有餘萬至百九十六萬張，隨缺取用，色數
不等。乙字庫題爲急缺年例紙張事，行造紙名一十一色，曰：大白
榜紙、大中夾紙、大開化紙、大玉版紙、大龍瀝紙、鉛山本紙、大
青榜紙、紅榜紙、黃榜紙、綠榜紙、皂榜紙。以上隨缺取用，或一
色或至三五色，數目或百萬至二三九百萬張，造解無期。〔註102〕

廣信府造紙所用槽房，每槽工作之時匠役可達千餘人，足見造紙規模之龐
大，從以上題奏內容來看，司禮監督造紙張種類約二十八種，每五年題造一
次，供應用紙可達兩百萬張之鉅，平均每年督造約四十萬張；乙字庫則督造
紙張種類一十一種，每年供應用紙一百萬張以上不等。所以，單就司禮監與
乙字庫兩處監造之紙張，每年至少需提供一百五十萬張以上，以供中央朝廷
日常之用。巾帽局負責管理銀硃八斤、墨煤一百斤、榜紙四千張、奏本紙五
百張等物件以供皇室使用〔註103〕。此外地方上另有專司製造紙張之處，專供
上貢朝廷之用〔註104〕，甚至有遠從高麗進貢之貢紙〔註105〕，如此可見皇室紙
張使用的來源與數量之龐大。

朝廷用紙除遣官監造與地方進貢之外，若不敷使用時，則另外遣派官員
至各地江南督造。宣德二年（1427），派遣官員至江南造紙，後因民饑水潦而
罷之〔註106〕，此後雖然屢遣官員至江南蘇松等處造紙，但都因而要求停罷
〔註107〕。雖然朝廷遣官員督造紙張，往往造成民間的負擔，但卻也因爲朝廷

〔註102〕明‧王宗沐纂修、陸萬垓增修，《江西省大志》，《中國方志叢書‧華中地方》
（七七九）（臺北：成文出版社，1989年3月臺一版，據明萬曆二十五年刊
本景印），卷八〈楮書〉，頁6上～下。
〔註103〕《續文獻通考》，卷三十六〈國用考〉，頁25下。
〔註104〕明‧陳宏緒，《寒夜錄》，《叢書集成新編》八十九冊（臺北：新文豐出版公司，
1985年1月初版），卷下，頁36：「國初貢紙歲造于吾郡（江西南昌府新建縣）
西山，董以中貴，即翠嚴寺遺址以爲楮廠，其應聖宮、西皮庫蓋舊以貯楮皮
也，今改其署于信州，而廠與寺俱廢。」
〔註105〕明‧沈德符，《飛鳧語略》，《叢書集成新編》五十冊（臺北：新文豐出版公司，
1985年1月初版），〈高麗貢紙〉，頁8～9。
〔註106〕《明史》，卷一五九〈列傳‧熊概〉，頁4330。
〔註107〕宣德三年（1428）十月巡撫蘇松等處大理寺卿胡槩奏，各部累差郎中主事等
官催督蘇松及浙江諸郡造紙、買銅鐵等物，以蘇、松及紹興等府水潦民饑，

用紙需求龐大，同時也造就地方民間造紙業的蓬勃發展〔註108〕。無論是朝廷定期或臨時遣官監造用紙，或是地方進貢紙張，都反映出朝廷中央的內府用紙，紙色質地精美，且種類繁多，基於紙張來源的提供充足，適合於印刷書籍、奏本題寫、告示榜文等各種用途。

地方官府的用紙數量與種類，並不如中央朝廷來的龐大，關於地方官府張貼告示時所使用的紙張情形，可以從各地方官府所記載使用紙張情形加以瞭解。《宛署雜記》曾記載隆慶六年（1572）五月皇帝即位之際，直隸順天府宛平縣所需準備詔告天下官民以及相關物品物項：

> 公侯駙馬伯、文武官員、軍民耆老人等勸進登極，詔告天下，刊布通行，合用進呈本紙三百張，銀一兩八錢；淨邊本紙五百張，銀二兩；大梨板二十片，銀八兩；椴木板三片，銀六兩；黃本紙五千張，銀三十兩；大黃連七紙一萬張，銀八兩；棕毛十斤，銀五錢；煙墨十五斤，銀四兩五錢；油燭二十斤，銀二兩；速香一斤，銀四錢八分；大燭一對，重四斤，銀四錢；小燭三對，重三斤，銀三錢；大紅本紙五十張，銀一兩五錢；大呈文紙一百張，銀四錢；刊刷匠工食十兩，二縣鋪稅銀辦。〔註109〕

從上述引文來看，皇帝即位所需準備用以詔告天下官民的紙張，種類主要有：進呈本紙、淨邊本紙、黃本紙、大黃連七紙、大紅本紙、大呈文紙等六種，其中屬於「詔告天下，刊布通行」的告示榜文紙張，計有進呈本紙、淨邊本紙、黃本紙、大黃連七紙等四種，數量在五百至七千張不等。同年七月，又因上仁聖皇后徽號，詔告天下刊布的紙張種類相同，僅在數量上略少於皇帝即位之時。由此例大致可以看出，朝廷在刊布告示榜文所使用的紙張情形，種類與數量十分龐大。

《維揚關志》所記載鈔關使用紙張種類，則不如朝廷繁多，其種類與價

乞停買諸物。天順四年（1460）七月遣中官阮柰造紙於湖廣，湖廣三司府縣皆奏以民饑爲由，乞停罷之。可見朝廷遣官至江南地區造紙，皆造成不少民怨，因此地方官員多以災荒爲藉口，停罷督造紙張，以免加重百姓負擔。《明宣宗實錄》，卷四十七，頁11上，宣德三年冬十月乙未條；《明英宗實錄》，卷三一七，頁6下，天順四年秋七月甲午條。

〔註108〕《菽園雜記》，卷十三，頁157。除江西廣信府爲主的造紙業之外，浙江衢州府常山、開化等縣，亦以造紙爲業，造法頗爲精純。

〔註109〕明・沈榜，《宛署雜記》（北京：北京古籍出版社，1983年12月第一版），卷十四〈經費上・宮禁〉，頁136。

錢記載如下：

> 一、各鈔關合用筆紙張、心紅、油炭等項不可缺，大約每月呈文紙
> 二百張，價銀四錢；刷票裝簿紙二千五百張，價銀一兩五銀；毛邊
> 紙二十張，價銀一錢。〔註110〕

維揚鈔關所使用的紙張種類有：呈文紙、刷票裝簿紙、毛邊紙等三種，紙張數量遠不及宛平縣所有，其中包含刷單以及裝號簿四本，以備存留與呈送中央查照〔註111〕。江西廣信府等地所產的常用紙張，有白榜紙、白大開化紙、白大中夾紙等，每張價銀約六釐至八釐〔註112〕。這些官方衙門紙張的用途包含奏呈、行移等公文書所需紙張，而使用於張貼告示的情形，雖無特別的規定，應該仍由這些紙張種類之中所支用。

就以上史料所記載的紙張種類，中央與地方官府所使用的紙張數量多寡，與紙價高低有關。官方使用紙張之中，以宛平縣所用大紅本紙紙價最貴，每百張需銀 3 兩；維揚鈔關所用刷票裝簿紙最賤，每百張需銀 0.06 兩，兩者間的價差相去五十倍之遠。其餘如進呈本紙、黃本紙等紙價，則在每百張銀大致維持在 0.6 兩至 0.2 兩之間不等（表 3-1）。

表 3-1：明代所見官方用紙價目表

紙張種類	價格	資料出處	紙張種類	價格	資料出處
大紅本紙	3 兩	《宛署雜記》卷十四	白大開化紙	0.8 兩	《江西省大志》卷八
白大中夾紙	0.65 兩	《江西省大志》卷八	白榜紙	0.6 兩	《江西省大志》卷八
進呈本紙	0.6 兩	《宛署雜記》卷十四	黃本紙	0.6 兩	《宛署雜記》卷十四
毛邊紙	0.5 兩	《維揚關志》卷二	大呈文紙	0.4 兩	《宛署雜記》卷十四
淨邊本紙	0.4 兩	《宛署雜記》卷十四	呈文紙	0.2 兩	《維揚關志》卷二
大黃連七紙	0.08 兩	《宛署雜記》卷十四	刷票裝簿紙	0.06 兩	《維揚關志》卷二

（單位：每百張／兩）

明代造紙業的發達，提供紙張使用的良好環境，由於紙張容易張貼、撕取的便利性，適合於建築屋舍之內使用，特別是官署廳堂、大門等處最常使

〔註110〕《維揚關志》，卷二〈榷政上第四〉，頁 14 上～下。
〔註111〕《維揚關志》，卷三〈榷政下第五〉，頁 8 下：「每刷單六千張，用連七竹紙二千張；裝號簿四本，用呈文紙二百張，兩本解部，兩本備照。」
〔註112〕《江西省大志》，卷八〈楮書・楮槽利弊疏鈔〉，頁 15 下。

用紙張告示。官府衙門爲政事辦公之地，閒雜人等不宜任意出入，以確保機要公事不被外洩，南京戶部清吏司主事堵胤錫，出任北新鈔關主事時，曾對於衙門內外僕役、皀隸人等，制訂相關條例規範，並以告示的形式分別張貼於內外衙門，其〈外衙關防示〉主要是規範書吏與各種衙門輪班差役，禁止擅入值日工作以外的地方，亦不許與家丁談話，藉以探聽官府要事：

> 部示：一應外役，不許擅入堂、庫、書房。一應書役，不許擅入後堂、私衙門。一應班役、庫役、買辦，不許于轉桶處與大小家丁通同聚話，違者不貸。一粘堂上，一粘後堂，一粘轉桶。〔註113〕

相對於外衙，〈內衙關防示〉則是禁約官員家丁、僕役之舉止，並張貼於正堂與後堂。這些黏貼的告示，主要是以紙張爲材質，爲擴大禁約的告知範圍，還將告示以一式兩份或一式三份，各別張貼於正堂、後堂、轉角等不同地點。另有條約告示大書粘貼於儒學明倫堂壁，督令諸生讀書窮理〔註114〕。而軍營屬於軍事要地，爲決策軍令之所在，官員差役僅能於轅門之外聽候差遣，更嚴禁閒雜人等擅入，有時直接將嚴禁之告示黏貼於轅門之外，凡有無故違反者，即行擒拿問罪，並將把守轅門官役一體連坐懲戒。〔註115〕

　　官府在發佈告示榜文之時，不僅要考慮張貼的地點位置，同時也要斟酌告示紙張的大小，以避免浪費紙張。成化年間（1465～1487）右副都御史楊璿於巡撫河南時，認爲官府的告示紙張需大小適宜，不僅可免浪費紙張，並且便於張貼懸掛：

> 各處驛遞衙門，奸弊多端，行去公文少條，李君講求審定，事條精密，其措心用意之勞，有可想見之矣。必須刊印榜文發屬張掛，庶能永俾尊〔遵〕守，刊印完日，煩以一道差人送院，用備觀覽。然所刊者，不宜過大，蓋恐多費紙張，且不便於縣〔懸〕掛也，餘不悉。〔註116〕

紙張的告示於張貼之後，或因風雨、人爲等因素而剝落毀棄，所以極爲容易損毀，因此需加倍維護。例如《明代遼東檔案匯編》所收錄萬曆三十一年（1603）三月，某處副鄉長爲張貼改募土著的告四份，即是用板粘貼告示，

〔註113〕《權政紀略》，卷一〈申禁令・外衙關防示〉，頁4上～下。
〔註114〕《方山薛先生全集》，卷四十九〈公移三・行各府正文體牌〉，頁2下。
〔註115〕《撫吳檄略》，卷一〈嚴禁約束告示・軍門示〉，頁45上。
〔註116〕明・楊璿，《楊宜閒文集》，國家圖書館藏明弘治元年無錫楊氏家刊本，卷十二〈與河南藩司〉，頁24下～25上。

所以需要副鄉長立狀切結，並時常巡視告示是否被風雨所損壞。〔註117〕

紙張告示之最大優點，在於能彙輯成書，以便保存與備份。東鄉縣在施行丈量土地時，經由官府出示告示，並「爲經久之計，一一列爲條約，刊刷成書，遍給丈量人役，照體而行。」〔註118〕萬曆三十七年（1609）十一月，巡按江西御史爲革除建昌府等地的稅糧積弊，奏請兑糧需委由專官親自徵收，不得轉託他人之手，以免積棍包攬人等趁機剝削百姓，並裁減不當名目，議定各府縣所需支出費用，由官府載明於告示後刊布，然後刊刷成書，遍給散戶，咸使百姓周知。〔註119〕

以紙張爲材質之告示，基於明代造紙業的發達，其優點在於取得方便、製作快速，並且容易將刊刻之告示匯集成簿冊，做成文卷檔案形式加以保存；然而其缺點則是材質本身之脆弱，特別是張貼於戶外空曠之處，容易受到風雨、人爲等因素而破壞損毀，極不利於長期禁令的推行。爲解決此項問題，遂衍伸出材質堅硬、不易損毀的木版與石材載體，以適合較長時間傳達的政令告示。

二、刻 石

在紙張使用之前，文字書寫是以刻畫爲先，其中使用之載體有金石、甲骨、竹木，然而甲骨僅用於殷商時期占卜之用，竹木則因歲久腐朽，不易保存，所以南北朝之後廢而不用，惟有金石堅硬不易損壞，所以存留較多。金石二字雖連用，但所指不同，「金」是指鐘鼎彝器爲主，旁及兵器、錢幣、鏡鑑等，凡於古銅器上銘識皆屬之；「石」是指碑碣墓誌爲主，旁及摩崖、造象、石闕等，凡於石器上有文字圖像皆屬之。一般而言，刻於金石的目的在於傳之久遠，故有「綿綿日月、與金石存」、「勒銘金石，垂示無窮」等意義〔註120〕。明代對於告示榜文的刊布形式，除使用紙張之外，較常鐫刻於石

〔註117〕《明代遼東檔案匯編》，〈□副鄉長爲張貼議撤選鋒改募土著告示不受風雨損壞所具的甘結〉，頁122～123。

〔註118〕清・沈士秀等修，《康熙・東鄉縣志》，《中國方志叢書・華中地方》（七九二）（臺北：成文出版社，1989年3月臺一版，據清康熙四年刊本景印），卷二〈戶賦志・戶口〉，頁4下。

〔註119〕明・鄔鳴雷、趙元吉等纂修，《萬曆・建昌府志》，《中國方志叢書・華中地方》（八二九）（臺北：成文出版社，1989年3月臺一版，據明萬曆四十一年刊本景印），卷二〈物產〉，頁30上。

〔註120〕朱劍心，《金石學》（臺北：臺灣商務印書館，1995年7月臺二版），頁1～4。

材之上，用於鐵或青銅則較爲少見。

洪武十三年（1380）二月，太祖即命戶部將內外官員祿米俸鈔之制，勒石昭示以爲定制〔註121〕。另外朝廷於修繕宮殿、營建陵寢之後，動輒豎立碑石記其始末，南京工部右侍郎何璉等，以太廟始建於正德年間，迄今多有損壞之處，遂奏請加以重修之，遂於嘉靖九年（1530）二月工部開始重修，於次年五月竣工，事畢乃勒石以告其後〔註122〕。嘉靖十一年（1532）正月，詔立顯陵純德山碑，及陵宮門外左右碑亭二區，左以紀述瑞應，右樹祭告碑文，並於從岵山、陽春臺各鑴立皇帝御製碑文〔註123〕。對於朝廷頒降的御製石碑，有時還需安置於官方涼亭之內〔註124〕。朝廷對於營建宮殿、陵寢而立碑記述事件的情形，大致屢見不鮮。

相對於朝廷立碑之行爲，政府官員乃至於民間，同樣有豎立德政碑、去思碑、生祠碑等宣揚品行、稱頌私德之碑記，雖然朝廷曾對於官員無政績而擅自立碑建祠者，違者依照明律規定需懲處杖刑〔註125〕，然而釣名沽譽之官員殊多，以致萬曆朝以後擅自立碑的情形日益嚴重〔註126〕。可見當時是中央與地方、官方與民間，這種立碑的行爲，皆在用以誇耀、鑑借後人，皆是基於「戒石之陰，以告來者」的觀念，故而利用金石堅貞不變之特性，以達到垂示後世之目的。

〔註121〕《明太祖實錄》，卷一三○，頁 2 上～下，洪武十三年二月丁丑條。
〔註122〕明・呂柟，《涇野先生文集》，《四庫全書存目叢書》集部六十一冊（臺南：莊嚴文化公司，1997 年 7 月初版，據明嘉靖三十四年于德昌刻本景印），卷十八〈南京工部重修太廟成欽受敕書記〉，頁 17 上～下。
〔註123〕《明世宗實錄》，卷一三四，頁 2 上，嘉靖十一年正月丁巳條。
〔註124〕明・蔡邦俊等纂修，《崇禎・撫州府志》，《中國方志叢書・華中地方》（九二六）（臺北：成文出版社，1989 年 3 月臺一版，據明崇禎七年刊本景印），卷六〈廨宇紀〉，頁 4 上。撫州府治設有敬一亭，亭內放置崇禎皇帝所撰御製碑文共七座。
〔註125〕《明代律例彙編》，卷十二〈禮律二・儀制・見任官輒自立碑〉，頁 597～598。
〔註126〕《萬曆野獲編》，卷二十二〈府縣・立碑〉，頁 579～580：「今世立碑之濫極矣，而去思尤甚。凡長吏以善去者，俱得屭贔穹石，其詞不過鄉紳不情之譽，其人不過霸儒強釀之錢，而後至之官，又自爲他日地，爲之作序文，作募疏，以獎勸之。今建白滿公車，無一語及此者，何也？南史裴松之曰：『世立私碑，有乖事實，以爲諸立碑者，宜悉令言上爲朝議所許，然後聽之，庶可以防過無徵，顯彰事實。宋武帝從之，由是普斷。』以今一統全盛，豈反遜義熙之年，所當首爲禁者。」

從敘述紀事功能爲基礎，碑石逐漸轉化具有約束、戒諭之作用，遂成爲官方告示的載體之一。碑石鐫刻誥敕文字，最早始於秦始皇於東巡途中之立石，漢代亦承襲之，將誥敕、詔書勒石立碑。明初即規定立石於府州縣甬道之上，名曰「戒石」，陰刻「爾俸爾祿，民膏民脂，下民易虐，上天難欺」，其目的在於告誡官員在處理政務時，應以民瘼疾苦爲依歸〔註127〕。此種地方官員爲禁令各項事務所刻石立碑者，即稱爲「告示碑」或「禁約碑」，其設置之目的，在於傳諭政令的施行，與德政碑等宣揚品行、私德之碑記性質不同。例如天啓七年（1627）九月，蘇州府因商人梅鼎臣等申告，指稱運送貨物至南濠等處時，遭到不肖牙戶截搶貨物，爲確保商業交易安全，遂明訂禁約並「刊石永禁」，凡有搶奪商民財物皆加以重懲，絕不輕貸〔註128〕，此處官府告示碑所謂的「刊石永禁」，即是利用石碑不易損毀之特性，以作爲長期傳達禁令的最重要目的。

以石碑作爲傳達政令的情形，最常見於革除地方弊端，如湖廣漢陽府對於境內稅課局擅立名目抽稅，以致於產生民怨的情形，經由巡按御史奏請之後，豎立石碑革除積弊，同時配合刊刻榜文申禁〔註129〕。此外，豎立戒諭的石碑，有時還兼具劃分界線的功能，解縉的〈獻太平十策〉即建議將天下官路分設五級，以體現古代男女異路之意：

> 京城及天下官路，宜分爲五級，廣若干步，中爲御道，高於地若干
> 丈，其左官員儒士行路一，農商行路一；其右工人行路一，婦人行
> 路一，使四民不收之人，無自出焉。古人男女異路，亦此意也。並
> 以欄墻隔之，墻高及肩，於上刻印禁戒，不許奔越。〔註130〕

從官路之區分，雖在使四民之外者無所出，更反映出解縉欲強化尊卑之別的禮制社會，以規範社會秩序之理想。官路之高牆，不僅區隔各階層所使用之道路，而其上所鐫刻禁戒，同樣具有「告示碑」之功能。

呂坤爲清查山西地區田地所設立的石碣，即於山所屬各地每里「立石碣

〔註127〕《留青日札》，卷十八〈戒石〉，頁9下。

〔註128〕江蘇省博物館編，《江蘇省明清以來碑刻資料選集》（東京都：大安株式會社，1967年），〈蘇州府永禁南濠牙戶截搶商民客貨碑記〉，頁186～187。

〔註129〕明・賈應春修、朱衣纂，《嘉靖・漢陽府志》，《天一閣藏明代方志選刊》（十六）（臺北：新文豐出版公司，1985年，據寧波天一閣藏明刻本影印），卷三〈創置志〉，頁36上～37上、41上。

〔註130〕《解學士文集》，卷一〈獻太平十策〉，頁14上。

一通，上書某里十甲，除軍屯子粒等地不開外，本縣民地幾畝，需繳納夏糧、秋糧多少，如有違反者論罪，並大書深鐫，豎立於里中。」〔註131〕而嘉靖時期（1522～1566）陝西西安、鳳翔府等處因軍民雜聚，爲解決耕種時所引起的紛爭，經過朝廷降發聖旨榜文後，再重新議定立碑石爲界〔註132〕。從以上事例來看，部分告示碑除用以禁約之外，同時兼具有「分界碑」之功能。

　　從表 3-2 可以得知，豎立告示禁約碑屬於官府常見的告示型態之一，有助於地方政令的推動與施行，禁約規範事項涵蓋教育、經濟、社會等各項層面，其中涵蓋：

表 3-2：明代官方禁約碑知見表

時　　間	所 在 地	禁　約　碑　文	出　　處
洪武 6 年	南直隸	禮部榜諭郡邑學校生員臥碑	《歷代石刻拓本》五十一冊
洪武 10 年	蘇州府崑山縣	洪武臥碑	《崑山見存石刻錄》卷三
洪武 19 年	揚州府江都縣	稅纏碑文	《石刻全編》一
洪武時期	承天府潛江縣	明洪武學校格式碑	《潛江貞石記》卷一
洪武時期		太祖面諭碑	《石刻全編》三
正統年間		禮部欽奉敕旨榜文碑（生員碑）	《句容金石記》卷十
成化 15 年 6 月	京師（北直隸）	萬壽寺禁諭碑	《歷代石刻拓本》五十二冊
弘治 17 年	承天府鍾祥縣	敕諭提學碑	《鍾祥金石記》卷一
嘉靖 8 年	京師（北直隸）	易州龍灣二廠榜示碑	《歷代石刻拓本》五十四冊
嘉靖 10 年	溫州府永嘉縣	聖諭碑	《石刻彙編》五編一冊
嘉靖 13 年 2 月	蘇州府江陰縣	優免徭役碑	《石刻彙編》五編一冊
嘉靖 44 年		曉示生員碑	《安徽通志稿》卷七
嘉靖 45 年	肇慶府	禁諭宋崇水口碑記	《廣東碑刻》
隆慶 2 年 10 月	蘇州府	蘇州府示禁挾妓遊山碑	《蘇州社會碑刻》
天啓 2 年 1 月		禁牛羊踐渠碑	《咸陽碑刻》
天啓 3 年 1 月	蘇州府常熟縣	爲待憲號冤憐准立碑事	《江蘇明清碑刻》
天啓 3 年 10 月	京師（北直隸）	聖旨碑	《歷代石刻拓本》五十九冊

〔註131〕《呂公實政錄》，卷四〈治民之道・改復過割〉，頁 14 下。
〔註132〕《余肅敏公奏議》，卷二〈巡撫類・監督邊儲事〉，頁 31 下～33 上。

天啓 4 年		左州養州奉斷在太平築壩灌田碑	《廣西石刻碑文》
天啓 6 年	潮州府	潮州府奉兩院並各司道批允勒石嚴示禁革碑記	《廣東碑刻》
天啓 7 年	肇慶府陽春縣	敕命碑	《廣東碑刻》
天啓 7 年 9 月	蘇州府	永禁南濠牙戶截搶商民客貨碑記	《江蘇明清碑刻》、《蘇州工商碑刻》
天啓時期	寧國府南陵縣	明示諭賦役碑	《民國南陵縣志》卷四十七
萬曆 7 年	江都縣	明神宗敕諭士子碑	《石刻彙編》五編一冊
萬曆 9 年	蓬州儀隴縣	禁止童婚碑	《四川碑刻》
萬曆 9 年 11 月	蘇州府江陰縣	優免定額禁約夫馬碑	《民國江陰縣續志》卷二十二
萬曆 23 年	北直隸深州	安平除商鹽碑	《石刻彙編》五編二冊
萬曆 24 年 11 月	溫州府	禁約盜葬碑	《溫州歷代碑刻集》
萬曆 37 年 4 月	蘇州府嘉定縣	爲太倉衛軍屯蕩田額糧科告示碑	《上海碑刻資料選輯》
萬曆 39 年 4 月	瓊州府瓊山縣	府堂禁約碑	《民國瓊山縣志》卷十六
萬曆 39 年 10 月	蘇州府嘉定縣	爲院道詳允告墾下區田永額斗則告示碑	《上海碑刻資料選輯》
萬曆 40 年		院道禁諭碑	《安徽通志稿》卷九
萬曆 42 年	寧國府南陵縣	察院禁約碑	《安徽通志稿》卷十
萬曆 42 年 1 月	蘇州府	嚴禁扛誣設呈碑	《江蘇明清碑刻》
萬曆 42 年 8 月	蘇州府常熟縣	爲吁天申禁敦民水火事碑	《江蘇明清碑刻》
萬曆 44 年	蘇州府常熟縣	常熟縣禁革木當官碑	《蘇州工商碑刻》
萬曆 44 年 8 月	蘇州府常熟縣	禁止木鋪供給碑	《江蘇明清碑刻》
萬曆 45 年	蘇州府常熟縣	嚴禁流奸赤棍截商劫民碑	《蘇州工商碑刻》
萬曆 45 年 8 月	蘇州府常熟縣	關稅禁約石刻	《江蘇明清碑刻》
萬曆 46 年	蘇州府常熟縣	常熟縣裁革典舖代備各衙門舖陳碑	《蘇州工商碑刻》
萬曆 47 年 3 月	蘇州府	漕務禁約	《江蘇明清碑刻》
萬曆 48 年	蘇州府嘉定縣	嘉定糧里爲漕糧永折呈請立石碑	《上海碑刻資料選輯》
萬曆時期	寧國府南陵縣	明刊示減革碑	《民國南陵縣志》卷四十六
泰昌 1 年 11 月	蘇州府	嚴革漕白陋規帖	《江蘇明清碑刻》
崇禎 4 年		撫按禁築馬仁渡文村埂碑記	《安徽通志稿》卷十

崇禎 4 年	蘇州府	蘇州府爲永革布行承值當官碑	《蘇州工商碑刻》
崇禎 7 年		察院禁築銅碗塘埂碑記	《安徽通志稿》卷十一
崇禎 7 年	蘇州府常熟縣	常熟縣永禁詐索油麻雜貨鋪行碑	《蘇州工商碑刻》
崇禎 7 年 3 月	蘇州府	禁革短價采買貨物并借辦官價名色示石刻	《江蘇明清碑刻》
崇禎 8 年	順天府宛平縣	禁革雜差碑記	《北京會館碑刻》
崇禎 8 年	順天府宛平縣	定役裁費刻石	《北京會館碑刻》
崇禎 8 年 11 月	廣州府南海縣	飭禁橫斂以便公務事碑	《佛山碑刻》
崇禎 9 年 5 月	蘇州府長洲縣	爲懇詳公舉禁豪占疏川澤等事	《蘇州社會碑刻》
崇禎 9 年 10 月	蘇州府嘉定縣	爲嚴禁牙行兌低搖派指稅除折告示碑	《上海碑刻資料選輯》
崇禎 14 年 8 月	松江府	爲禁借巡緝爲名騷擾官鹽告示碑	《上海碑刻資料選輯》
崇禎 14 年 9 月	松江府	鹽法都運使司爲蔣涇埠改爲松江所驗掣商鹽告示碑	《上海碑刻資料選輯》
崇禎 15 年	應天府句容縣	永禁開窰穿鑿碑	《句容金石記》卷十
崇禎 15 年 4 月	蘇州府	院道移會澝墅關禁革鹽商銀錢船鈔與鋪役生情指索碑示	《江蘇明清碑刻》
崇禎 16 年	韶州府乳源縣	察院甦猺碑	《廣東碑刻》
崇禎時期	北新鈔關	禁革長單碑文	《権政記略》卷三
永曆 7 年	南丹州	南丹宣慰使司給羅散等招募效用令牌碑	《廣西碑刻》

註：1. 此表收錄以官方政令與禁約性質的碑刻爲主，凡屬德政碑、去思碑、墓表、墓誌銘等皆不在收錄範圍之內。

　　2. 參考資料出處全名如下：

　　《北京會館碑刻》：《明清以來北京工商會館碑刻選編》

　　《四川碑刻》：《四川歷代碑刻》

　　《石刻全編》：《明清石刻文獻全編》

　　《石刻彙編》：《歷代石刻史料彙編》

　　《江蘇明清碑刻》：《江蘇省明清以來碑刻資料選集》

　　《佛山碑刻》：《明清佛山碑刻文獻經濟資料》

　　《咸陽碑刻》：《咸陽碑刻》

　　《廣西碑刻》：《廣西少數民族地區石刻碑文集》

　　《廣東碑刻》：《廣東碑刻集》

　　《歷代石刻拓本》：《北京圖書館藏中國歷代石刻拓本匯編》

　　《蘇州工商碑刻》：《明清蘇州工商業碑刻集》

　　《蘇州社會碑刻》：《明清以來蘇州社會史碑刻集》

（一）有關學校教育方面

有禁約提學、生員碑等，內容多屬於明初所設立的學政規範，特別是明初所設立的生員碑（或稱臥碑、學校格式碑等），部分在年久失修之後，再由地方官府予以重新鐫立碑刻，如嘉靖四十四年（1565）的〈豎立曉示生員碑〉即是如此，這種情形反映出嘉靖帝重申明初祖制舊例的重要佐證。

（二）屬於社會經濟方面

則包含地方錢糧、差役、商稅、鹽務、漕糧等禁約碑文，一部份是側重於明定地方徵收額數、禁革常例陋規，以免官吏藉機科派勒索；另一部份則是偏重商業經濟發達之下，禁止交易糾紛的規範，其中還包含農田水利灌溉的政令，例如嘉靖四十五年（1566）肇慶府〈禁諭宋崇水口碑記〉、天啓四年（1624）廣西〈左州養州奉斷在太平築壩灌田碑〉等。

（三）屬於社會秩序方面

有禁約盜葬、劫奪財物、禁止開窰穿鑿等社會治安問題；以及禁止童婚、挾妓遊山、寺廟禁諭等風俗宗教等習慣問題。至於明代鐫立告示碑之機關衙門，除地方府、州、縣官署之外，另有府級以上的察院、鈔關等衙門。

碑石既然具有「傳之久遠」、「垂示無窮」等意義，官府即透過此種特性，確立施政的持續性與長遠性；然而地方鄉里卻同樣也透過碑石的此一特性，作為向官府進行爭取自身權益的重要手段。蘇州府嘉定縣地質適合種植木棉而不產米，繳納稅糧若全用本色，對當地居民負擔甚重，因此萬曆四十八年（1620）嘉定縣民瞿汝謙等三十二人，聯名呈請官府，希望漕糧能夠永為改折，經現任知府批示：「漕糧永折為百世利，宜勒石以垂不朽，准速行」後，遂刻石立碑加以紀念：

> 伏念先任正堂老爺高，籍貫河南，蒞治嘉定，素性剛直，敷政一惟執法，心沃仁慈，視民時切如傷。……老民瞿仲仁備陳，地不產米，止宜木棉，民必以花成布，以布貿銀，以銀糴米，方可□展艱難，民不堪命，遂至十室九空，竟成蒿萊滿日，必須改折漕糧，乃可挽回流竄。高爺傾聽洞然，旋即令人□揭，民亦匍匐奏請。幸獲俞旨，改折至今，永為利賴。〔註133〕

此碑文之所立，其內容乍看之下似乎為記述前任知府改折漕糧之功績，但實

〔註133〕《上海碑刻資料選輯》，〈嘉定糧里為漕糧永折呈請立石碑〉，頁137～138。

質上卻是藉由頌揚其功績，來告知現任知府「漕糧改折」在嘉定縣已有前例，而且曾經確實地施行過，藉由此「前例」的存在，希望現任知府能延續推動既有之政策。透過豎立石碑之經過，不僅使舊例得以施行，更作為當地居民向官府維護、爭取自身權益之方法。

相同的事例也出現在崇禎七年（1634）六月，廣州府南海縣所立的飭禁橫斂以便公務事碑。由於當地佛山堡冶鐵業分為鐵線、鐵鎖、鐵釘三鋪行，然而鐵線、鐵鎖兩鋪戶，長期受到鐵釘行的橫斂索討，稍有不從即告官捉拿，後由當地陳大善、梁昌等人於崇禎二年（1629）三月聯名呈縣，官府給示嚴禁。但日久法令鬆弛，鐵釘行故態復萌，橫斂如舊，於是鐵線鋪戶霍在陽等數人再次聯名呈控，經布政司、府縣案查，出給告示遍諭佛山堡各爐冶鋪戶，不得藉故橫斂，變亂舊規，違者拏至官府問罪〔註134〕。由此可知，前次（崇禎二年）的聯名呈縣告訴，雖有官府出示嚴禁，但法律效力並未見持久，故而有第二次的聯名呈縣；在第二次的聯名呈縣結果，不僅將告示掛諭於佛山堡，更豎立石碑禁約。從事件前後不同的結果來看，大致說明「禁約碑」的法律效力是比「禁約告示」更具有長遠的規範能力。

此外值得深入探討，無論是蘇州府嘉定縣民的聯名呈請漕糧改折，或是廣州府南海縣鋪行的聯名呈控，都反映出地方百姓企圖透過「聯名」呈縣的方式，結合群眾的意識與力量。這種所謂的「第三領域」存在，代表國家與社會兩者之間，存在著類似中間地帶，並不屬於國家機關或社會組織，不僅牽涉到司法制度的判決與調解，同時也影響士紳階層對地方事務參與〔註135〕。以上兩件事例說明地方百姓透過以聯名呈官的方式，可視為是商品經濟發展之下，同業組織之間的相互凝聚，作為改善或爭取自身利益的方式，並藉官方碑刻作為保證與依據〔註136〕，是明代中期以後極為常見的情形，同時也成為官府政令發佈的來源之一。

所以明代的刻石立碑，大致可分為敘述事蹟的「紀事碑」，與禁約事項的「告示碑」，前者官方與民間兼而有之，後者則屬於官方推動行政命令的方式

〔註134〕《明清佛山碑刻文獻經濟資料》，〈廣州府南海縣飭禁橫斂以便公務事碑〉，頁13～14。

〔註135〕黃宗智，〈國家和社會之間的第三領域〉，收入哈貝瑪斯（J. Habermas）等著，《社會主義：後冷戰時代的思索》（香港：牛津大學出版社，1995年），頁71～95。

〔註136〕佐藤學，〈明末清初一地方こける同業組織と與公權力──蘇州府常熟縣「當官」碑刻を素材こ〉，《史學雜誌》九十六編六號，頁60～95。

之一。特別是告示碑之豎立，反映出碑石所條列的禁約內容，具有施政的持續性與長遠性，這種特性是一般紙張告示所不及者；另外從部分史料來看，告示碑在禁約田土與劃分地界等方面，同時還兼有「分界碑」之功能。正因為金石本身堅貞不變之特質，具有垂示後世之作用，使得碑石成為紙張告示之外，官府經常使用的告示型態，同時也昭示政令或禁約長期持續執行的表示。

三、木　版

　　對於傳達官府禁約事項，豎立木牌也是常時採行的方式。明代各地方的申明亭內，皆有用以懲戒善惡的告示，除黏貼紙張之外，另有用以懸掛木板或木牌者。如江寧縣申明、旌善亭，鄉里之中凡有惡行者，則「書其實於板懸諸壁，以示懲戒」，有善行者則「書其事於板懸諸壁，以明勸導。」〔註137〕江西高安縣於明初所設立的旌善亭、申明亭，同樣於亭內懸掛板榜，書寫善惡事蹟，以示勸誡〔註138〕。成化二十一年（1485）夏四月，陝西饑荒嚴重，朝臣即建議於申明亭置板榜三面懸掛，詳列載明朝廷蠲免後的糧差科派數額，以防官府額外濫徵賦稅〔註139〕。這種在申明亭或旌善亭「板懸諸壁」、「內懸板榜」等方式，應是明初所規定的制度，藉此將地方政令或各項事務，刻寫於木板或木牌之上，然後懸掛於亭內以作為告知百姓之用，相較於推行地方政令的作用，其教化勸誡的意涵更較為濃厚。

　　木製版榜若有損毀、字跡剝落，有司官員應加以修葺，不得任其荒廢。弘治五年（1492）五月刑部題准，通行於南北直隸與十三布政司等處，凡榜亭坍塌，或板榜損毀、字跡剝落者，即應如式修理或重新起蓋，翻刻之後照舊懸掛，並派人看守，毋得廢弛作踐〔註140〕。板榜既作為曉諭政令之處，若能時常加以巡視修整，方能卻政令傳遞無虞。

　　官署衙門之外，有時則會懸掛的木牌告示，用以宣揚政令或處置不法者。洪武十九年（1386）五月，朝廷為申禁遊民之禁，詔令戶部「板刻訓辭，戶

〔註137〕《寧志餘聞》，卷二〈建置志上·廨宇〉，頁6下～7上。
〔註138〕明·陶履中等纂修，《崇禎·瑞州府志》，《中國方志叢書·華中地方》（八九七）（臺北：成文出版社，1989年3月臺一版，據明崇禎元年刊本景印），卷七〈署廨志〉，頁11上。
〔註139〕《明憲宗實錄》，卷二六四，頁1下，成化二十一年夏四月癸丑條。
〔註140〕《皇明條法事類纂》，卷四十四〈刑部類·拆毀申明亭·各衙門修理板榜〉，頁758。

相傳遞，以示警戒」，即以板刻刊釘於民戶〔註141〕。洪武二十九年（1396）七月，即將京衛官軍操練、月糧所議定事項，「置立板榜，於本衙門正廳，常川張掛。」〔註142〕京師皇城承天門之前，也懸掛紅牌詳載官員人等奏陳事項時，若有說謊、言語不一、支吾不清者，皆屬欺君之罪，予以處斬〔註143〕。萬曆八年（1580）工部爲造紙鋪墊銀兩等相關事務，移文院司刻榜曉諭通知〔註144〕。可見以木牌製作的官方告示，也常懸掛於官署附近。

　　懸掛於官府衙門旁的木牌，其作用大致類似信牌或憑證，凡有狀告衙門官吏，或陳訴利弊得失者，皆可執牌進入官府告訴〔註145〕。北新鈔關主事堵胤錫（1601～1649），曾於在鈔關衙門之外懸掛木牌六面，凡有條陳建議或檢舉不法者，皆可執木牌入內陳告：

　　　　凡有告包頭、白役金剛、太保詐害商民者，執此牌進，實賞誣坐。

　　　　凡有能舉本部過誤，裨益榷政者，執此牌進，實重賞，誣不究。

　　　　凡有告各關務吏書、差攔匿商者，執此牌進，實賞誣坐。

　　　　凡有告刁書豪吏作弊漏網，嚼商蠹課者，執此牌進，實賞誣坐。

　　　　凡有告過犯吏役，混名更入，玷污衙門者，執此牌進，實賞誣坐。

　　　　凡有能條陳本關利弊，裨益商民者，執此牌進，實重賞。〔註146〕

這些懸掛的木牌告示類似信牌，凡有進言則可執牌進入，而六條告諭之中，除陳請興利除弊等建議事項者雖有缺誤，仍給予重賞之外，其餘的告官檢舉不法者，若審問屬實者予以重賞，污衊不實者將加以重罰，主要是預防藉由條陳建言而造成妄訴、濫訴之弊。

　　成化二十三年（1487）七月，爲嚴禁官府衙門因差役冗濫，所造成侵擾劫掠等弊端，朝廷遂敕諭兵部備榜天下，凡官府點選皂隸需本人親自到府，開定年貌，以免雇人代替，並由官府給與木牌，開列原籍地址、年貌、某官府衙役，以便常川懸帶於身上，若無攜帶則屬假冒，以杜絕冒濫之弊端〔註147〕。

<hr>

〔註141〕《明太祖實錄》，卷一七八，頁1上，洪武十九年五月丙辰條。

〔註142〕《洪武永樂榜文》，〈爲定奪糧鹽事〉，頁521。

〔註143〕《大明會典》，卷一四三〈兵部二十六・守衛〉，頁5下～6上。

〔註144〕《江西省大志》，卷八〈楮書〉，頁8上。

〔註145〕《治譜》，卷二〈初選門〉，頁10上。

〔註146〕明・堵胤錫，《榷政紀略》，《北京圖書館古籍珍本叢刊》四十七冊（北京：書目文獻出版社，1988年2月，據明崇禎刻本景印），卷一〈申禁令・門首抱牌六面〉，頁6上～下。

〔註147〕明・不著撰人，《皇明成化二十三年條例》，《中國珍稀法律典籍集成》乙編第

呂坤（1536～1618）也善於使用木牌告示，作爲傳達政令之方法，其在巡撫山西之時，即規定所屬州縣製作豎牌十面，長二尺寬八寸，上書寫「不孝」、「不義」、「做賊」、「奸民」、「無恥」、「詐僞」、「賭博」等字樣，凡鄉里之民有違反上述事項，即將木牌大字釘於犯門之左，居民不許與其往來，待其悔悟之後，鄉里聯名具結，保證不會再犯，方許除去木牌。〔註148〕

皇城附近設有紅舖，每日留守衛指揮使五員，以便督理內外夜巡軍〔註149〕，而紅舖原爲巡視官軍所專設，供其歇息住宿、遮風避雨之用，後爲京師居民所侵佔，甚至出租頂售，崇禎元年（1628）朝廷爲此特加清查，並規定凡屬某衛、某官所管轄，載明揭寫明白，然後刊釘於舖房門首，使官軍有暫時休息之所〔註150〕。所以木牌之上書寫條約規定，即具有告示的功能。

提學官爲監督管理一省學政，其職責在於督責提調官與教官之職守，同時並考核生員歲考、科考等事務〔註151〕。嘉靖十年（1531）十二月，根據夏言（1482～1548）奏稱當時提學官多以私意創立條約，甚至刊刻成書令士子背誦，造成士子爲閱讀額外書籍而浪費時日；而學校命題又隨意截取經文，問題過於瑣碎，致使士子鑽研末枝細節，而忽略經書大義，這種以私意創立條約或刊刻書籍等情形，雖是基於提振學風之善意，卻反而造成人才不振的弊端之一。爲提振人才之培育，夏言奏請學政仍以臥碑、聖諭爲要，並以木榜刊刻懸掛於明倫堂之上：

> 合無令天下提學官自今□爲始，將見奉勅諭欽發各該學較〔校〕刊
> 刻木榜，於明倫堂懸掛，使生徒永爲遵守。再不須更以己意別立教
> 條，言人人殊，無所歸一。〔註152〕

這種懸掛於明倫堂上的學約禁例，即以木榜所刊刻而成。

告示木牌除了豎立於官方機構外，有時也設置於關津、軍營轅門等處。林烴（1540～1616）在查禁私鹽販賣時，採納屯鹽道副汪使之建議，以嚴行

二冊（北京：科學出版社，1994年8月第一版），〈皂隸懸帶木牌開寫年貌不許市民包攬〉，頁104。

〔註148〕《呂公實政錄》，卷五〈鄉甲事宜·會規〉，頁10上～下。
〔註149〕《明史》，卷八十九〈兵志一〉，頁2188。
〔註150〕《瞿式耜集》，卷一〈嚴巡視疏〉，頁31。
〔註151〕《明代的衛學教育》，頁180～185。
〔註152〕明·夏言，《夏桂洲先生文集》，《四庫全書存目叢書》集部七十五冊（臺南：華嚴文化事業有限公司，1997年6月初版，據北京大學圖書館藏明崇禎十一年吳一璘刻本景印），卷十二〈議請申明學政疏〉，頁32下。

緝捕的方式查緝私鹽，並「遵刊木牌發給各關津豎立曉諭，并刻號票發抑芋原驛，查驗填報去後。」〔註153〕爲遏阻賄賂包苴之貪污風氣，甚至設置紅牌大書於鈔關之前，凡有往來商民贈送書儀、節儀及各項賄賂者，官府立即拏問追究〔註154〕，其以「紅牌大書」的形式懸掛，更具有醒目之功效。此外，另有懸掛於軍營轅門附近，嚴禁地方仕紳、生員假借拜帖投刺，擅自進入軍事重地，不僅干涉政令運作，更有洩露軍事機密之虞。〔註155〕

告示木牌的使用，除以懸掛曉諭通知政令之外，部分具有類似信牌之功能，用以懸掛於官方衙門或民戶、交通要道等處，其功能大致與紙張告示相同，雖然有重複拿取、懸掛的好處，但就製作程序與使用情形而言，仍不及紙張的方便與普及。

四、鐫　鐵

朱元璋對於從龍功臣，則賜以鐵榜、鐵券，以彰顯其征伐的功績，並給予世襲的特權，使功臣之後，能世代相踵，彰顯功績，其中最高的恩典，即是賜予免死鐵券。鐵券，或稱爲「丹書鐵券」、「鐵契」，是帝王賜予有功大臣，世代享有犯罪免死等特權的憑證，自漢代以降，歷朝君王莫不以頒賜鐵券作爲賞賜臣下的最高榮耀。

明太祖以天下既定，論功行賞，凡開國功臣皆封公侯皆賜給鐵券，貸以不死之恩。關於明初鐵券形制的由來，是洪武三年（1370）十一月明太祖欲大封功臣之時，聽聞台州人錢氏家藏有吳越王錢鏐所賜鐵券，遂仿照其式樣改制：

> 鐵券高廣有差等，凡七等：公二等、侯三等、伯二等，其制如瓦，外刻歷履恩數之詳以計其功，中鐫免罪減錄之數以防其過。每副剖而爲二，分爲左右，左頒諸功臣，右藏內府，有故則合之以取信。
> 〔註156〕

洪武二十六年（1393）又定公侯伯襲封鐵券，交付寶源局依式打造〔註157〕。鐵券的形式，是依照爵位高下而分爲七等，且剖分爲二，分別藏於功臣、內

〔註153〕《福建運司志》，卷十四上〈規畫志・條議西路〉，頁55下。
〔註154〕《権政紀略》，〈奏疏〉，頁4下。
〔註155〕《撫吳檄略》，卷一〈嚴禁約束告示・督撫軍門示〉，頁44上～下。
〔註156〕《花當閣叢談》，卷一〈鐵券〉，頁6下～7上。
〔註157〕《大明會典》，卷二〇一〈工部二十一・織造・誥勅〉，頁13上。

府，必要時需合驗其眞僞。

表 3-3：明代鐵券式樣規格表

爵　位	規　　　　　格
公	一等：高 1 尺，闊 1.65 尺 二等：高 0.9 尺，闊 1.6 尺
侯	一等：高 0.9 尺，闊 1.55 尺 二等：高 0.85 尺，闊 1.5 尺 三等：高 0.8 尺，闊 1.45 尺
伯	一等：高 0.75 尺，闊 1.35 尺 二等：高 0.75 尺，闊 1.25 尺

　　鐵券之目的原本是要彰顯功臣的功績，所給予的尊榮特權，但卻又擔心功臣動輒依恃特權而違法亂紀，因此當功臣犯有過錯時，則會在鐵券上鑴刻罪名，以爲警惕。明初永昌侯藍玉（？～1393）以征北功績行賞，原本欲擬進封爲梁國公，但卻被人告發私藏元主妃子，明太祖得知之後大怒，並中止進封爵位一事，直到洪武二十一年（1388）復思念其功，才改封爲涼國公，仍將其過失鑴於鐵券之上〔註158〕。表面上明太祖似乎寬宥藍玉所犯下的過失，君臣之間前嫌盡釋，但事實上明太祖心中仍有所忌憚，又以藍玉恃功不悛，最後仍舊大興藍玉之獄，所謂的鐵券免死之權，亦敵不過皇權的反目無情。

　　明代對待功臣是採取恩威並濟之手段，雖頒賜鐵券作爲免死除罪之特權，同時卻也頒訂鐵榜，作爲申誡警惕之用。洪武五年（1372）六月，頒訂鐵榜申誡公侯，內載申明律令九條，公侯功臣有犯必訓飭再三，仍無悔改者然後置之於法，凡初犯、再犯免其罪附過，三犯准免死一次，作爲「保全功臣」之意〔註159〕。永樂五年（1407）十二月，重申太祖功臣鐵榜，復諭功臣無得驕縱過度，以致觸犯刑憲，方得善保其身〔註160〕。天順三年（1459）八月，因定遠侯石彪圖謀鎮守，私令跟隨指揮等官奏詞投進被劾，遂有近侍官透露消息予石彪知悉，遂重申給事中、御史、錦衣衛指揮等近侍官員，不許私

〔註158〕《明朝小史》，卷三〈洪武紀〉，頁 52 下～53 上。
〔註159〕《明太祖實錄》，卷七十四，頁 12 上～13 下，洪武五年六月乙巳條。
〔註160〕《明太宗實錄》，卷七十四，頁 1 下～2 上，永樂五年十二月甲午條。

謁文武大臣之家，違者治以重罪，若有阿附勢要、漏泄事情者，輕則發戍邊衛，重則處死，非出征時不得其餘違犯事項，皆依照鐵榜事例處治〔註161〕。綜觀有明一代，功臣既憑藉權勢，復有鐵券護身，除明初時期刻意殘忍誅殺之外，大體皆屬於本身荒殆縱欲，以致於自取禍亂。〔註162〕

　　除了鐵券之外，明代也以豎立鐵牌、鐵碑的方式，禁約官員與近侍人等。明太祖懲前代之失，所置宦官不及百人，至洪武末年頒定祖訓，制訂宦官機構爲十二監及各司局，皆不得兼外臣文武職銜，嘗鐫鐵碑高三尺置於宮門之內，上刻「內臣不得干預政事」八字，並敕令諸司官員，不得與宦官有文移往來〔註163〕，即是以鐵牌作爲傳布禁令的方式。相較於石碑，以鐵爲告示材質更能顯示出堅貞、不移的意涵，因此作爲賞賜功臣的鐵券，同樣具有尊榮元勳功臣之意義。無論是鐵券、鐵牌或鐵碑，皆具有傳遞命令與禁約、誡諭等功能，不過以鐵作爲材質的告示型態，在明代的榜文告示制度是較爲少見。

〔註161〕《明英宗實錄》，卷三〇六，頁2上～3上，天順三年八月己未條。

〔註162〕《明史》，卷一〇五〈功臣世表一〉，頁2999。

〔註163〕《明史紀事本末》，卷二十九〈王振用事〉，頁314。此外根據《明史》的記載，則是於洪武十七年鑄鐵牌，文曰「內臣不得干預政事，犯者斬。」並非《明史紀事本末》所記載的八字，而後文所增加的「犯者斬」，更能顯示出明太祖當時執行禁令的態度與決心。參見:《明史》，卷七十四〈職官志·宦官〉，頁1826。

第四章　告示榜文的刊布場所

　　根據告示榜文的性質不同，所張掛的地方各有差異，大致可分爲行政機構、地方鄉村、商業場所、交通要道等四大區域。行政機構包含皇城、官署、學校、軍事設施等官方機構；地方鄉村即以寺廟道觀、民家、山區爲主；商業場所即有市鎮、倉場、鈔關等地區；交通要道則有關隘、驛遞、港口等水陸要衝爲主。各類型的刊布地點，同時也反映出行政命令的差異性，如市鎮、鈔關偏重於商稅的課徵，衛所營堡多爲傳遞軍令之所，山區則爲入山之禁令，其餘各地區所發佈的政令禁約，則涵蓋各項行政命令。

　　從以上各類型的告示榜文刊布地區來看，皇城是屬於較爲特殊的場域，以其爲全國政治中心之樞紐，所昭示的對象側重京官、部閣官員、宗室爲主，告示內容則主要來自於皇帝聖諭、聖旨。除皇城之外，其餘各處刊布告示榜文的地點，率皆以各地政治中心爲主，然後向鄉村、商業地區、交通要道等處擴散延伸，進而從各地點相互連結，形成傳遞訊息的網絡。

第一節　官方行政機構

一、京師皇城

　　京師爲全國至重之地，防衛甚嚴密，皇城警衛則委由侍衛親軍所擔任之外，治安的管轄主要是由五城兵馬司及巡城御史所負責，而另有錦衣校尉授命行使偵伺、緝捕之責。各軍衛於皇城巡警時皆佩有銅符，上刻有東、西、南、北四字，併所巡視城門之名，每個銅符皆分爲兩半，巡城者持左半，守

門者持右半，核驗時則將兩者合併，以辨眞僞〔註1〕。凡參朝文武百官均需懸帶牙牌，由守門指揮、千戶等官依次查驗，方得出入皇城，而官員不得相互轉借牙牌，若無牙牌者依律究治，守門官員需每日輪值，軍士則每三日一換〔註2〕。凡內使、內官出入皇城亦需以號牌爲證，並於搜身檢查後，方許放出，若有不服搜檢或私自挾帶兵器進入皇城者，杖責之後充軍。〔註3〕

　　對於皇城守衛除律法的相關規定外，亦經由榜文條例加強關防查驗。洪武二十七年（1394）規定，凡守衛皆需親自當值並詳細巡視關防，不得隨意頂替，若有受贖賣放、私自縱放等弊端，皆處以重罪，另以聖旨頒佈榜例十七款則例，使軍衛將士確實遵守〔註4〕。正德十六年（1521）七月，兵部以皇城爲天下根本之地，明初雖頒佈禁約嚴防門禁，然而近來多視爲虛文，因此奏請懸掛榜文，再次重申舊例，嚴飭守衛官軍稽核出入，以便防微杜漸〔註5〕。若是京師發生賊盜或重大事故，京城防備更爲嚴密，爲突顯皇城守衛之重要，甚至頒佈聖旨榜文嚴密加強警備工作。如萬曆妖書案之後，朝臣皆奏請嚴加注意在京的遊方僧道、山人等，因此詔令查緝京師可疑人物；同時也敕諭南京地區加強巡視，並由南京都察院轉下五城兵馬司張貼告示嚴行巡察。〔註6〕

　　皇城各處也是張貼告示之所在，而內容來源則是以皇帝聖諭、聖旨爲主，以便勸誡宗室與朝臣遵守。洪武六年（1373）五月《祖訓錄》編纂完成，明太祖遂「立爲定法，大書揭于西廡，朝夕觀覽以求至當」，此間長達六年。至洪武二十八年（1395）閏九月，將宗室所賜祿米重新議定，又重定《祖訓錄》並更名爲《皇明祖訓》，「命大書揭于右順門內西南廊下，朝夕諦覽」，然後遣使召諸王至京師，告諭且賜以《皇明祖訓》，以期能恪遵書中之規範〔註7〕。《祖訓錄》之所揭示於皇城右順門內，正是說明書中內容的規範對象

〔註1〕《明史》，卷八十九〈兵志一〉，頁2187。

〔註2〕《大明會典》，卷四十四〈禮部二·入朝門禁〉，頁39上。

〔註3〕《明代律例彙編》，卷十三〈兵律一·宮衛·關防內使出入〉，頁620。

〔註4〕《大明會典》，卷一四三〈兵部二十六·守衛〉，頁1上～5下。

〔註5〕《明世宗實錄》，卷四，頁12下，正德十六年七月辛酉條。

〔註6〕《留臺奏議》，卷二十，李雲鵠〈參劾兩勳裔疏〉，頁55上～下。受到當時查緝挐妖書之舉，朝廷遂有奉旨驅逐山人之命令，李雲鵠即授命奉旨至南京都察院案驗，並發佈告示於京師各城門，嚴行稽查複雜份子。

〔註7〕《明太祖實錄》，卷三十四，頁2下～3上，洪武六年五月壬寅朔條；卷二四二，頁2上～下，洪武二十八年閏九月庚寅條。

主要為宗室藩王及其屬官〔註8〕，這些告示內容以皇城為發佈範圍，欲使官員無論是朝覲、上朝經過皇城宮門時，能藉由《祖訓錄》之昭示而時刻謹記於心。

正統三年（1438）五月朝廷為整頓吏治，特詔令吏、兵部將文武方面官職姓名揭於文華殿之東西壁，以作為考核臧否的依據〔註9〕。明世宗（1522～1566）即位之初，因為以興獻王長子的外藩身份入繼帝位，曾引起朝臣針對「繼統」或「繼嗣」的問題，分別為以楊廷和為首的「考獻派」與以張璁為首的「議禮派」，兩大陣營相互激辯，爭論長達十數年之久〔註10〕，就禮教的論爭而言，則是爭辯「親親尊尊」的禮制定位問題〔註11〕。嘉靖七年（1528）六月大禮議既定，世宗遂開始定議諸臣之罪，將楊廷和為首的朝臣，冠以「悖太祖遺訓、奪父子人倫」之罪名，分別懲以革職為民、致仕等處置，除諭令都察院刊布天下，使全國官員引以為誡，另外更敕命禮部「大書一道，揭于承天門之外，俾在位者咸自警省」〔註12〕，皇城承天門遂成為昭示有罪諸臣之處，並告誡其餘官員自警反省。因此，無論是規範宗室或告誡朝臣，皇城各殿、門都成為朝廷曉諭官員的主要榜示地點。

明代凡皇帝登基、官員考滿、經筵初開等，皆會給賜大臣銀鈔、綵幣，另遇元旦、元宵、冬至等節令、同樣賞賜文武官員，邊將有功者亦論功行賞。對於在京文武官員的賞賜，也透過榜文的張掛曉諭，以彰顯皇恩浩蕩，《大明會典》載：「凡賞賜京衛軍士多衣布花，例出榜文，本科掌科官同給事中一員，捧榜面奏，赴長安右門守衛官，領出張掛。其多衣布花，本科與各科

〔註8〕　《祖訓錄》的編纂始於洪武二年（1369）四月，書成於洪武六年（1373）五月，其間又有洪武九年更定本、洪武十四年更定本（即《皇明祖訓錄》）、洪武二十八九年更定本（即《皇明祖訓》），書中皆有關藩王及其屬官等規定。詳見：黃彰健，〈論皇明祖訓錄頒行年代并論明代初封建諸王制度〉，《中研院史語所集刊》三十二本，1961年7月；許振興，〈論明太祖的家法──《皇明祖訓》〉，《明清史集刊》，卷三，1997年；蕭慧媛，《明代的祖制爭議》（臺北：中國文化大學史學研究所碩士論文，1999年6月），頁7～33。

〔註9〕　《明英宗實錄》，卷四十二，頁1下～2上，正統三年五月庚寅條。

〔註10〕　朱鴻，《「大禮」議與嘉靖初期的政治》（臺北：臺灣師範大學歷史研究所碩士論文，1978年4月），頁21～78。Carney T. Fisher, *The Chosen One: Succession and Adoption in the Court of Ming Shizong*, Sydney: Allen & Unwin, 1990.

〔註11〕　張壽安，《十八世紀禮學考證的思想活力：禮教論爭與禮秩重省》（臺北：中央研究院近代史研究所，2001年12月初版），頁215～227。

〔註12〕　《明世宗實錄》，卷八十九，頁4上，嘉靖七年六月癸卯條。

官，每年輪差一員，會同給散。」〔註13〕明代官員在朝會、祭祀等典禮時，需準時到場與會行禮，特別是京官更應該確切遵守，若無法出席則應請其他官員代理，若無故朝參者需加以處罰〔註14〕。朝廷則設置「門籍制度」，用以查點參加朝會之官員人數，對於失朝的官員，則分別處以罰俸、罰跪、戴枷等相關處分，以維持朝廷禮儀與工作倫理〔註15〕。對於官員在節日典禮，或朝參觀見等相關規定，有時則會將禁令申明，並直接揭榜於朝門長安門左、右門附近，以規範官員確實遵守。〔註16〕

京師既為全國政治樞紐，因此外地人口大量聚集，如京師大明門的御道不僅為官員上朝觀見之必經要道，而吏部、戶部、禮部、兵部、工部、五軍都督府等機關衙門與會同館的南館，皆集中在大明門的兩側，於是商販雲集，百貨羅列，甚為熱鬧。由於人潮過度聚集，對京師街道的整潔造成影響，嘉靖二十四年（1548）禮科曾對此種情形上奏：「大明門朝廷正門，今官員人等乘馬，半闕始下；御道，郊天往來之地，堆塞污穢，實褻天之一端。合無榜示，嚴禁弭災。」〔註17〕基於維護京師街道之整潔，禮科給事中藉由天災異變的理由，奏請出榜整頓街道。事實上，工部原負有清理京師街道之責任〔註18〕，但在確實執行上卻遭遇到頗多困難，因此多流於虛應故事而已，由於外來人口大量聚集京師，造成人口過度擁擠，溝渠也堆積雜垢之物，萬曆四十年（1612），工部為此還一度大規模清理京師街道，並且以出示榜文的形式告知京師居民：

> 壬子（萬曆四十年）之初夏，有一工曹郎，管街道廳，毅然任其事，
> 特疏請旨，既得之，大書聖諭，揭之牌上，導以前行。凡房舍稍侵街

〔註13〕《大明會典》，卷二一三〈六科·戶科〉，頁13上～下。
〔註14〕《明代律例彙編》，卷二〈吏律一·職制·無故不朝參公座〉，頁431。
〔註15〕邱仲麟，〈點名與簽到——明代京官朝參、公座文化的探索〉，《新史學》九卷二期，1998年6月，頁1～15。
〔註16〕《明憲宗實錄》，卷一八一，頁11下～12下，成化十四年八月癸丑條。
〔註17〕明·葉權，《賢博編》（北京：中華書局，1987年8月第一版），頁33～34。
〔註18〕《嘉靖·重修問刑條例》，〈工律·侵佔街道〉，頁507：「京師內外街道，若有作踐，掘成坑坎，淤塞溝渠蓋房侵佔，或傍城使車，撒放牲口，損壞城腳，及大明門前御道棋盤，並護門柵欄，正陽門外，御橋南北，本門月城、將軍樓、觀音堂、關王廟等處作踐損壞者，俱問罪，枷號一箇月發落。」在有關明律侵佔街道的條文中，僅著重於京師街道的維護與安全，並不涉及其他城市，因此不具有全國普遍性的規定，而整潔京師街道的目的，大抵是出自維護皇權威儀，與環境整潔似無必然的關係。

巷者，悉行拆毀，怨聲滿耳。有一給事馬過，拆房者擲磚，誤中其
顱，不勝忿，遂相奏訐工部，上疏詬之，至云「公道世間惟瓦礫，黃
門頭上不曾饒」。此給故能作異同者，遂有人贊歎工郎以爲風力。工
郎益喜自奮，屢行建白，暢論時事，頓被正人之目矣。〔註19〕

將皇帝所賜的「聖諭」書寫於告示之上，然後導以前行，這是明代告示榜文
較爲少見的形式，其目的在於告諭執行政務的正當性與權威性，且較不易引
起質疑或紛爭。若就此次清理街道的情況來看，凡是侵佔街巷的屋舍建築，
皆悉行拆毀，因此不免招致居民的不滿，此時若無將聖諭明白昭示，恐怕難
以貫徹執行。不過，對於京師街道的壅塞，雖然造成污穢，但有部分士人認
爲人潮聚集之地，即是商品交易最繁忙之處，由此更可視爲國家富裕安康的
象徵。〔註20〕

　　京師爲全國政治中心之樞紐，其告示榜文無論是刊布皇城右順門、承天
門或大明門，既以皇城爲發佈範圍，反映出所代表的特殊地域性質，主要是
因爲這些官員上朝與覲見的必經之道，所以告示對象側重是以京官、部閣官
員、宗室爲主，告示內容則主要來自於皇帝聖諭、聖旨。從清理京師街道所
發佈的聖諭告示來看，這種有別於一般官府行政命令的來源，說明了處於天
子腳下京師地區的特殊性，隸屬屬於皇帝直接管轄，因此絕對權威的聖旨，
成爲京師地區常見的命令發佈來源。

二、官署衙門

　　以各級官署衙門爲刊布地點的告示榜文，由內而外大致可分爲衙門廳
堂、大門、榜房、申明亭等處，官府政令的曉諭對象涵蓋公、私領域：衙門
以外的正堂、申明亭，乃至於府州縣城各處，皆屬於公共領域，告諭對象涵
蓋行政區所管轄的一切官吏軍民人等；而愈接近衙門以內的後廳、內衙，愈
屬於官員私有領域空間，因此告示的榜諭對象則爲官員本身、親友以及近侍
僕役。

（一）衙門廳堂與大門

　　從中央到地方各級官署衙門，皆是政治、經濟中心之所在，同時也是告

〔註19〕 《萬曆野獲編》，卷十九〈工部・兩京街道〉，頁487。
〔註20〕 《長安客話》，卷一〈皇都雜記・棋盤街〉，頁11。蔣一葵認爲：「大明門前棋
　　　　盤天街，乃向離之象也。府部對列街之左右，天下士民工賈各以牒至，雲集
　　　　於斯，肩摩轂擊，竟日喧囂，此亦見國門豐豫之景。」

示榜文張掛之處。中央官署衙門可分為部、院等機構，如吏部掌理人事陞黜、戶部掌理全國經濟事務、禮部掌理各項禮儀祭祀、兵部掌理全國軍政事務、刑部掌理刑名事務、工部掌理建築營繕事務、都察院掌理官吏風紀考核事務等，大致皆依照所屬事類不同，告示內容各有所異；地方官署衙門，府級以上則以都指揮司掌軍政、布政司三司分掌民政、按察司掌司法，總歸三司分理，府級以下則由掌印官統轄所屬地方事務。

兵部掌管全國軍事事務，凡武舉錄取者進呈御覽之後，則張榜於兵部衙署門外。正德三年（1508）正月兵部議陳武舉條例，凡精通武藝堪應武舉者，具報所在官司軍衛呈送都司，並委由撫按會同三司考試，合格者俱送兵部，於京營將臺前校閱十五日。分文武二試，文試先試策二道、論一道，然後彌封謄錄；武試則測驗弓馬。若精通義理、弓馬俱優者，列為上等；策論頗優而弓馬稍次者，列為中等；策論雖優而弓馬不及，或弓馬優而策論不通，俱黜之。凡武舉中式者，錄其姓名進呈皇帝御覽之外，並同時張榜於兵部門外〔註21〕。而事關外交、朝貢等相關事務，則委由禮部出示榜文告示，再行翻謄發往會同館等機構，張掛曉諭遵守。〔註22〕

榜文若是張掛於官署衙門正廳者，主要偏重於告誡官吏之用。明初即將太祖聖諭，揭示於五府六部等衙門官署，以便永為遵守〔註23〕。《諸司職掌》亦規定，凡官府衙門需照依敕諭事理，以紅油木牌刊寫青字，常川懸掛於本衙門公廳上〔註24〕。洪武二十九年（1396）七月奏准京衛官軍亡故後，對其家屬支給月糧、鹽米等事，即規定將戶部所頒行之條例，置立板榜於本衙門正廳，以便常川張掛〔註25〕。萬曆三十三年（1605）八月，江西巡按徐元正鑑於學校提學官考較鬆散，且地方生員、儒生動輒以考較不公，爭訟於官府，遂奏請朝廷頒發禁約揭于藩臬堂上〔註26〕。崇禎十年（1637）十一月，福建提刑按察司徐世蔭，將奉旨緝獲邪教之禁令內容，張掛於衙門雙門之前

〔註21〕《明武宗實錄》，卷三十四，頁4上～4下，正德三年春正月庚申條。
〔註22〕參見《皇明條法事類纂》，卷二十〈戶部類·把持牙行·禁約交通夷人〉，頁898。
〔註23〕《明太祖實錄》，卷二三九，頁2上～3上，洪武二十八年六月己丑條。
〔註24〕明·不著撰人，《諸司職掌》，《玄覽堂叢書》初輯（臺北：國立中央圖書館，1981年8月臺初版，據明刊本景印），卷一〈吏部·考功部·諸司職掌〉，頁79上。
〔註25〕《洪武永樂榜文》，〈為定奪糧鹽事〉，頁521。
〔註26〕《明神宗實錄》，卷四一二，頁3下～4上，萬曆三十三年八月癸卯朔條。

〔註 27〕。可見這些官府告示，主要是張貼或懸掛於衙門正廳附近，以及大門（儀門）之上，方便於官民觀看。

此外，官署廳堂所張掛之告示，也具有警惕官員自身之作用，其功能類似於「座右銘」。薛應旂（1500～？）在掌理延綏兵政時，特重刑獄審訊之慎重，並嚴令所屬地方官員，不得擅自動用酷刑，在行延安府公移中，更申令將明律有關慎刑等條文，抄寫黏貼於正堂，以便時時警惕：

> 尋常詞訟亦要詳審，所犯輕重，原情定罪，早為發落，催徵錢糧，
> 酌量緩急定限，比併不得一概恣行酷暴，仍行各屬官員，將律內
> 故禁、故勘、淹禁、凌虐等項斷獄條例，各寫一道黏置座右，常自
> 警省。如再故違，或查訪得出，或被人告發，定遵照条問，絕不輕
> 貸。〔註 28〕

因此官員在審理獄案時，需於期限之內定讞明白，以免有淹禁罪囚之疏失，且不得使用五刑以外的酷刑，而將各項斷獄條例，抄寫黏貼於正堂座位之右，即是要時常警惕理刑官員，以期禁絕濫施酷刑之情形。此外，在浙江處州府分守道宅門外，豎立由萬曆二十五年（1597）右參政馮時可所立的禁約條款刻石十四條，用於戒諭官吏人等〔註 29〕。兵備督學林汝翥在治理瓊州府之時，將治理之經驗與心得，撰寫成〈治瓊五戒〉，並勒石於廳堂之左側〔註 30〕。可見這種類似「座右銘」的告示，具有戒慎警惕作用，也常張貼或放置於官署廳堂附近。

張掛於公署衙門旁之告示榜文，除訓誡規範官員外，有時則用以告知所屬百姓，特別是關於賦稅、商稅等地方政務之推行，以及相關禁令訊息。如萬曆七年（1579）江西新建縣為擴大城池，官府議決撤去部分舖店及外牆，若土地屬於民家私有者，則由官府撥款補助，仍「豎榜于三門，永禁勢豪，不許再佃」〔註 31〕，以免日後百姓希圖蒙混，再次侵奪官府用地。有關商稅

〔註 27〕明‧徐昌治編，《明朝破邪集》（臺北：漢學研究中心影照明楊宏刻本），卷二〈提刑按察司告示〉，頁 36 上～37 上。

〔註 28〕《方山薛先生全集》，卷五十〈公移四‧行延安府慎刑獄案〉，頁 2 上。

〔註 29〕清‧曹掄彬等修，《雍正‧處州府志》，《中國方志叢書‧華中地方》（六○四）（臺北：成文出版社，1989 年 3 月臺一版，據清雍正十一年刊本景印），卷二〈建置志〉，頁 7 上～下。

〔註 30〕《民國‧瓊山縣志》，卷十六〈治瓊五戒〉，頁 22 下～23 下。

〔註 31〕清‧楊周憲修，《康熙‧新建縣志》，《中國方志叢書‧華中地方》（八八四）（臺北：成文出版社，1989 年 3 月臺一版，據清康熙十九年刊本景印），卷六〈城

的課徵，各項物件規定頗爲繁碎，明代有些官府則將「物件析榜於官署，按而征之，惟農具、書籍及他不鬻於市者勿算，應征而藏匿者沒其半。」〔註32〕維揚鈔關則將有關禁約私茶等事項條例，張貼告示於鈔關衙門門首〔註33〕。甚至於官署旁刊布稅糧數量與定規，使「官有征額而無侵漁之端，民知恒數而無逋負之責，雖五尺之童，窮谷之中，不可得而欺也。」〔註34〕皆有廣泛告知政令訊息，以昭示公正之意。

　　這種將推行地方事務的政令禁約，張掛於官署衙門附近，用以告諭地方百姓的方式，即是承襲歷代舊制「懸法象魏」之遺意。《寧志餘聞》即記載：明初之制，凡鄉里之中有爭訟者，需先就地方耆老決斷，若有不服者然後訴諸於縣。此後若先不由地方耆鄉老聽決，輒赴有司者罪之，故榜縣門曰：「越訴者笞五十，誣告加一等。」〔註35〕江西廣信府儀門「外門之兩翼爲榜廊，猶象魏也。」〔註36〕顧炎武也認爲「今代縣門之前，多有牓曰，誣告加三等，越訴苔〔笞〕五十。此先朝之舊制，亦古者懸法象魏之遺意也。」〔註37〕所以官署衙門張掛告示榜文，皆是承襲歷代「懸法象魏」──即是將告示懸掛宮門兩旁之舊制遺意。

　　地方各級官員在領到上級機關所頒佈之原降榜文後，應隨即謄抄或刊刻，然後張掛於公署衙門旁，若不用張掛時，則需妥善收貯放置。宣德八年（1433）六月四川馬湖府平夷長官司奏，因偶以失火延及公廨，凡朝廷頒降榜文、倉庫稅糧錢帛及案牘皆救免，願獻馬二匹以乞宥罪，宣宗則以土司遠蠻尚能恭謹畏法，置之不問〔註38〕。由此可知，榜文不僅張掛於官署衙門之

　　　　池考〉，頁3上。

〔註32〕《明史》，卷八十一〈食貨志五・商稅〉，頁1974。

〔註33〕明・焦希程，《維揚關志》（臺北：漢學資料中心景照明嘉靖二十二年刊本），卷四〈鈔法第七〉，頁9下。

〔註34〕明・徐良傳，《嘉靖・撫州府志》，《中國方志叢書・華中地方》（九二五）（臺北：成文出版社，1989年3月臺一版，據明嘉靖三十三年刊本景印），卷七〈人道志〉，頁11上～下。

〔註35〕清・周廣業等修，《寧志餘聞》，《中國方志叢書・華中地方》（五九二）（臺北：成文出版社，1989年3月臺一版，據清乾隆五十四年鈔本景印），卷二〈建置志上・廨宇〉，頁7上。

〔註36〕明・張士鑣、江汝璧等纂修，《嘉靖・廣信府志》，《天一閣藏明代方志選刊續編》四十五冊（上海：上海書店，1990年12月），卷十〈職官志・公署〉，頁1下。

〔註37〕《日知錄》，卷十一〈鄉亭之職〉，頁232。

〔註38〕《明宣宗實錄》，卷一〇三，頁6下～7上，宣德八年六月乙巳條。

中，更應妥善收貯，若有毀棄破壞，則需懲處治罪。

（二）榜房與榜廊

明代各府州縣地方皆設有榜房，所謂「榜房」即作為貯放或懸掛榜文之處。明代規定各地有司需起蓋榜房，並置立板榜，以便經常張掛榜文，根據成化元年（1465）禮部尚書的奏疏內容，即詳細說明相關榜房處理與榜文收貯存放的情形：

> 山東布政濟南府武定州商河縣老人張秦建言：臣見洪武、永樂、正
> 統年間，節次頒降榜文，皆係興利除害禁約奸弊之事，著令所司起
> 蓋榜房，置立板榜，常川張掛，使各處官吏軍民人等，知所禁懼。
> 近因年遠，榜房例塌，板榜損壞，有司視為泛常，不行條理，乞勑
> 巡按監察御史及布政、察按二司官，嚴督所屬，務要重新起蓋榜房，
> 即將原降榜文，另行謄寫張掛，諭眾通知。〔註39〕

由此可知，各府州縣地方榜房所懸掛的榜文，應是六部或撫按等上級衙門所轉行的榜文原件，再由所屬各府州縣另行謄寫或翻刻，張掛於各地交通要道，以傳達相關政令。有些地方官員留心地方政務，亦致力於榜房的修護，例如嚴州府知府張永於天順八年（1464），增建榜房三十餘楹於府門外〔註40〕、遂安縣知縣劉成禮修葺榜房十八間〔註41〕。然而地方官員有時疏於榜房的修繕，致使多所損壞，因此成化元年（1465）奏准各處修蓋榜房，並將洪武、永樂、正統年間以來，歷次所頒降榜文謄寫張掛，務使百姓知曉。〔註42〕

此外，官署衙門內的「榜廊」或「版榜廊」、「板榜房」，同樣也是具有與榜房相同的傳達政令功能。「廊」是指將告示榜文張列於屋廊，或官署衙門兩側走廊，如江西鉛山縣的榜廊即於「譙樓外側兩廊張榜文」〔註43〕、廣信府

〔註39〕《明代檔冊》，《中國明朝檔案總匯》第八十七冊，〈各處理榜房及抄謄寫洪武
　　　　以來榜文張挂〉，頁147～148。
〔註40〕明·呂昌期修，《嚴州府志》，《中國方志叢書·華中地方》（五六七）（臺北：
　　　　成文出版社，1989年3月臺一版，據明萬曆四十二年原刊本清順治六年重刻
　　　　本景印），卷三〈經略志一·公署〉，頁2下。
〔註41〕明·韓晟修，《萬曆·遂安縣志》，《中國方志叢書·華中地方》（五七一）（臺
　　　　北：成文出版社，1989年3月臺一版，據明萬曆四十年鈔本景印），卷一〈營
　　　　建志·縣署〉，頁29下。
〔註42〕《大明會典》，卷二十〈戶部七·讀法〉，頁23下。
〔註43〕《嘉靖·鉛山縣志》，卷四〈公署〉，頁7上。

則是「外門之兩翼爲榜廊」〔註44〕；六安州則於儀門之左設立榜廊，右則爲癉惡亭與申明亭〔註45〕；德清縣則設有版榜廊，在儀門外東西對列〔註46〕。

從表4-1所列，江西地區各地榜房設置的情形來看，在都指揮使司、各府州縣、守禦千戶所等處，都普遍設有榜房，可見屬於軍事衙門的衛、千戶所，同樣是利用榜房來傳遞軍令，雖然地方志未載明布政司、按察司榜房設置情形，但職掌軍事之都司既設有榜房，更何況職掌民政的布政司與掌理刑名的按察司。榜房所在位置皆爲官署衙門之內，或通往正堂之廳廊左右兩側，榜房數量多在數十間不等，其中以廣信府鉛山守禦千戶所設板榜房最多，竟可達到四十間，由於榜廊位於廳廊附近，部份府縣衙門還特別分設東、西榜房。

表4-1：江西地區榜房設置情形表

所 在 地	名 稱	數 量	設 置 情 形	出 處
都指揮使司	榜 房	20	分列前門左右	《嘉靖·江西通志》卷一
袁州府	榜 亭	32	儀門左右三十二間	《嘉靖·袁州府志》卷三
袁州府宜春縣	榜 亭	3		《嘉靖·袁州府志》卷三
袁州府萍鄉縣	榜 亭	15		《嘉靖·袁州府志》卷三
袁州府萬載縣	榜 亭	13	儀門東西十三間	《嘉靖·袁州府志》卷三
贛州府	榜 亭		大門東西	《天啓·贛州府志》卷四
贛州府信豐縣	榜 亭	12	大門左右各六間	《天啓·贛州府志》卷四
贛州府興國縣	榜 亭		大門之外	《天啓·贛州府志》卷四
贛州府會昌縣	榜 亭		儀門左右	《天啓·贛州府志》卷四
贛州府安遠縣	掛榜亭	10	縣治前西側，與總舖相連	《乾隆·安遠縣志》卷二
贛州府瑞金縣			縣治儀門之右	《萬曆·瑞金縣志》卷四
廣信府	榜 亭			《嘉靖·廣信府志》卷十

〔註44〕《嘉靖·廣信府志》，卷十〈職官志·公署〉，頁1下。
〔註45〕明·李懋檜纂修，《萬曆·六安州志》，《中國方志叢書·華中地方》（六一五）（臺北：成文出版社，1989年3月臺一版，據明萬曆十年刊本景印），卷二〈營建志〉，頁5上。
〔註46〕清·侯元棐等修，《康熙·德清縣志》，《中國方志叢書·華中地方》（四九一）（臺北：成文出版社，1989年3月臺一版，據清康熙十二年鈔本景印），卷三〈宮室考·公署〉，頁3上。德清縣則設有版榜廊，位於儀門之外東西兩側，各爲屋五間，明正德末年傾圮毀棄，至嘉靖三年（1524）始由知縣方日乾所修復。

廣信府鉛山縣	榜 廊		譙樓外側兩廊	《嘉靖·鉛山縣志》卷四
廣信府鉛山守禦千戶所	板榜房	40		《嘉靖·鉛山縣志》卷四
撫州府	榜 房		外門之左右	《崇禎·撫州府志》卷六
撫州府東鄉縣	榜 亭		承流、宣化二坊街之南	《崇禎·撫州府志》卷六
撫州府臨川縣	榜 亭		儀門之外	《弘治·撫州府志》卷九
瑞州府	榜 亭		譙樓之後	《正德·瑞州府志》卷四
瑞州府高安縣	榜 亭		譙樓前左右	《正德·瑞州府志》卷四
南昌府武寧縣	東榜房 西榜房	13 11	譙樓之外	《嘉靖·武寧縣志》卷三
南昌府南城縣	榜 廊		大門外西側	《康熙·南城縣志》卷四
南康府建昌縣	榜 亭			《康熙·建昌縣志》卷二
吉安府泰和縣	榜 房	22	譙門之外，左右各十一間	《同治·泰和縣志》卷六
九江府	榜 廊		大門外西側	《嘉靖·九江府志》卷九
建昌府	榜 廊		儀門左側	《正德·建昌府志》卷六

所以各地府州縣大致都普遍設有榜房或榜廊，以為張掛榜文之用，因此榜房之設，雖與旌善亭、申明亭榜廊等名稱相異，但是申明戒諭、傳遞政令的功能則是完全相同。

（三）申明亭與旌善亭

明代地方申明亭與旌善亭的設置，皆是沿襲漢代以來舊制，以發揮彰善表惡的作用〔註47〕，為確實達到風俗教化、傳達地方政令，在各地府州縣皆設有旌善亭、申明亭、聖諭亭等〔註48〕。明太祖又因鄉里百姓不知朝廷禁令，多有不慎誤犯者，洪武五年（1372）乃命有司於各地府州縣及鄉、里等處皆立申明亭，凡境內所管百姓犯罪者，將其過失與姓名書于亭上〔註49〕，甚至還將地方上為善、為惡的人數開報〔註50〕。其目的在於將鄉里之民，「犯罪經

〔註47〕 《留青日札》，卷十八〈申明亭〉，頁9上。
〔註48〕 明·梅守德、任子龍等修，《嘉靖·靖徐州志》，《中國方志叢書·華中地方》（四三〇）（臺北：成文出版社，1989年3月臺一版，據明嘉靖間刊本景印），卷二〈人事志·官署〉，頁9上～下。「（蕭縣縣治）大門外左為旌善亭，右為申明亭，前有聖諭亭、宣化坊。」
〔註49〕 《明太祖實錄》，卷七十二，頁4下～5上，洪武五年二月丁未條。
〔註50〕 《諸司職掌》，卷七〈都察院·出巡〉，頁11上。

斷者，揭諸版榜，申明戒諭」〔註51〕，冀望透過地方輿論壓力，使百姓知所警誡。因此，申明亭的作用與榜亭相同〔註52〕，皆具有傳遞政令、示警戒諭的功能。

申明亭與旌善亭雖然具有相同的作用，但是申明亭更是著重在傳遞政令的功效。爲了強化政令宣達的廣泛，永樂三年（1415）二月巡按福建監察御史洪堪，認爲治民之法必先教化之，若教之而不從，然後方能處以刑罰。但是朝廷的法制禁令多僅止於行文至官府，鄉里百姓甚至有自幼至老而不知者，因爲官府未能宣導政令，遂常有百姓誤犯之情形。因此建議「今後凡有條例榜文，宜令有司轉行里老，於本處申明亭召集鄉民逐一告諭，庶其知所循守。」〔註53〕凡有關朝廷條例榜文，透過地方里甲、老人於申明亭召集鄉民逐一告諭，使百姓瞭解各項禁令。申明亭多位於府州縣治儀門之外，藉由召集鄉民於申明亭以告諭榜文內容，不僅得以傳達朝廷政令，又可達到團結地方與教化風俗的功能。

地方所設置之申明、旌善亭，若有損壞則需通知官府興工修理，以便能時常條列榜示，使善惡知所勸懲〔註54〕。《明律》對於損毀申明亭的處罰頗爲嚴厲，規定「凡拆毀申明亭房屋及毀板榜者，杖一百，流三千里。」〔註55〕所謂的「板榜」，即爲張貼或懸掛榜文的木板，所以破壞板榜，就視同破壞榜文，因此在罪責量刑上較爲嚴重。

明初所建立的申明亭制度，原與里甲傳誦《教民榜文》以教化地方之職責有關〔註56〕，並規定民間地方老人，持朝廷敕諭手榜，沿門挨戶向居民講讀大誥律令，務使通曉律法意義〔註57〕。至明代中晚期以降，部分地區逐漸廢除讀法、傳誦榜文的規定，有些地方甚至將申明亭里甲、老人的教化功能，

〔註51〕 明・王璽、程三省等纂修，《萬曆・南豐縣志》，《中國方志叢書・華中地方》（八二四）（臺北：成文出版社，1989年3月臺一版，據明萬曆十四年刊本景印），卷二〈規置志・縣署〉，頁5上。

〔註52〕 《崇禎・撫州府志》，卷六〈地理志〉，頁13下。江西撫州府東鄉縣於「承流、宣化二坊街之南有榜亭，蓋展布象魏以詔民云。」

〔註53〕 《明太宗實錄》，卷三十九，頁3下～4上，永樂三年春二月丁丑條。

〔註54〕 明・葉春及，《石洞集》，《文淵閣四庫全書》一二八六冊（臺北：臺灣商務印書館，1983年，據國立故宮博物院藏本景印），卷八〈公牘一・保甲不屬巡司〉，頁15上～16下。

〔註55〕 《明代律例彙編》，卷二十六〈刑律九・雜犯・拆毀申明亭〉，頁949。

〔註56〕 《大明會典》，卷二十〈戶部七・讀法〉，頁23上～下。

〔註57〕 《諸司職掌》，卷二〈戶部・民科・戶口〉，頁13上。

轉化為柔性的節慶活動性質，成為鄉里不可或缺的習俗活動。據《弘治・吳江志》記載：

> （臘月）至十一日，老者居上，少者居下，賤者居外，使稍通句讀之人，敬誦《大誥》一章或《教民榜》一遍，然後酒行無算，鼓吹喧闐。醉則狂歌野叫，撫掌捫腹，以樂太平，連飲三日而散。此風為一都、二三都見之，他都不然。〔註58〕

透過節慶歡愉的轉化，將原本傳誦《教民榜文》的嚴肅型式，以另一種較為輕鬆型態而被保存下來。透過這種勸演的方式來提倡教化，至嘉靖年間（1522～1566）的地方鄉約頗為盛行。〔註59〕

張掛榜文既是為了傳遞政令，為確保榜文的傳播功效，明代規定以監察御史與按察等官，需隨時巡視申明亭，若有破壞亭舍、塗抹榜文姓名者，則加以懲治〔註60〕。申明亭與官署衙門位於縣城之內，巡視警備嚴密，但是位於交通往來的市鎮郊外，則委由張掛榜文的人負責，並需要其切結保證，以確保榜文內容的完整性。根據《明代遼東檔案匯編》所錄，萬曆三十一年（1603）三月某處副鄉長為張貼改募土著告示所具的甘結，共有四份文書，茲抄錄於下：

> ……為撤選鋒改募土著，以資……道，在于本屯人煙湊集處所，用板粘貼，常……并不敢損壞。如有，結狀是實。
>
> 萬曆三十一年三月二十九日　　　　鄉副長張
>
> ……鄉副長趙國臣等，今于為議撤選鋒改募土著，以資實用事……風雨損壞，并不敢冒領，結狀是實。
>
> 萬曆三十一年四月　日　　　　鄉副長
>
> ……處鄉副長，今于……募土著，以資實用事。蒙此，遵將發一告示……所，用板貼常川張挂曉諭外，中間并不敢風雨……。
>
> 萬曆三十一年三月　日　　　　立結狀人徐

〔註58〕明・莫旦纂，《弘治・吳江志》（臺北：學生書局，1987年，據明弘治元年刊本影印），卷六〈風俗〉，頁20上～下。

〔註59〕酒井忠夫，《中国善書の研究》（東京都：国書刊行會，1960年），頁34～54。嘉靖年間鄉約多以呂氏鄉約與增補聖諭六言形式出現，其後聖諭六言之比重增加，並要求在鄉約舉行時做解釋，講解之訓語不僅與俗文搭配，還透過勸演的方式提倡教化。

〔註60〕《明太祖實錄》，卷一四七，頁2下～3上，洪武十五年八月乙酉條。

……登台子屯等處……議撤選鋒事，改募土著，以資實用。蒙此，
遵將發……用板粘貼常川張挂……不敢風雨損……。

萬曆三十一年四月二十二日　　　　　立結狀人尚〔註61〕

此四件告示文書，雖殘缺不全，但告示內容皆是議撤選鋒改募土著事，負責
人等需於本屯人煙湊集處所，用木板粘貼告示，並立狀切結負責，以免告示
被風雨所損壞。馮從吾（1556～1627）在清理鹽法之時，將告示稿刊布張掛
後，並要求山東運司「仍具不致風雨損壞狀結，呈報查考。」〔註62〕因此，
明代對於告示榜文皆有一套完整的制度規劃，告示內容之維護，有時需具狀
切結以示負責，以便於政令的傳遞與施行。

三、學校機關

　　學校為訓練與儲備國家人才之地，明代對於學校體制的建構頗為完善，
並於全國各地普設學校，中央是以北京、南京國子監為主軸，旁及宗學、京
衛武學、內書堂等；地方則以府、州、縣、衛所、土司等儒學為主軸，旁及
醫學、陰陽學、社學等〔註63〕。因此明代學校體系的設置甚為完善，除以文
官系統為主的儒學體制之外，對於武官子弟同樣設有武學、衛學加以培育，
確實達到育才養士、以資國用的目標。〔註64〕

　　關於學校機構的條約規範，明代主要是以臥碑與敕諭為標準。洪武十五
年（1382）八月，明太祖首先敕命禮部頒訂「學校禁例十二條」於天下，並
將所頒禁例鐫刻臥碑，至各地府州縣儒學明倫堂之左〔註65〕。此臥碑即為最
早的學校條約規範，然而此臥碑不僅是最初頒訂，同時也是最具有權威性，

〔註61〕遼寧省檔案館、遼寧省社會科學院歷史研究所匯編，《明代遼東檔案匯編》（瀋
　　　　陽：遼瀋書社，1985 年 6 月），〈□副鄉長為張貼議撤選鋒改募土著告示不受
　　　　風雨損壞所具的甘結〉，頁 122～123。
〔註62〕明·馮從吾，《馮少墟續集》，《叢書集成三編》五十冊（臺北：新文豐出版公
　　　　司，1997 年 3 月初版，據臺灣大學藏馮恭定全書本景印），卷十八〈公移·破
　　　　積弊開自新以正鹽法行山東范運同〉，頁 21 上。
〔註63〕張建仁，《明代教育管理制度研究》（臺北：文津出版社，1993 年 5 月初版），
　　　　頁 35。
〔註64〕武學與衛學皆為教育勳戚、武職官員子弟之機構，然而衛學有別於武學，衛
　　　　學制度更是根植於明代衛所制度，融合完整而高度集中的學校制度所形成，
　　　　是為有明一代的創舉，深具時代意義。詳見：蔡嘉麟，《明代的衛學教育》（宜
　　　　蘭：明史研究小組，2002 年 2 月初版）。
〔註65〕《明太祖實錄》，卷一四七，頁 2 上～下，洪武十五年八月辛巳條。

其中甚至規定凡有不遵此臥碑禁例者，以違制論處〔註66〕。自洪武禁例頒佈之後，直至天順六年（1462）仍陸續重申各處提督學校官的「敕諭十八條」。萬曆三年（1575）再次申明學校敕諭十八條。此兩次所頒降之敕諭，即統為「督學條例」。〔註67〕

除明代朝廷所鐫立臥碑與敕諭為學政施行之標準外，禮部既為掌理全國最高教育機構，屢次頒佈「學約」等相關行政命令，以輔佐學規之不足。如宣德二年（1427）行在禮部尚書胡濙、正統六年（1441）山西應州儒學學正葉綬等，皆有剴切而針砭之建議。成化二年（1466）禮部尚書姚夔（1414～1473）等更奏〈修明學政十事〉，請榜諭天下學校永為遵守。〔註68〕

提都學道的官員對於學校各類規條的頒訂甚為用心，或稱「規條」、「教條」、「學約」、「學政」等，甚至以官方告示的型式，張貼於學校明倫堂之上。這些相關學政條例，皆由朝廷轉發各地所屬官吏師生，依照所開列事項辦理，並於儒學明倫堂上張掛曉諭，以俟提學道官按臨考察〔註69〕。除發佈條約、告示規範學校師生，另外還動用官銀編纂成冊，將條約內容加以刊刻印行，以便師生能確實遵守：

> 該官吏照依後開事理，即便轉行衛所州縣并所屬儒學，大書揭示明倫堂壁，仍查處無礙官銀，刊刷成書，合該官吏師生人給一冊，以便遵守施行。〔註70〕

王宗沐（1523～1591）在提督江西學政時，對於學校學規等事務規定，開列之後「轉行州縣并所屬儒學衙門一體揭示，一面動支無礙官銀刊刻印刷，諸生各給一本，遵守施行。」〔註71〕此外，郭子章（1542～1618）在提督學政

〔註66〕　《明史》，卷六十九〈選舉志一〉，頁1686。

〔註67〕　明・鄧球，《皇明詠化類編》（臺北：國風出版社，1965年4月初版，據國立中央圖書館藏明隆慶間刊鈔補本景印），卷五十四〈學制〉，頁10上。

〔註68〕　朝廷頒訂的禁例與學約，以及地方提學官、教官學政規條之頻繁，反映出明代教育體制的普及化與制度化，關於學約頒佈的情形與教育成效，詳見：《明代的儒學教官》，第四章〈儒學教官與明代教育〉論述。

〔註69〕　明・李維楨，《大泌山房集》，《四庫全書存目叢書》集部一五三冊（臺南：莊嚴文化公司，1997年7月初版，據明萬曆三十九年刊本景印），卷一三四〈公移・陝西學政〉，頁1上～下。

〔註70〕　《方山薛先生全集》，卷四十七〈公移一・行各屬教條〉，頁2上。

〔註71〕　明・王宗沐，《敬所王先生文集》，《四庫全書存目叢書》集部一一一冊（臺南：莊嚴文化公司，1997年7月初版，據明萬曆元年劉良弼刻本景印），卷二十八〈公移・江西學政〉，頁46下。

圖 4-1：明代生員臥碑圖

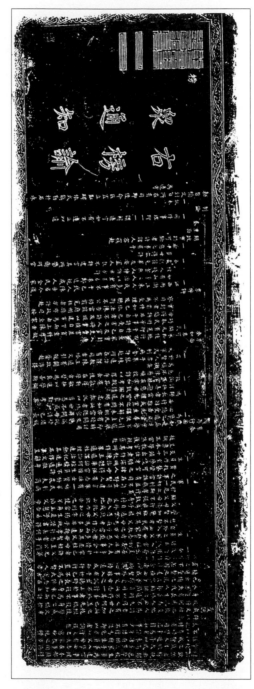

資料說明：取自《北京圖書館藏中國歷代石刻拓本匯編》，五十一冊〈禮部榜諭郡邑學校生員臥碑〉。

之時，鑑於一般學約內容的僅限於生員，往往忽略童生，因此特別將其所頒行的學約，凡事涉童生事務者，摘列出重要內容數條，另外刊布告示頒予童生知曉，使其明瞭相關學約之規定。〔註72〕

　　生員除知識學問方面的獲得外，更應該注重品行端正，以達到品學兼修之目的，因此府州縣儒學在教育生員之時，雖以洪武臥碑為圭臬，但基於為國拔擢人才的基礎上，更期望諸生能品學兼優，以待日後為朝廷所任用，切不應當包攬訴訟、禍害鄉民，玷污操守而為鄉里所不齒。如況鍾治理蘇州府的〈各儒學榜示〉所載：

> 倘有不循臥碑，致玷操守，甚至與糧里老人之無恥者，朋奸害民，
> 抗糧包訟，為鄉鄰所不齒，則律有明章，教官專司董正之責，務嚴
> 職守，鄉耆縉紳亦得其相匡正，以培風教。到該學執事人役，仰即
> 家到戶說，無得視為具文。特諭。〔註73〕

諸生除接受學校臥碑、教官等教誨之外，亦透過地方鄉耆縉紳之匡正，而官府所曉諭的學政事務，一方面張貼於各地方儒學，另一方面則委由學校內執事人役，前往各家各戶解釋說明，以確實達到告示內容的傳播。而生員既以讀書為職志，尤當專心致力，不應希圖僥倖，汲汲鑽營於官府之間，馬文升（1426～1510）則以《禮儀定式》、《教民榜》與歷年禁約條例規勸生員〔註74〕。顏俊彥更曉諭生童需「安心靜坐，聽喚覆試發案，鑽營無益，沿街投卷，更屬非體，特示」〔註75〕，以便修養其心智道德。

　　提學官既管一省學政，主掌生員升黜、歲考之權，生員自然以提學官之意見為馬首是瞻，反倒忽略經文大義的理解。不僅生員無此，即使是直接教育生員的教官，在職權輕重之區分下，其教權不免遭到提學官之侵奪〔註76〕，雖然有些提學官是基於提振學風之善意，然而過渡干涉學政卻也造成教官地位地落，進而破壞學校體制。無論是督撫、提學官以示的型態，頒訂各項

〔註72〕　明‧郭子章，《蠙衣生蜀草》，《四庫全書存目叢書》集部一五四冊（臺南：莊嚴文化公司，1997 年 7 月初版，據明萬曆十八年周應鰲刻本景印），卷九〈雜著‧學約〉，頁 14 下。

〔註73〕　《況太守治蘇集》，卷十二〈各儒學榜示〉，頁 9 下。

〔註74〕　明‧馬文升，《馬端肅奏議》，《文淵閣四庫全書》四二七冊（臺北：臺灣商務印書館，1983 年版，據國立故宮博物院藏本景印），卷十〈申明舊章以厚風化事〉，頁 4 下～5 下。

〔註75〕　《盟水齋存牘》，〈公移‧諭生童鑽營求名署府〉，頁 347。

〔註76〕　《明代的儒學教官》，頁 14～16。

學規與規條的出現，多少說明朝廷學約約束力的複雜化，即使最具權威的臥碑，其尊崇的地位更面臨的挑戰。〔註77〕

四、軍事要地

關於徵兵、訓練、軍令等各項軍事政令策的傳遞，告示發布的地點多位於都司衙門，以及衛所、營堡、墩臺等軍事設施。明代的衛所軍士缺額之時，需由餘丁替補，若無餘丁則回到原籍勾取壯丁補缺，朝廷在執行清理軍伍時，通常命監察御史、按察司、鎮守等官嚴加查察，並將所降榜文，於都司、衛所等處刊置，以便遵守〔註78〕。在銓選官軍方面，凡陞用、除授皆須「自各衛取勘，從軍腳色保結，呈送到部，仍審實來歷相同，具本引奏，選用其附選出榜，抄榜給憑」〔註79〕，並將官軍除授情形，以榜文型式張掛衛所，以昭公信。明代衛所逃軍之情形日益嚴重，為解決衛所軍額不足問題，而發展出勾補與清軍制度〔註80〕。正統十一年（1446）十一月為解決逃軍日益嚴重等問題，更出示榜文於各處衛所曉諭逃軍，許赴所在官司首告，即可減輕罪責：

> 凡有這等的（逃軍），自榜文到日為始，限他三箇月以裏，赴所在官司首告，所司量加撫恤，轉申兵部，原係邊遠衛所充軍的，改發腹裏衛所；原係腹裏衛所充軍的，改發附近衛所，窩家隣人等都不問。敢有奸頑之徒，恃恩玩法，過限不首，仍前詭寄躲住的，許諸人赴所在官司首告，及所司設法挨捕得獲，發極邊衛分終身守墩瞭。〔註81〕

〔註77〕《明史》，卷六十九〈選舉志一〉，頁1688：「明初，優禮師儒，教官擢給事、御史，諸生歲貢者易得美官，然鉗束亦甚謹。……然其後教官之黜降，生員之充發，皆廢格不行，即臥碑亦成為具文。」

〔註78〕《明宣宗實錄》，卷五十七，頁2下～3上，宣德四年八月癸未條。

〔註79〕《諸司職掌》，卷四〈兵部・司馬部・銓選〉，頁5上。

〔註80〕明代衛所軍士缺額時，需由餘丁替補，若無餘丁則回到原籍勾取壯丁補缺。關於衛所軍士的勾補之法，洪武二十二年（1389）即由兵部制定《勾軍條例》，後分別經由洪熙元年（1425）九月條例八條、宣德三年（1428）二月條例十一條、宣德四年（1429）八月條例二十二條，等三個階段奠定基礎，正統以後各朝雖然陸續有所增訂，但大體是以洪熙、宣德時期的《勾軍條例》為基礎而延伸出來。此外，朝廷亦派遣清軍御史分行各地，負責監察勾攝軍丁等相關事務。詳見：許賢瑤，〈明代的勾軍〉，《明史研究專刊》第六期，1983年。曹國慶，〈試說明代的清軍制度〉，《史學集刊》，1994年三期。

〔註81〕《訓讀吏文》，卷四〈清理軍伍事〉，頁242～243。

此處榜文內容所述，有兩項要點值得注意：(1)由於逃軍情形日益嚴重，朝廷採取恩威並濟的方式，一方面允許自首到官的逃軍，由所在有司加以撫卹，凡原屬邊遠衛所充軍者改發腹裏衛所，原屬腹裏衛所充軍者改發附近衛所，而在衛所原有工作的編派上，似略有所減輕。不過極邊衛所的逃軍，則不在此項寬限之內。(2)榜文發佈之後，在施行之前，有時具有其寬限期限，以此榜文爲例，即給予三個月的緩衝期限，逾期而未能自首者，則加重原有刑責。

告示榜文同時張貼於營堡、墩堡等處。成化十年（1474）五月，鑑於近來直隸、山東地區多有民人以妖書惑眾，圖謀不軌，特由都察院出榜申明禁例，並將榜文謄寫之後，發往京師各地及山東等處翻刻，轉送各府、州、縣、衛所，於各地鄉村、市鎮、屯堡去處張掛，曉諭軍民勿爲妖言所惑〔註82〕。巡撫都御史余子俊（1429～1489），在奉命修繕延綏等處堡塞牆垣、區畫屯田等事務。事畢之後，余子俊爲嚴飭邊境守備，請降發聖旨榜文於延綏邊境一帶營堡衛所，並諭戒有司每年四月、八月修葺垣墻、墩堡，遣派官軍時常巡察，敢有越出塞垣耕種及移徙出界者，俱以軍法處治〔註83〕。楊一清在申令禁約侵占牧馬草場等事，即「出榜發仰各草場、營堡張掛曉諭，庶幾法嚴而人知懼」〔註84〕。因此屯堡、墩堡等處同樣是張掛政令、軍令之地。此外，對於規範衛所官軍科索百姓等禁約，亦採取以告示刊布的方式，遍諭各城堡、驛遞、村集等處。〔註85〕

草場爲馬匹放牧之所在，也是草料的供給來源與囤積之處，草料多數屬於供應官方或軍事用途。明代草場的分佈，可分京衛草場、太僕寺草場、九邊草場等三大部分，其中京衛地區所屬草場，主要則分爲京營草場與二十四馬房倉兩大類。關於南京地區草場，弘治以前（1488～1505）原設有南京草場四處，後因爲侵佔而被廢置。萬曆時期（1573～1620）以來，草場面積多有增損，除錦衣等衛草場之外，京衛地區的草場則又區分爲奮武等十二營草場、五軍營草場、神樞營（三千營）草場、神機營草場。〔註86〕

〔註82〕《皇明條法事類纂》，卷三十二〈刑部類‧造妖書妖言‧申明禁約妖書妖言例〉，頁244。
〔註83〕《明憲宗實錄》，卷一三一，頁2上～下，成化十年秋七月己未條。
〔註84〕《楊一清集》，《關中奏疏》，卷二〈馬政類‧爲禁約侵占牧馬草場事〉，頁45。
〔註85〕《方山薛先生全集》，卷五十〈行各屬防秋告示〉，頁17上。
〔註86〕關於明代的草場興廢與馬政運作情形，詳見：谷光隆，《明代馬政の研究》

　　爲避免草場遭到侵佔，朝廷有時會以頒降榜文的方式嚴加禁約。如正統十年（1445）戶部右侍郎等官奏請：

　　（正統）十年，戶部右侍郎焦宏等奏：「臣同司禮監左監丞宋文毅等奉命踏勘壩上、大馬房諸處草場，多被內官內使人等侵占，私役軍士耕種，甚者起蓋寺廟，立窰冶，及借與有力之家耕種，以致草場狹窄，馬多瘦損，請正其罪。」上曰：「朝廷設馬場，令內官監之，而乃作弊如此，論法當罪，今姑寬貸，令速改過。其內官各賜地一頃，內使淨軍各賜五十畝，已蓋寺廟者勿除，餘悉還官。都察院仍給榜禁約，每歲遣給事中、御史各一員巡視，敢蹈前非者，必殺不宥。」〔註87〕

壩上、大馬房諸處草場皆位於京師地區，因此被內官、內使等侵占情形嚴重，爲避免草場面積狹窄，導致馬匹瘦損，遂由都察院出榜嚴禁。楊一清（1454～1530）在督理陝西馬政時，則將草場舊額著爲定例，出榜發往各草場、營堡張掛曉諭，以減少侵佔情形的嚴重。〔註88〕

　　在賞賜軍士方面，也透過告示榜文曉諭皇恩，張掛於衛所等處，使軍士知悉並感懷聖恩。宣宗時期規定（1426～1435），凡朝廷優恤軍士之賞賜，若有旗軍、吏胥人等趁機妄加剋減，皆依法重罪處置，並由都察院揭示榜文，嚴禁違犯〔註89〕。大同兵變之時，總制宣大軍務侍郎胡瓚，受命平定軍亂，即奏請賞賜從征軍士布匹、羊皮短襖等衣物以禦天寒，並請刊刷榜文預發宣府、大同地方，隨處懸掛，以便曉諭軍民〔註90〕。此告示發佈之目的，一方面說明朝廷賞賜之恩，體恤從征將士之辛勞，藉以激勵士氣；另一方面昭示大軍此行的目的，主要是專捕首惡之徒，其餘脅從者悉予赦宥，以安定眾心，同時若能擒拿首惡到官者皆有賞賜。

　　營堡、墩堡作爲防禦工事的軍事用途，同樣也是駐紮軍士之處，而草場則爲馬匹放牧之所在，這些地方皆屬於軍事性質的場所，因此有關軍令的宣

　　　　（京都：京都大学文学部東洋史研究会，1972年）。尹章義，《明代的馬政》
　　　　（臺北：臺灣大學歷史所碩士論文，1972年6月）。連啓元，〈明代的巡青御
　　　　史〉，《明史研究專刊》第十五期，2006年10月。
〔註87〕明・王世貞，《弇山堂別集》（北京：中華書局，1985年12月第一版），卷九十一〈中官考二〉，頁1744。
〔註88〕《楊一清集》，《關中奏疏》，卷二〈馬政類・爲禁約侵占牧馬草場事〉，頁45。
〔註89〕《典故紀聞》，頁185。
〔註90〕《明世宗實錄》，卷四十五，頁8上～下，嘉靖三年十一月辛巳條。

達，除都司、衛所等主要軍政衙門機關之外，更可藉由散置於各處的營堡、墩堡，作為刊布命令的場所，經由點的聯結達成全面網絡，以便有效的傳遞軍令。

圖 4-2：明代初期的徵兵令

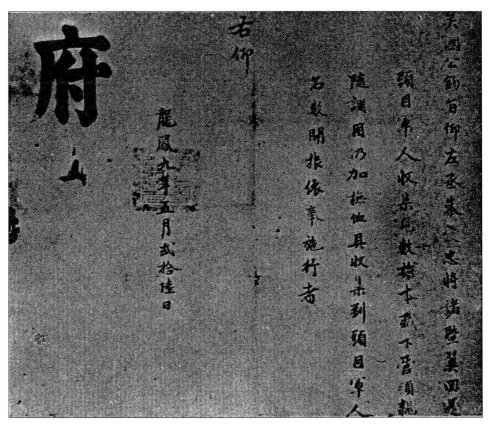

資料說明：此為朱元璋在吳國公時期，於龍鳳九年（1363，至正二十三年）以告示榜文的形式，所發布的徵兵令。

第二節　地方鄉村鄰里

一、寺廟道觀

寺廟道觀多為百姓宗教精神之寄託所在，無論釋、道或民間信仰，寺廟道觀不僅是精神依託之處，亦是人群聚集之處。明代對於宗教管理，曾於洪武三年（1370）六月詔令天下，依循古制將山川、城隍、歷代忠烈等諸神賜

與封號，並規定有司依時加以祭祀，若地方神祠無功於民不應祀典者，有司毋得致祭〔註 91〕。對於這些神祇皆爲朝廷所敕封認可，官府需依時祭祀，朝廷並給予相當的優惠待遇，除此之外的神祇信仰則歸類爲「淫祠」，官府需不時掃除以正風氣。所以寺廟是否被賜予敕封或廟額，皆被視爲判定「正祠」或「淫祠」之指標，朝廷一方面透過尊崇正祠來教化民眾，一方面則彈壓地方惑民的淫祠以示懲誡。〔註 92〕

明代對於數量龐大的僧侶、道士，則設置僧錄司與道錄司加以管理。僧道錄司設於洪武十五年（1382），僧錄司下設左右善世、左右闡教等官，道錄司下設左右正、左右演法等官，此職官皆不給俸，隸屬禮部所管。僧、道錄司掌理天下僧道，在外府州縣有僧綱、道紀等，分掌其事，俱選精通經典、戒行端潔者任之〔註 93〕。明初規定僧道需每三年予給度牒，並限制各府不得過四十人、州三十人、縣二十人，其後雖屢有頒令天下僧道赴京考試，通經典者方給予牒度，不通者罷黜之。對於僧道數量與管理，鑑於僧道數量過多，其中更有奸佞之徒，視寺廟爲避禍之地，洪武二十七年（1394）正月雖以禮部頒行聖旨榜文屢加禁約，但仍有犯禁者，因此二十九年（1396）三月又重申前令，並將歷次降發之榜文編集成書，刊行天下〔註 94〕。在各府州縣地方的庵觀寺院，大致皆需須遵循《大明律》及相關禁例，不得濫增僧道數額，並嚴守清規自律。〔註 95〕

由於榜文的性質不同，所張掛的地方亦略有差異，凡有關僧道事務之規範，通常榜示於寺廟附近，例如洪武二十七年（1394）即榜示天下寺觀，不許私創庵堂，凡僧者需赴京考試，通經者始給予度牒以資證明〔註 96〕。永樂

〔註91〕 明・傅鳳翔編纂，《皇明詔令》（臺北：成文出版社，1967 年 9 月，據明嘉靖刊本景印），卷一〈太祖高皇帝上・初正山川并諸神祇封號詔〉，頁 27 下～29上。

〔註92〕 蔣竹山，〈宋至清代的國家與祠神信仰研究的回顧與討論〉，《新史學》八卷二期，頁 191～197。對於國家政權所承認之寺廟，大致有以下的優遇：(1)載於官方祀典；(2)設立賜額或敕封牒碑等；(3)由官府負責修繕寺廟事宜。

〔註93〕 《明史》，卷七十四〈職官志三〉，頁 1817～1818。

〔註94〕 明・釋大壑，《南屏淨慈寺志》，《四庫全書存目叢書》史部二四三冊（臺南：華嚴文化事業有限公司，1997 年版，據明萬曆四十四年吳敬等刻清康熙增修本景印），卷九〈欽例〉，頁 2 下～6 上。

〔註95〕 明・岳和聲，《餐微子集》，《明季史料集珍》（臺北：偉文出版社，1976 年月初版），卷一〈條例安攘八事疏〉，頁 35 下。

〔註96〕 《大明會典》，卷一〇四〈禮部六十二・僧道〉，頁 4 上～下。

十五年（1417），成祖以洪武年間天下寺觀皆已歸併，但仍有不遵守舊例者，「於僻處私建菴觀，僧尼混處，屢犯憲章，命禮部榜示天下，俾守清規，違者必誅」〔註97〕。正統六年（1441）四月，朝廷亦曾詔令禁止僧道私創院觀〔註98〕。成化時期（1465～1487）因京城內外多有官員軍民人等，擅自增修寺觀廟宇，遂敕命禮部出榜嚴加禁約，違者許巡街御史、五城兵馬司擒治問罪〔註99〕。雖然朝廷屢次以詔令或榜文形式，嚴禁民間非法私創庵堂，然而基於百姓宗教的精神依託，或昧於僧道勸誘，私設庵堂的情形仍屢見不鮮。

天下名山秀麗，不少寺廟隱居其中，在清幽風景環伺之下，寺廟不僅讓人寄託宗教情懷，超然於物外，更因山水景致而吸引遊客前來。有些寺廟則開放遊人投宿，因此寺廟除了作為宗教精神寄託之外，兼具有覽勝休憩之功能〔註100〕。然而遊人聚集過多，卻也造成寺院僧眾的困擾，西湖淨慈寺即因往來遊人與香客眾多，或酒肉雜食，或縱放豬羊踐踏，嚴重干擾寺院僧眾作息，寺院住持遂呈文浙江布政司，乞出官府榜文加以嚴禁：

> 仰闔寺僧眾及附近居民人等知悉，今後寺僧各守清規，堅持梵教，一切葷酒併犯淫戒者，盡行嚴禁痛絕，即接待香客，亦止許清澹素齋，不得盛列酒肉。如酒館開張取利，其住持為一寺領袖，猶宜端潔，表率後進。後進弟子亦要聽其訓誨，不許越分壞規，肆妄擾素。……其近寺居民不許縱放豬羊入寺穢汙作踐，寺前店房不得招賃屠宰與無籍流氓，彈射為非，傷生害物。〔註101〕

在禁約內容中清楚規定，凡酒肉葷食、犯淫、殺生、踐踏寺廟等，破壞寺廟清靜與違犯梵教戒條者，皆需嚴加禁止。此外，香客信眾聚集之處，亦是交易買賣之地，如蘇州的觀音山寺，即因眾多遊人進香，門外即以香楮為市，寺中僧人遂分日迎接香客〔註102〕。僧人為因應遊人的需要而開設香市，此舉雖然增加寺廟收入，促使香火鼎盛，卻也將寺廟清靜的莊嚴聖地，沾染塵世

〔註97〕《典故紀聞》，卷七，頁133。

〔註98〕明·何喬遠，《名山藏》（臺北：成文出版社，1971年1月初版，據明崇禎十三年刊本景印），卷十一〈英宗本紀〉，頁15上。

〔註99〕《典故紀聞》，卷十四，頁257。

〔註100〕詹怡娜，《明代的旅館事業》（宜蘭：明史研究小組，2004年8月初版），頁141～142。

〔註101〕《南屏淨慈寺志》，卷九〈檄諭〉，頁19下～20上。

〔註102〕明·戴澳，《杜曲集》，《四庫禁燬書叢刊》集部七十一冊（北京：北京出版社，2000年1月第一版，據明崇禎刻本景印），卷九〈吳中山行〉，頁12上。

間的紛雜。

寺廟道觀既為僧道清靜之處，僧尼、男女信眾之居處應有所區隔，若一概混雜，則不免有礙僧道清修。明太祖認為若有誠心向佛者，應使其行善修德，若人欲過重者則許蓄髮為民，凡經申明榜例後仍違反戒律者，即遣法司拿問，綁赴於市斬首〔註103〕。然而常有不肖僧道，假藉清修之地，行違反戒律之實，成化十二年（1476）僧官常琇即拜南和伯方瑛為父，又與修武伯沈煜、泰寧侯陳桓、豐潤伯曹振、錦衣指揮王珩等朝中人士交好，動輒至各家飲酒，招妓淫亂。後因師徒之間爭奪寺廟財產，方為其徒告發，遂下錦衣衛鞫問得實，常琇杖發遼東充軍，並由都察院出榜張示其罪行〔註104〕。此榜文通行南北兩京、各府州縣等地，常川張掛，以端正善良風俗：

> 常琇、沈煜蔑棄禮法，有傷風化，欽蒙皇上日月照察，明正其罪，且俾臣等通行禁約，痛快人心。緣南北兩京并天下司府州縣僧尼數多，其間如常琇、沈煜等淫穢醜惡者不少，原其所自蓋因僧徒拜認父母，往來情熟，男女混雜，遂啟淫奸之端，榜示禁約。以正風俗，允協清朝之典，欽照欽奉事理，備云出榜，通行內外南北兩京，天下司府州縣，各於人煙輳集去處，常川張掛，嚴加禁約。……敢有故違，南北兩京聽巡城御史、錦衣衛巡捕官校、五城兵馬督令火甲人等；在外聽巡捕官、地方火甲人等拿送法司，究問明白。〔註105〕

事實上假借僧道之名，遂行私慾之舉者仍不在少數，因此刊刻此榜不僅有懲戒之功效，重要的是此榜文已由「事例」變成為「成例」，具有其法律效力，日後凡有僧道穢亂人倫、不守戒律者，一概依照此榜規定論處罪責。

寺廟道觀既為遊覽名勝之所在，是為人潮聚集之地，在參拜進香、觀賞遊覽之餘，不免龍蛇雜處，組成份子日益複雜，甚至有遊手好閒之輩於寺廟前設攤賭博，嚴重影響寺廟周遭環境的秩序，官府遂將告示張貼於玄妙觀前，申明賭博禁令〔註106〕。此外受到社會風氣之轉變，如游方僧道的充斥，以及僧道本身不守戒律等俗世化與無賴化的傾向，造成寺廟道觀管理之複雜〔註107〕，特別是在重大事件發生之後，寺廟管理則不免受到官府的高度關

〔註103〕《洪武永樂榜文》，〈為杜嚴僧惠榮告諸山僧人不律事〉，頁509。

〔註104〕《典故紀聞》，卷十五，頁267。

〔註105〕《訓讀吏文》，卷四〈禁約僧尼不守戒行犯奸事〉，頁302～303。

〔註106〕《撫吳檄略》，卷一〈嚴禁約束告示‧為督撫地方事〉，頁24上～下。

〔註107〕陳寶良，《明代社會生活史》（北京：中國社會科學出版社，2004年3月第一

注。萬曆晚期在京師地區發生妖書案，起因是神宗皇帝在建儲問題上，欲立鄭貴妃之子朱常洵爲太子，後因朝臣力爭，始改立皇長子朱常洛爲太子，然而在太子地位未確立之時，京師已有散佈《憂危竑議》以惑視聽；太子地位確立之後繼有《續憂危竑議》，其內容文詞詭妄，言：「東宮不得已而立，他日必易」，時人皆稱之爲妖書，在官場政治上幾釀成大獄〔註108〕。妖書案發生之後，陝西道監察御史康丕揚鑑於山人、遊客、亡命之徒往往雜聚寺廟之中，是爲治安之隱憂，遂於萬曆三十一年（1603）十一月奏請整頓京師地區的秩序：

> 禮部覆康丕揚奏請禁僧道：「一禁止白蓮教、無爲教、羅道教；一驅逐各寺觀遊士山人；一禁止婦女入寺觀；一嚴緝集　進香，擅造儀仗違禁之物；一禁止四方來遊僧道及搭蓋茶房、街衢打坐、物幡張榜、身衣綺紈。」詔悉依議行之。〔註109〕

寺廟道觀除人潮混雜所引起的不安定因素之外，有些鄉里無賴更藉由廟會之際，趁機斂財作亂。萬曆三十八年（1610）三月，浙江嘉興府濮院鎮城隍神廟會之際，即有無賴群起糾眾勒索，官府雖前後張貼告示，仍無法加以禁止，甚至公然毆打官差，最後官府出動民壯與差役，才將此輩繩之以法。〔註110〕

既然寺廟道觀因人潮混雜而產生治安的死角，對於老弱婦孺之人身安全，猶需特別注意，甚至還曾因爲婦女的進香，而引起朝廷的明令禁約。其原因在於部分婦女進香之時，裝扮有時過於冶艷，乃至於引起無賴之徒的覬覦以及僧侶的不守戒律，對於社會風氣與治安多有影響。景泰四年（1453）八月工科給事中徐廷章即奏陳，京師每逢節慶，男婦皆雜沓寺觀，淫穢敗倫，乞頒賜榜文禁約〔註111〕。因此嘉靖五年（1526）五月，即嚴令：「凡有婦女出

版），頁 133〜138。

〔註108〕《明史》，卷一一四〈后妃傳二·鄭貴妃傳〉，頁 3538。事實上《憂危竑議》所引發的效應並不嚴重，主要是當時神宗雖偏愛朱常洵，但仍未明文詔令確立太子，因此與《憂危竑議》內容所指暗合，內心頗有疑慮，故對此案並不深究。然而《續憂危竑議》復起時，已確立太子爲朱常洛，但書中內容充盡是斥煽動與分裂之言論，遂引起神宗之震怒，下令徹查嚴懲。詳見：趙毅，〈明萬曆朝妖書案抉微〉，《明史研究專刊》第十一期，頁 55〜72。

〔註109〕《明神宗實錄》，卷三九〇，頁 15 上，萬曆三十一年十一月癸酉條。

〔註110〕明·李日華，《味水軒日記》，《續修四庫全書》史部五五八冊（上海：上海古籍出版社，1997 年，據民國十二年嘉業堂叢書本景印），卷二，頁 26 上〜27 上。

〔註111〕明·鄭曉，《鄭端簡公今言類編》，《百部叢書集成·鹽邑志林》（臺北：藝文

遊寺觀者，一面將婦女拏送官司，并拘夫男問罪，仍枷號一箇月發落，僧道還俗。」〔註112〕隆慶二年（1568）十月，南直隸蘇州府還因虎丘山寺游人過多，官府爲此嚴禁挾妓攜童、婦女艷妝游歷此山，並特別勒石立碑告諭：

> 直隸蘇州府爲禁約事。照得虎丘山寺往昔游人喧雜，流蕩淫佚，今雖禁止，恐後復開，合立石以垂永久。今後除士大夫覽勝尋幽超然情境之外者，住持僧即行延入外，其有蕩子挾妓攜童，婦女冶容艷妝來游此山者，許諸人拿送到官，審實，婦人財物即行給賞。若住持及總保甲人等縱容不舉，及日後將此石毀壞者，本府一體追究，故示。隆慶二年（1568）十月□日立石。〔註113〕

此碑石之所立，在於垂示永久，可見此禁例應會執行相當長的時間，然而官府碑石所禁止者僅挾妓攜童、婦女艷妝等遊客，但士人卻不在此禁令範圍之中。這種情形除了反映士庶階級差異之外，更說明士人與僧家在性格方面富有追求典雅之風尚，在思想意識則懷有相同的出世精神，遂於精神層面上互爲表裡，加深兩者之間的相互寄託關係。〔註114〕

對於朝廷明令禁約婦女進香，並將其載入律例之中，此舉不免令人聯想是否具有性別歧視之意味，然而吳應箕（1594～1646）則站在人身安全的立場，認爲婦女出遊時，往往招致惡少無賴聞風而來，以至於車騎不通，同伴相失，婦女遂爲輕薄少年所褻侮，遺釵墜履者不可勝計〔註115〕。呂坤（1536～1618）也持同樣態度認爲，寺廟進香之際「高搭棚臺，盛張錦繡，演搬雜劇，男女淫狎，街市擁擠，姦盜乘機，失節喪命，往往有之」〔註116〕，所以

印書館，1967年，據明天啓樊維城輯刊本景印），卷六〈人物門・臣品〉，頁7下～8上。

〔註112〕《明代律例彙編》，卷二十五〈刑律八・犯姦・居喪及僧道犯姦〉，頁943。

〔註113〕王國平、唐力行主編，《明清以來蘇州社會史碑刻集》（蘇州：蘇州大學出版社，1998年8月第一版），〈蘇州府示禁挾妓遊山碑〉，頁565。

〔註114〕僧家所追求者，在於出世之中不失入世之精神，以普渡眾生；文人則於入世環境之中，對於出世之嚮往，尋求精神上的超脫。因此文人與僧家在意識型態上互爲表裡，明代文人素來喜愛結交僧家，舉凡品論茶藝、趺坐談禪、習靜養性、講學論道等，皆顯示出兩者間複雜且緊密之交遊關係。詳見：吳智和，《明清時代飲茶生活》（臺北：博遠出版有限公司，1990年10月初版），頁21～30。

〔註115〕明・吳應箕，《留都見聞錄》，《叢書集成續編》十二冊（臺北：新文豐出版公司，1985年7月初版），卷下〈時事〉，頁13上。

〔註116〕《呂公實政錄》，卷三〈民務卷・禁約風俗〉，頁32下～33上。

婦女出遊進香賞樂，容易因人群混雜而遭到輕薄，不僅人身安全堪慮，更有可能引起地方治安的失序。因此對於禁約婦女進香，雖然於某種層面上似有性別之歧異，所強調的應在於女性出現，會造成無賴或遊方僧的聚集，而蓄意製造事端〔註117〕；另外，也可能是因為會導致僧道無法專心修行的因素〔註118〕。但就社會安全的角度而言，禁令的制訂則可解釋為官府基於地方治安的維護，所採取強制性的消極防範措施。

　　寺廟道觀不僅為公眾群體的信仰場所，有時也與朝廷仕宦建立起相當程度之關係，特別是在皇帝親賜封號的寺廟道觀前，多設有地方官員所張掛的榜文告示，或鐫立石碑，嚴禁各項禁例與措施。武當山素來被視為道教聖地，宋代以來即以供奉真武玄天上帝而聞名，明成祖更大肆宣揚真武玄天上帝陰佑靖難之師，因此其地位倍加尊崇，此後又降旨尊稱武當山為「大岳太和山」，遂為天下地名山。永樂十年（1412），特頒降聖諭敕建武當山宮觀，並揭黃榜於玉虛宮通衢之上：

> 國朝敕命隆平侯張信、駙馬都尉沐昕，統率軍夫二十餘萬，敕建武當山宮觀，聖諭詳明，俱載黃榜。永樂十年秋九月庚子之吉興工，首以黃榜揭于玄天玉虛宮通衢之上，覆以巍亭，護以雕檻，丹漆絢耀，照映山水。使凡官員軍民過于亭下，莫不肅敬。伏睹敕諭，則知興建宮觀之盛，發于皇上誠心，特以招答神明顯佑國家之惠，上薦太祖高皇帝、孝慈高皇后在天之靈，下為天下生靈祈福，豈不重大哉！〔註119〕

從撥發軍夫二十餘萬修建宮觀，可見建築之巍峨壯觀，而將敕諭黃榜置於玉虛宮通衢之上，更顯示出武當山的尊榮異常。江西齊雲山同為道教名山之一，嘉靖十一年（1532）因第四十八代天師張彥頨，令道眾赴齊雲山為皇帝

〔註117〕 曼素恩（Susan Mann）即指出，官方文獻反對婦女參與寺廟活動的理由，混雜著因信仰、性慾、犯罪活動等所導致的社會騷亂。地方官員更需提防「邊緣出家人」（marginal clergy）的聚集，這些人包含流浪漢、單身漢所組成，極容易製造事端；也需謹防不肖僧道假借寺廟掩護，所進行非法的性勾當。參見：《蘭閨寶錄：晚明至盛清時的中國婦女》，頁372～380。

〔註118〕 明・高舉刊刻，《明律集解附例》（臺北：成文出版社，1969年臺一版，據清光緒二十四年重刊本景印），卷十一〈禮律一・祭祀・褻瀆神明〉，頁9上：「寺觀神廟乃僧道所居，若官與軍民之家，縱令妻女燒香，漬瀆甚矣。」

〔註119〕 明・任自垣纂修，《敕建大岳太和山志》，《明代武當山志二種》（武漢：湖北人民出版社，1999年9月第一版），卷十三〈錄金石第十・天真瑞應碑〉，頁179。

建醮祈嗣，後獲靈驗，皇帝遂賜建玄天太素宮於齊雲岩，並在太素宮之前，即鐫石立碑皇帝所欽賜的聖諭與禁約，告諭所屬軍民百姓知悉〔註 120〕。除皇帝宗室尊崇寺廟道觀之外，有明一代的宦官亦有相同之舉，宦官由於出身貧賤、生理殘缺的因素，將心靈寄託於宗教信仰上者頗多，而王振、魏忠賢等大璫飽嗜奢華之後，或求來世安心，或求減輕罪孽，率皆崇敬禮佛，就整體明代而言，從正統朝宦官王振與僧人然勝、成化朝宦官梁芳與僧繼曉、萬曆朝宦官馮保等與僧人遍融、德清，形成僧人與宦官兩者之間的特殊依存關係。〔註 121〕

二、民家門前

鄉村鄰里是傳達官府政令的常見地方，如《大誥》頒行之後，常熟縣民陳壽六率其弟與甥三人，擒拿貪污惡吏赴京面奏，明太祖嘉賞之，並敕諭都察院出榜，曉諭市村，免除陳壽六雜犯差役三年〔註 122〕。嘉靖九年（1530）十月，在推行查理田糧舊額時，即規定將每年實徵、起運存留、加耗等項數目，議定後由官府刊刻榜文，張掛於城市、鄉村通行曉諭，以免百姓受剋扣之擾〔註 123〕。將告示張貼於鄉村鄰里，是極有效率的傳遞官方政令，然而更直接且快速的宣傳方法，即是張貼於百姓的住家門前。

明代以黃冊制度來管理全國戶籍，在黃冊制度施行之前曾試行戶帖制度，而戶帖制度的推行即採用出榜張掛於民戶的方式，直接而有效地傳遞朝廷政令：

> 戶部洪武三年十一月二十六日，欽奉聖旨：說與戶部官知道，如今天下太平了也，止是戶口不明白哩。教中書省置下天下戶口的勘合文簿戶帖，你每〔們〕戶部家出榜，去教那有司官將他所管的應有百姓，都教入官附名字，寫著他家人口多少，寫得真，著與那百姓一箇戶帖，上用半印勘合，都取勘來了。我這大軍如今不出征了，

〔註 120〕明・魯點編輯，《齊雲山志》，《中國方志叢書・華中地方》（七〇二）（臺北：成文出版社，1989 年 3 月臺一版，據明萬曆二十七年刊清道光十年修補本景印），卷一〈縣令示・郡侯示〉，頁 150。

〔註 121〕陳玉女，《明代二十四衙門宦官與北京佛教》（臺北：如聞出版社，2001 年 10 月初版），頁 88～125。

〔註 122〕明・朱元璋，《御制大誥續編》，《中國珍稀法律典籍集成》乙編第一冊（北京：科學出版社，1994 年 8 月第一版），〈如誥擒惡受賞第十〉，頁 110。

〔註 123〕《世宗實錄》，卷一一八，頁 8 上～下，嘉靖九年十月辛未條。

都教去各州縣裏下著繞地里去點戶比勘合，比著的，便是好百姓，
比不著的，便拏來做軍。比到其間，有司官吏隱瞞了的，將那有司
官吏處斬，百姓每〔們〕自趄避了的，依律要了罪過，拏來做軍。
欽此。〔註124〕

將施行情形的告示於每家出榜的目的，即是方便告知百姓並宣傳編造戶帖的
意義。

　　除了黃冊的攢造，地方官在推動其他政務之時，也採行於民戶家門張貼
告示，以便宣導施行。明初爲防範災荒歉收所引起的饑荒，曾於各縣居民聚
集之處設倉，並榜示民家，鼓勵將餘粟赴倉交納，而由官府依照時價給予金
錢〔註125〕。正統元年（1436）二月，爲嚴禁逃民情形之惡化，詔令凡逃民復
業者，所在官府皆給予優厚待遇，並將告示張貼於各地軍民之家的門壁，不
得隱藏逃戶，以免被牽連獲罪：

> 先是累詔逃民復業者，厚加優卹，而民多匿隣境州縣閑住，間有復
> 業者，有司又不善加撫卹，被人擾害，由是逃者如故。河南等布政
> 司右叅議邢旭等官屢以爲言，至是行在戶部請揭榜曉諭，督令復業，
> 其親管州縣給帖，開寫應免糧役，并毋令軍民糧里人等，逼取私債
> 及陪納過稅粮等項。有違犯者，聽持帖告理，其不復業者如律治罪。
> 若有逃久附籍，應辦粮差者，審覆無礙存留，及令在京、在外官員
> 軍民之家，書揭于門壁，毋得隱藏逃戶。仍令巡撫巡按官比較復業
> 人戶，按季報數，有司怠慢者，悉聽究治。上從之。〔註126〕

正德五年（1510）江西贛州府興國縣因流賊肆虐，經官軍敉平之後，知縣黃
泗爲休養生息，積極著手進行復立書院、社學等工作，並強化鄉里的自治與
自衛能力，在其所撰〈移易風俗申文〉內規定，即「於四隅六鄉內各選鄉長
一名，將告諭家給一張，粘貼在門，朝夕巡諭，互相戒勉。」〔註127〕藉由張
貼告於民家門前，以鄉里鄰居相互提醒戒勉。弘治元年（1488）十二月，孝
宗鑑於京師多盜，敕諭兵部條擬禦盜事宜，兵部遂條奏施行「編次火夫」之

〔註124〕《戒庵老人漫筆》，卷一〈半印勘合戶帖〉，頁34。
〔註125〕《典故紀聞》，卷五，頁81～82。
〔註126〕《明英宗實錄》，卷十四，頁4下～5上，正統元年二月丙午條。
〔註127〕清・張尚瑗纂，《激水志林》，《中國方志叢書・華中地方》（九五七）（臺北：
　　　　成文出版社，1989年3月臺一版，據清康熙五十年刊本景印），卷十一〈志
　　　　政・明文移〉，頁1下。

舊例，即由戶部編造給由，將全京師居民之戶籍、人口等資料詳細載明，貼於民房門上，以便清查可疑份子〔註128〕。無論是藉由設立鄉長，或載明戶籍資料，將告諭直接張貼於民家門首，不僅可以確實傳達官府之政令，更能藉由鄉里之間往來巡視，達到護衛地方的功效。

傳統中國法律對刑事的判決，有時將罪犯所犯之罪行，直接揭示於罪犯家門之前，以作為懲戒。此舉在元代已有施行，《通制條格》即規定官府不得與豪強之家往來，以免豪強之家仗勢侵害鄉里、羅織平民，而各處豪霸、兇徒非理害民者，初犯於門首泥置粉壁，書寫過名，若三年改過，方許除籍。再犯者則加等斷罪，遷徙北地面屯種〔註129〕。至正二十三年（1363）六月，在制訂有關農桑各項條例時，曾規定凡游手好閑、不務本業者，於門首大字粉壁書寫以示警戒：

> 一、若有不務本業、游手好閑、不遵父母兄長教令、兇徒惡黨之人，先從社長叮嚀教訓，如是不改，籍記姓名，候提點官到日，對社眾審問是實，於門首大字粉壁書寫不務本業、游惰、兇惡等名稱。如本人知恥改過，從社長保明申官，毀去粉壁。如終是不改，但遇本社合著夫役，替民應當。候悔過自新，方許除籍。〔註130〕

由此可知，游手好閑者需先經由地方里老教誨，若是仍不知悔改，則由提點官審問後，於門首大字粉壁書寫罪行，並設籍管理，罰以勞役，直到知恥改過後，方得毀去粉壁，除籍免役。

明代承襲元代遺意，在律法條文之規定，亦出現將罪犯之罪行大字書寫於門首的條文。《諸司職掌》規定，凡貪官污吏玩法者，「照依原犯情罪備榜，差人發去各囚原籍張掛，申明戒諭。其欽依戴罪官員各該部份，自行備榜，發去原籍任所張掛曉諭，去各囚原籍任所，官司回文到部完卷。」〔註131〕基於明初嚴苛峻法的政治背景下，官員即使犯罪必須將犯罪情形，於原籍居住地或任所張掛，然後甚至戴罪辦公，由此亦可看見明太祖在整頓官吏上的強勢作風。至於官吏冗員方面，明律則規定：

> 其凡內外各衙門，官有額定員數而多餘添設者，當該官吏，一人杖一百，每三人加一等，罪止杖一百，徒三年。若吏典、知印、承差、

〔註128〕《明孝宗實錄》，卷二十一，頁4上～下，弘治元年十二月丁酉條。
〔註129〕《通制條格校注》，卷二十八〈雜令‧豪霸遷徙〉，頁701。
〔註130〕《通制條格校注》，卷十六〈田令‧農桑〉，頁461。
〔註131〕《諸司職掌》，卷五〈刑部‧司門科‧申明誡諭〉，頁19上。

祇候、禁子、弓兵人等，額外濫充者，杖一百，遷徙。容留一人，
正官笞二十，首領官笞三十，吏笞四十，每三人各加一等，并罪止
杖一百。閑罷官吏，在外干預官事，結攬寫發文案，把持官府，蠹
政害民者，并杖八十。於犯人名下，追銀二十兩，付告人充賞。仍
於門首書寫過名，三年不犯，官為除去；再犯，加二等，遷徙。有
所規避者，從重論。〔註132〕

關於閑罷官吏在外干預官府行事，犯者於門首書寫過名之外，另需追銀二十
兩，充作首告者的賞銀。

英宗天順時期（1457～1464）曾詔令天下：「凡軍民之家，有為盜賊，曾
經問斷不改者，有司即書『盜賊之家』四字於其門。能改過者，許里老親
鄰人相保管，方與除之。」〔註133〕除書寫告示張貼於犯者門首外，另有採取
豎立木牌的方式。呂坤在巡撫山西任內，對於地方政務之推動上，規定凡
匿名文書、擅編戲劇等無端造謠生事者，審問屬實，即綁赴到官重治論處，
除遍遊市街之外，並書寫「奸詐賊民」四大字，豎牌一面，釘於犯門左側
〔註134〕。霍韜（1487～1540）之子霍與瑕，曾出任慈溪縣知縣，也曾因拘提
相關人等，採用砵書牌票的貼壁方式，使當地里甲趕赴官府報到〔註135〕。另
外，雷夢麟提及盜賊於緝捕問罪之後，需於面上刺字並發回原籍充任巡警的
勞役，以達到「以盜捕盜」之效，當時曾或有官員建議於盜賊門首設立木牌，
書寫過名以作為警示，但因與充任巡警勞役的方法不合而未施行。〔註136〕

三、山林禁區

山林地區原本蘊藏有樹木、礦物等豐富資源，雖然受到明初以來朝廷的
禁令限制，但因為山區資源如木材、礦石等資源豐富，造成種煙、種杉、種
靛、種蔗、種茶等農業生產，以及造紙、製茶、冶鐵、伐木、印刷等手工業，
皆有蓬勃經濟發展〔註137〕。復以山區的土地空曠，而流民更因趨食需要陸續

〔註132〕明‧雷夢麟，《讀律瑣言》（北京：法律出版社，2001年1月第一版），卷二
〈吏律一‧職制‧濫設官吏〉，頁78。
〔註133〕《明憲宗實錄》，卷三，頁5上，天順八年三月乙卯條。
〔註134〕《呂公實政錄》，卷三〈養民之道‧禁約風俗〉，頁28上。
〔註135〕明‧霍與瑕，《霍勉齋集》（臺北：中央研究院傅斯年圖書館，據清光緒丙戌
年南海石頭書院重刊本），卷十一〈傳家節操為政風流卷〉，頁89上。
〔註136〕《讀律瑣言》，卷十八〈刑律一‧賊盜‧起除刺字〉，頁342。
〔註137〕徐曉望，〈明清閩浙贛邊山區經濟發展的新趨勢〉，收入《明清福建社會與鄉

潛入山區，無視禁令而進入者人數日眾，復以山林地區以地形複雜，特別是
行政區交界之處，更爲官府統治勢力所未及的邊陲地區，因此多被劃分爲禁
區，限制百姓進入居住。荊襄山區地處豫、鄂、陝、川交界，按照明代行政
區的劃分，屬於湖廣荊州府、荊襄府，與陝西西安府、河南南陽府等處交織
而成，自明初平定襄陽的紅軍殘存勢力後，即派遣將領分兵屯守，嚴禁流民
進入，每縣人口不足萬人。〔註138〕

　　受到於環境上經濟壓迫所產生的趨食行爲，逐漸突破明初所制訂之山區
禁令，對於山區流寓者日眾，朝廷先以榜文告示曉諭，若仍舊不聽則以官
軍加以驅離。成化二年（1466）正月，大學士李賢（1408～1466）即以流民
群聚，恐與不法盜賊合流，遂奏請降發聖旨榜文，曉諭荊襄流民，以安本業
〔註139〕；或將流民出榜曉諭，然回設法押回原籍〔註140〕。嘉靖六年（1527），
詔今後流民有復業者，除免三年糧役，不許勾擾，其荒白田地，有司出給告
示曉諭，許諸人告種，亦免糧三年〔註141〕。雖然朝廷屢次驅散流民，並給予
除役免糧的優惠，希望流民能遷回原籍，但效果顯然不彰。正因爲山林地區
地形複雜，官府既難以有效管理控制，遂容易成爲藏匿盜匪的淵藪，蘊藏
社會動亂的隱憂，因此山區也成爲地方官府施行政令時，格外關注與費心的
地區。

　　山區的林木資源向來爲盜採者所覬覦，爲執行盜伐邊境林木之禁令，馬
文升（1426～1510）不惜奏請降頒聖旨榜文，發往沿邊各處張掛，曉諭軍民
人等，並規定所屬守備等官與各府州縣官員嚴加約束，若有違禁擅入山區將
林木砍伐販賣者，俱照榜例押發南方煙瘴衛所充軍〔註142〕，企圖以嚴刑法
令，遏止盜伐邊境林木之行爲，因此有關山禁、禁山的山林禁令發布，明代

　　　　村經濟》（廈門：廈門大學出版社，1987年8月第一版），頁193～226。
〔註138〕曹樹基，《中國移民史》（福建：福建人民出版社，1997年7月第一版），頁
　　　　375～380。
〔註139〕《明憲宗實錄》，卷二十五，頁1上，成化二年春正月丁未條。
〔註140〕明·張翀，《鶴樓集》（臺北：漢學研究中心影照本），卷一〈寧靖疏〉，頁20
　　　　上。
〔註141〕《大明會典》，卷十九〈戶部六·戶口一·流民〉，頁27上。
〔註142〕《馬端肅奏議》，卷七〈爲禁伐邊山林木以資保障疏〉，頁14下～15下。馬
　　　　文升認爲山林樹木之重要，主要是基於軍事邊防的價值，更稱其爲天然藩籬。
　　　　以甘肅、宣府、大同、遼東等衛所屯駐重兵，是爲「第一藩籬」；而自偏頭、
　　　　雁門、紫荊州、居庸至山海關一帶，延袤數千餘里，山勢高險，林木茂密，
　　　　人馬不通，是爲「第二藩籬」，皆是護衛京師的重要屏障。

歷朝屢建不鮮〔註143〕。自明代中葉以來，對於林木的保護意識漸次抬頭，此外官方與民間也開始注重林木的相關問題，而紛紛立碑禁約林木的濫伐情形〔註144〕。從明清時期護林碑的大量出現，不僅反映出當時毀壞林木情形的嚴重，同時更代表時人對森林作用的認識，重視林木對於軍事國防、水利保護等方面的價值與意義。〔註145〕

山林禁區除林木的經濟價值受到重視而遭到砍伐之外，石材、礦場等資源用同受到覬覦，官府不時出示禁約嚴禁盜採〔註146〕。蘇州靈巖山有夫差館娃宮、響屧廊、浣花池、采香徑等名勝古蹟，其山所產之石材，上者製作成硯臺，次者用於碑碣，萬曆時期（1573～1620）山麓居民與石戶為奸，潛入山區盜採山石，日夜椎鑿，致使山林景觀遭到嚴重破壞。後由官府出面與居民協商，以官銀贖回此山歸官府所有，然後立碑刻文，嚴禁不許入山斧鑿〔註147〕。對於礦徒潛入封閉坑穴，私自開鑿，甚至爭奪山區礦場的情形，正統三年（1438）十二月朝廷即諭都察院揭榜禁約，若嚴禁有今後犯者，即令該管官司拏問具奏，將犯人處以極刑，舉家遷移化外〔註148〕。官府甚至編立總甲、小甲，使之管轄，互相覺察，另將前例申明布政司，刊刻告示給發各該府州縣、鎮店、集場、人煙湊集去處，常川張掛曉諭，以便各安生理。〔註149〕

〔註143〕關於明代山林禁令的相關研究與討論，參見：暴鴻昌，〈明代長城的森林採伐與禁伐〉，《學術交流》，1991 年三期。宮崎洋一，〈明清時代森林資源政策の推移——中国における環境與認識の変遷〉，《九州大学東洋史論集》第二十二號，1994 年 1 月。邱仲麟，〈國防線上：明代長城沿邊的森林砍伐與人工造林〉，《明代研究》第八期，2005 年 12 月。蔡嘉麟，〈明代的山林生態——北邊防區護林伐木失衡的歷史考察〉（臺北：中國文化大學史學研究所博士論文，2006 年 6 月）。

〔註144〕清・孫承澤，《春明夢餘錄》（臺北：大立出版社，1980 年 10 月，據清光緒九年古香齋重刊本景印），卷四十六，頁 57 上～58 上。根據工部奏疏所稱，遵化鐵廠設立於永樂至正統年間已逾一百餘年，鐵廠附近的山場樹木，幾近砍伐盡絕，致使柴炭價格騰貴，若不設法禁約，十餘年後價格增加數倍，將使影響軍民生活以及稅課的徵收，遂請出給榜文嚴加禁約，不許在於應禁山場擅自樵採、燒窯燒灰，違者捉拿，照例問發。此奏疏反映出明人對於資源缺乏的反省，與保護林木意識的形成。

〔註145〕倪根金，〈明清護林碑研究〉，《中國農史》十四卷四期，1995 年，頁 87～97。

〔註146〕《撫吳檄略》，卷一〈嚴禁約束告示・為督撫地方事〉，頁 36 上～下。

〔註147〕《萬曆野獲編》，卷二十四〈外郡・靈巖山〉，頁 618。

〔註148〕《典故紀聞》，卷十一，頁 192～193。

〔註149〕明・黃瓚，《雪洲集》，《四庫全書存目叢書》集部四十三冊（臺南：華嚴文化

對於山林禁區的嚴格限制，若涉及破壞侵盜墳塋，或歷代帝王、忠臣烈士、先聖先賢者，明代律法皆有重罰〔註150〕。此外，還有一處特別的場域：皇陵，因為皇陵是埋葬歷朝皇帝、后妃之處，除了傳統人死為大與葬地風水等因素之外，侵犯皇陵就等同於蔑視皇權，自正統二年（1437）英宗以聖旨親降榜例以來〔註151〕，逐漸形成舊例，因此歷朝皆以正統二年禁令為依歸，屢有相關禁令與條例的發佈，嚴禁擅入皇陵地區內的任何破壞。

表4-2：明代皇陵禁令條例表〔註152〕

時　間	禁　令　範　圍	發布形式	禁　令　出　處
正統二年（1437）	天壽山附近	聖旨榜例	《弘治問刑條例》
成化十五年（1479）	鳳陽皇陵、皇城，與泗州祖陵所在	聖旨榜例	《弘治問刑條例》《大明九卿事例案例》
成化十六年（1480）	皇陵附近	榜文申禁	《皇明成化條例》
嘉靖十七年（1538）	皇陵附近	榜文申禁	《明世宗實錄》
嘉靖二十一年（1542）	顯陵附近		《條例備考》
嘉靖二十九年（1550）	鳳陽皇陵、泗州祖陵、南京孝陵、天壽山列聖陵寢、承天府顯陵等處		《嘉靖問刑條例》

山林禁區之所以被流民或盤據，一方面受制於現實環境上經濟壓迫，而進入山林地區；另一方面則可能是受到《水滸傳》小說戲曲的渲染，強化對嘯聚梁山泊各路綠林英雄之形象，將其通財重義、替天行道等精神予以過度神化，影響力深植人心之中〔註153〕。遺風所及，致使山東梁山周遭地方，

事業有限公司，1997年6月初版，據明嘉靖黃長壽刻本景印），卷十一〈飛報緊急賊情疏〉，頁38下～39上。

〔註150〕《明代律例彙編》，卷十一〈禮律一・祭祀・歷代帝王陵寢〉，頁588；《明代律例彙編》，卷十八〈刑律一・盜賊・盜園陵樹木〉，頁736。

〔註151〕《明孝宗實錄》，卷二十二，頁6上，弘治二年正月丙戌條。

〔註152〕蔡嘉麟，〈明代的山林生態——北邊防區護林伐木失衡的歷史考察〉，頁82～86。其中天壽山位於北京，除明太祖葬於南京鍾山的孝陵之外，天壽山為明代歷朝皇陵所在之處，包含：長陵（成祖）、獻陵（仁宗）、景陵（宣宗）、裕陵（英宗）、茂陵（憲宗）、泰陵（孝宗）、康陵（武宗）、永陵（世宗）、昭陵（穆宗）、定陵（神宗）、慶陵（光宗）、德陵（熹宗）、思陵（思宗），即現今通稱的明十三陵。

〔註153〕薩孟武，《水滸與中國社會》（長沙：岳麓書社，1998年9月一版），頁3～12。

競相習技藝、重游俠，糾眾結黨，至死不改，實爲地方社會秩序的一大隱憂
〔註 154〕。崇禎十五年（1642）四月，刑科右給事中左懋第即以山東的山區容易
群聚不法之徒，並且受到《水滸傳》內容專以破獄劫獄爲能事、殺人放火爲豪
舉的影響，以致當地多效法梁山泊聚眾亂事，因此建請嚴加查禁《水滸傳》一
書，凡藏是有此書者皆與藏妖書同罪〔註 155〕，於是朝廷飭諭兵部嚴加查禁：

> 務令降丁各歸里甲，勿使仍前占聚。一面大張榜示，凡坊間家藏〔水〕
> 滸傳，並原板盡令速去燒燬，不許隱匿，仍勒石山巔，垂爲屬禁，
> 清丈其地，歸之版籍。〔註 156〕

朝廷除燒燬有關水滸傳原板，禁止刊印此書，防止嘯聚山林、對抗官府的思
想散布民間，另外更勒石山巔，清丈土地，實行明初以來山林封閉的禁令，
以免山區群聚流民釀成事端。

　　山區刊布告示榜文的目的，相較於其他地區推行政令、政策而言，山區
更側重於禁約、禁令，特別是禁止流民潛入山區，與限制石材、礦場等資源
的取得，其背後因素即源自於明初以來的朝廷禁令限制，政策背後之目的不
僅是保護山林資源，更考慮到社會秩序問題的層面。雖然官方投注不少心力，
企圖維持民眾禁入山區的限制，然而受到山區內資源的重利引誘，禁令執行
的結果似乎成效不彰。

第三節　商業貿易地區

一、市　鎭

　　中國都市的發展過程，宋代實爲市鎮機能轉變的過渡時期，因當時城市
中的坊市制度遭到破壞，復以鄰近鄉村地區的商旅往來熱絡，使原有的定期
市集，轉而發展成商業性質的聚落（commercial settlement），至明清以降市鎮
的功能，皆以商業機能爲標準〔註 157〕。事實上市鎮介於城市與鄉村之間，但

〔註 154〕明・章潢，《圖書編》（臺北：成文出版社，1971 年 1 月初版，據明萬曆四十
　　　　　一年刊本景印），卷三十七〈議防盜賊〉，頁 12 上～下。
〔註 155〕《明清史料》乙編第十本，〈兵科抄出刑科右給事中左懋第題本〉，頁 942～
　　　　　943。
〔註 156〕前東北圖書館編輯，《明清內閣大庫史料》，《中國文史哲資料叢刊》（臺北：
　　　　　文史哲出版社，1971 年 5 月初版），卷七〈題稿七・兵部爲梁山寇雖成擒仍
　　　　　嚴禁滸傳等事〉，頁 429。
〔註 157〕劉石吉，〈明清時代江南市鎮之數量分析〉，《思與言》第十六卷二期，頁 26

因經濟發展程度之差異，相較於單純的農村經濟，市鎮兼具農、工、商等特質，具有複雜之結構與功能。〔註158〕

明代經濟社會所使用的交易貨幣，初期是兼採銅錢、寶鈔〔註159〕。朱元璋於吳國公時期，即開始鑄造並發行「大中通寶」銅錢，即位之後更於洪武八年（1375）頒行洪武通寶錢制，於京師設置寶源局，各行省設寶泉局，依照統一式樣鑄造銅錢。在鑄造銅錢之際，朝廷亦同時發行「大明通行寶鈔」，並設立寶鈔提舉司負責寶鈔的印製〔註160〕。在寶鈔發行之後，朝廷嚴禁民間以金銀交易，課徵商稅時必須兼用錢鈔，甚至透過法律條文之制定，強制人民使用寶鈔交易。

從《明律》對偽造寶鈔、銅幣、金銀三者之罪刑輕重來比較，偽造寶鈔大致比偽造銅幣、金銀之罪責來的嚴苛〔註161〕。從表4-3的比較可知：

（一）首從犯之刑責

偽造寶鈔不分首從與知情使用者，凡觸犯者律皆處斬；偽造銅幣、金銀則分為首從、使用者，為首者最重，為從者與使用者較輕，其罪行依程度而有絞、杖刑之別。

（二）相關細則量刑

偽造銅幣、金銀則較無細部的相關罰責；但偽造寶鈔之相關刑責，則依照知情不報、隱匿偽鈔、描改寶鈔等析分為五項，各照依犯罪情節輕重不同，分別加以量刑處置，其中還著重巡捕官軍對於緝捕疏失之罪責。

（三）獎勵告密者

在告賞方面，提高偽造寶鈔告密者的賞金，欲藉由告密方式遏止偽造寶鈔的犯罪行為。因此從法律條文規範之嚴密，可以瞭解明初大力推行寶鈔使用之政策情形。

～47。

〔註158〕范毅軍，〈明清江南市場聚落史研究的回顧與展望〉，《新史學》九卷三期，頁87～134。

〔註159〕《大明會典》，卷三十一〈戶部十八·庫藏二·鈔法〉，頁1上：「國初寶鈔，通行民間，與銅錢兼使，立法甚嚴，其後鈔賤不行，而法尚存。」

〔註160〕《明史》，卷八十一〈食貨五·錢鈔〉，頁1962。

〔註161〕《明代律例彙編》，卷二十四〈刑律七·詐偽·偽造寶鈔〉，頁922、同卷〈刑律七·詐偽·私鑄銅錢〉，頁922～923。

表 4-3：明律有關偽造寶鈔、銅幣、金銀之刑責比較表

罪名 刑責	偽　造　寶　鈔	偽造銅幣	偽造金銀
首從 罪責	偽造寶鈔者，不分首從，及窩主若知情者行使者，皆斬。財產并入官。	1. 凡私鑄銅錢者，絞。匠人罪同。 2. 為從及知情買使者，各減一等。	1. 凡偽造金銀者，杖一百，徒三年。 2. 為從及知情買使者，各減一等。
相關 罰責	1. 里長知而不首者，杖一百；不知者，不坐。 2. 巡捕把守官軍知而故縱者，與同罪。 3. 若搜獲偽鈔，隱匿入己，不解官者，杖一百。 4. 失於巡捕及透漏者，杖八十，仍依強盜責限跟捕。 5. 若將寶鈔挑剔、補湊、描改，以真做偽者，杖一百，流三千里。為從及知情買使者，杖一百，徒三年。首告者，與免本罪，與常人一體給賞。	1. 里長知而不首者，杖一百；不知者，不坐。 2. 若將時用銅錢剪錯薄小，取銅求利者，杖一百。	
首告 獎賞	告捕者，官給賞銀二百五十兩。	告捕者，官給賞銀五十兩。	

註：本表據《明代律例彙編》，卷二十四〈刑律七・詐偽・偽造寶鈔〉，頁 922；同卷〈刑律七・詐偽・私鑄銅錢〉，頁 922～923 所製。

　　明初既積極推動寶鈔的發行與使用，欲使其成為主要的交易貨幣，不僅在《明律》規定相關罰責，亦採行頒佈榜文的方式重申禁令。為避免官民藉故不使用寶鈔，洪武二十四年（1391）即榜諭各處商稅衙門，凡是寶鈔上字貫等字樣可辨其真偽者，不問破爛油污、水跡、紙補，即與收受解京，若官吏、巡欄刁難而拒不收受者，俱問罪重懲〔註162〕，甚至將相關禁例，直接書寫在寶鈔之上〔註163〕。對於製作、流通偽鈔者，更以採取嚴刑懲治，明初浙江地區有縣民多人，夥同銀匠製造錫版、印紙戶印刷，合謀偽造寶鈔，皆被梟首示眾〔註164〕。為鼓勵並促進寶鈔的流通，洪武二十七年（1394）八月詔令禁用銅錢，凡軍民商賈人等，需將所有銅錢收歸官府，依照相等價值折換寶鈔，嚴厲重申不許銅錢流通。正統十三年（1448）五月更以都察院出榜禁約，委以御史巡視有無犯禁者：

〔註162〕《維揚關志》，卷三〈鈔法第六〉，頁 23 上。
〔註163〕《菽園雜記》，卷八，頁 104。
〔註164〕《御製大誥》，〈偽鈔第四十八〉，頁 78。

正統十三年五月庚寅，禁使銅錢。時鈔既通行，而市廛亦仍以銅錢交易，每鈔一貫，折銅錢二文。監察御史蔡愈濟以為言，請出榜禁約，令錦衣〔衛〕、五城兵馬司巡視，有以銅錢交易者擒治，其罪十倍罰之，上從其請。〔註165〕

事實上，寶鈔於弘治時期（1488～1505）已經被民間棄置不用〔註166〕，而顧炎武（1613～1682）更直指鈔法早已於明初便廢壞不行，以後雖屢有重申禁用銅錢、以俸米折換寶鈔等措施，已無法挽救其頹勢，即使至崇禎末年，倪元路等戶部官員嘗試推行鈔法，最終仍以不可通行而放棄〔註167〕。明代發行寶鈔既無限額，新舊鈔兌換混亂，復以製作粗糙簡陋致使偽造容易，造成市場上流量過大，形成通貨膨脹，寶鈔日益貶值。雖然日後朝廷力圖重申推行寶鈔政策，但民間已不流通寶鈔，白銀於是成為主要的本位貨幣〔註168〕。所以自明代中葉至清鴉片戰爭之前，中國的商業交易大致採行白銀與銅錢並用的「銀銅複本位制」時代。〔註169〕

專司商稅的稅課司局，是張貼有關商業事務告示的主要場所。明代商稅的項目繁多，洪武二十三年（1390）榜諭各處稅課司、局、巡攔，令計所辦額課，逐日巡辦，收於司局，按季交與官攢〔註170〕。福建運司為管理公費支出情形，設立文冊簿籍，將逐日支用銀數登記明白，月終關報本司備查，如此公費盡出於公帑，鹽商得免於額外的商例稅銀，既可抒解商人之困，又能減少夾帶私販之弊，因此行司遂將定規條例，確實舉行，另刻榜於官署，曉諭鹽商知悉〔註171〕。有關商稅等事務，多經由戶部發出告示榜文，然後轉發

〔註165〕《明英宗實錄》，卷一六六，頁2上，正統十三年五月庚寅條。

〔註166〕《菽園雜記》，卷十，頁123：「洪武錢民間全不行，予幼時嘗見有之，今復不見一文，蓋銷毀為器矣。寶鈔，今惟官府行之，然一貫僅直銀三釐，錢二文，民間得之，置之無用。」

〔註167〕《原抄本日知錄》，卷十五〈鈔〉，頁336。

〔註168〕白銀之所以成為明代經濟市場主要交易貨幣，除了明初以來寶鈔製作、發行失敗，導致民間繼續使用白銀的因素之外，另外受到明代中葉以後美洲白銀的大量輸入，造成明代境內白銀流通量激增，致使經濟市場普遍採用白銀作為交易貨幣。詳見：全漢昇，《明清經濟史研究》（臺北：聯經出版社，1987年11月初版）。

〔註169〕王業鍵，《中國近代貨幣與銀行的演進1644～1937》（臺北：中央研究院經濟研究所，1981年4月初版），頁5。

〔註170〕《大明會典》，卷三十五〈戶部二十二・課程四・商稅〉，頁49上～下。

〔註171〕《福建運司志》，卷十〈供億志・公費〉，頁11上～下。

所屬機關或各地。由於稅目繁雜，頗爲傷民，將稅率定制，按季繳納：

> （洪武）二十三年，上命楊靖榜諭各處稅課司局、巡欄，令許辦額
> 課日逐巡辦，收於司局，按季交與官攢，出給印信收票。不許官攢
> 侵欺，致令巡欄賠納，違者重罪。其各處稅課司局巡欄，商稅俱三
> 十八分稅一，不得多收。〔註172〕

爲穩定物價波動及市場正常交易，朝廷會將度量衡加以統一規劃，並製成官
方標準式樣頒行全國，不得任意增減〔註173〕。官府有時會直接將徵收稅糧的
工具——斛斗秤尺，直接懸掛街市之上，以避免官吏從中增減作弊，以求公
正毋枉：

> 一、斛斗秤尺。仰本府州縣正官照依原降式樣，較勘相同，官民通
> 行，仍將官降式樣，常于街市懸掛，聽令比較，毋容貪利之徒，增
> 減作弊。〔註174〕

市鎮爲商品往來流通之處，所司官吏不免藉職務之便趁機侵佔，復以不法商
人充斥其中，致使市鎮成爲「奸儈聚集之藪」，爲整頓市鎮經濟秩序，部分地
方官府會示諭商人，凡有「利病興革及前任作法不良，衙役狐假盤據，流毒
商民者，許即赴本廳呈告，以憑解院究奪。」〔註175〕

　　物價的低昂，有時會受到部分業者刻意的操弄與哄抬，福建地區因耕地
狹小，復以人口稠密，糧食多仰賴外地輸入，一旦交易有礙則穀價騰貴。同
安縣知縣曹履泰認爲穀價上漲，多由因商人屯積、哄抬物價所導致，因此官
府遂張貼穀價告示，規定：「每銀壹兩，定穀鄉斗一石七斗」，若有商人牙行
依舊抬高物價者，則重責枷號嚴懲，以此平抑物價〔註176〕。除商賈哄抬物價
之外，有時則是地方排年、里長等從中滋事，或聯合、要脅其餘百姓，藉故
抬高米價牟取暴利，以便獨佔利益：

> 爲此出給告示，發該地方張掛曉諭，於後不論魚米蔬菜，俱要照市
> 平賣，敢有故抬擡高價，刁勒官兵者，體訪得實，定將該地千長、

〔註172〕明・焦竑，《玉堂叢語》（北京：中華書局，1981年7月第一版），卷二〈政
　　　　事〉，頁34。

〔註173〕《大明會典》，卷二〇一〈工部二十一・織造・斛斗秤尺〉，頁 31 下～32
　　　　下。

〔註174〕《明代遼東檔案匯編》，〈廣寧左中等衛填報軍器城池公廨印信廟宇囚犯等各
　　　　種事項文冊〉，頁230～231。

〔註175〕《盟水齋存牘》，〈公移・諭市司商攬首弊〉，頁339。

〔註176〕《靖海紀略》，卷二〈定商人穀價告示〉，頁18。

　　排年拿來痛治處治。〔註177〕

崇禎十六年（1643）十一月，曾針對革除劣幣低錢、行使制錢等政策，推行幣制改革以便流通錢法，同時諭令戶部、工部、都察院，明訂市場買賣必須依照所謂的「欽定價值」，以便公平貿易，嚴禁蓄意乘機射利、哄抬物價，並令「五城御史大張榜示，平定市價，不許違禁，犯者廠衛五城衙門緝獲重懲」〔註178〕。所以傳統社會對於市場經濟的物價變動情形，皆藉由行政權介入干涉，其目的主要是維持物價平穩，以免百姓受物價波動而影響生計。

　　明初朝廷與官府所需物料，是以官府遣派官吏至市鎮採買物品，謂之「採辦」，而採辦制度原是由唐宋以來的「和買」制度演變而來。明初仍承襲宋代遺意，洪武二年（1369）即令內外官司不得以和雇、和買擾害於民〔註179〕，所以無論是採辦、和買，在明初都是由官府不經過商人，而直接與生產者進行交易，然而受到經濟發達，社會生產力提升，官府所需的商品物料日漸龐雜，採辦制度頗不便利，因此委由商人承辦官府所需的商品，形成「召商買辦」制度。〔註180〕

　　召商的首要措施，即是出榜告示以曉諭商人，而鹽務所施行的開中法，即由戶部制定則例，然後出榜召商〔註181〕，洪武二十八年（1395）即因各處邊方缺糧，朝廷乃奏定開中納米則例，出榜招商於缺糧之處上納米糧，而開啟開中法施行的序曲〔註182〕。開中法的形式，通常是由戶部根據所需的引鹽數，經由朝廷奏准之後，出榜告示於市鎮、倉場或所需納糧的地點，上納米糧商人則根據戶部榜示的則例，至鹽運司繳納米糧比兌，然後到鹽場支取鹽貨發賣〔註183〕。而管理鹽務的鹽運司，也可發派鹽引至府州縣，或直接於各

〔註177〕《兵政紀略》，卷二十六〈嶺西旬旦‧禁民抑勒官兵示〉，頁19下～20上。

〔註178〕《明實錄附錄》，《痛史本崇禎長編》，卷一，頁41～42，崇禎十六年十一月癸未條。

〔註179〕《大明會典》，卷三十七〈戶部二十四‧課程六‧時估〉，頁31下。

〔註180〕許敏，〈明代嘉靖萬曆年間「召商買辦」初探〉，《明史研究論叢》（江蘇：江蘇人民出版社，1982年4月第一版），頁185～189。陳允成，《明代鋪戶之研究》（臺北：中國文化大學史學研究所碩士論文，1985年6月），頁78～81。

〔註181〕《典故紀聞》，卷十四，頁255。

〔註182〕明‧王圻，《續文獻通考》，《四庫全書存目叢書》史部一八五～一八九冊（臺南：莊嚴文化事業，1997年6月初版，據明萬曆三十一年曹時聘等刻本景印），卷二十四〈征榷考‧鹽法中〉，頁8下～9下。

〔註183〕劉淼，《明代鹽業經濟研究》（汕頭：汕頭大學出版社，1996年6月第一版），頁224～225。

地鹽運司張掛招商告示以招攬客商〔註184〕。無論是由戶部或鹽運司，皆需經由出榜的程序告知商人，並告示之中開列則例，商人即可依照能力、所需，前往上納米糧以換取鹽引。

不過，朝廷官方的召商買辦，有時因爲部份官吏剋扣應支付的金額，導致商人破產，進而造成商人對召商買辦的卻步，因此對於確保商人的權益與工商業的管理，在明末開始出現以碑文作爲法制規範的工商禁碑，這種情形常見於經濟發達的江南地區，特別是蘇州府與松江府〔註185〕。天啓三年（1623）常熟縣綢鋪戶林輝等十三人，爲禁止吏役的苛索侵擾，聯名呈報縣衙，經御史批示後，由知縣宋賢「蒙憲示立石，永遵無替」，嚴格申明禁令〔註186〕。崇禎四年（1631），則有將頒行各地恤商措施的聖旨，刻石勒碑於地方，並申明「已奉聖旨，立石永禁」，禁革吏役的不當勒索〔註187〕。因此，無論是商民的集體呈請，或是傳達聖旨的恤商政令，以碑石立文來傳遞禁令，至少說明地方政府願意執行政令的決心與實際行動，對於維護經濟市場的管理，具有其法律效力與約束力。

朝廷或官府公開出榜招商的情形，並不僅侷限於鹽務方面，有時還涉及木材等諸項物料的取得。由於中原地區樹木產量較少，巨木的取得多在四川邊陲地區，復以運輸困難，因此關於巨木的召買，必須仰賴當地土商負責〔註188〕。嘉靖時期（1522～1566）工部主事朱家相負責督造運船，凡造船所需木料的徵集，即出榜告示於揚州府儀眞、蕪湖等處張掛，「曉諭外江山客，如有販賣楠木，不拘多寡，盡數拽運抵淮，赴本職告報」，依照定價給予木價銀六十兩，並規定若於告示期限內不盡行販售，意圖隱匿木料抬高物價者，將予以重懲治罪。〔註189〕

二、倉　場

市鎮與倉場同屬於經濟貿易的場域，就性質而言則是兩種截然不同的設

〔註184〕《續文獻通考》，卷二十四〈征榷考・鹽法中〉，頁7上。
〔註185〕李雪梅，〈明末清初工商禁碑與地方法律秩序——以江南地區「禁當行碑」爲中心〉，《法制史研究》第十五期，2009年6月，頁247～260。
〔註186〕《明清蘇州工商業碑刻集》，〈嚴禁至累綢鋪碑〉，頁3～4。
〔註187〕《明清蘇州工商業碑刻集》，〈蘇州府爲永革布行承値當官碑〉，頁53。
〔註188〕明・王德完，《王都諫奏疏》，《明經世文編》（六）（北京：中華書局，1962年6月第一版）〈四川異常困苦乞賜特恩以救倒懸疏〉，頁6下～7上。
〔註189〕《漕船志》，卷七〈興革〉，頁18上～下。

施，市鎮是提供商品貨物交易、流通之處，倉場則是提供商品貨物囤積、貯放之處；另外在鄰近河岸之處，則專有貯放商貨之用的「塌房」，同樣屬於倉庫性質〔註190〕。明代的倉場是指「倉庫」與「草場」之合稱，一般而言倉庫多以存放錢糧、商貨爲主，性質上屬於商業貿易場所；而草場則是堆放草料爲主，性質上則屬於軍事用途。

中國是以農業爲立國根本，爲避免因災荒所帶來的民生經濟損失，所以倉儲制度的設立同時具有社會救濟的功能。明代的倉儲設置主要功能在於儲粟，基於因管理方式的不同，則有官倉、民倉之別，以功能類別而言，則有贍軍與賑民兩種〔註191〕。倉儲既以貯放錢糧爲目的，事關國家經濟需求，明初即於南京等處營建軍伍、官舍，並陸續建立倉儲蓄以便支給在京軍衛及官員之俸祿〔註192〕，永樂遷都以後更大量營建北京倉儲，另建通州等倉以爲京師輔翼。在倉儲管理制度上，爲免官吏侵占挪用等弊端，洪武時期（1368～1398）即遣監察御史巡視各地倉廒。而京師、通州二地倉儲合稱爲「京倉」，主要是供應京師地區糧食之用，漕糧每年更以六分入京倉，四分入通州倉爲比例，貯放每年漕糧之數，以供應京師地區糧食消耗所需〔註193〕。爲確保龐大漕糧之供應，並禁革倉儲積弊，明代設置巡倉專差御史，負責巡察以南北兩直隸地區所在的倉儲。〔註194〕

對於倉儲積弊之禁革，通常由戶部發佈告示榜文加以禁約。宣德四年（1420）曾榜諭各倉，凡收支糧草官吏有偷盜、折收金銀者，正犯斬首處決

〔註190〕《明史》，卷八十一〈食貨志五・商稅〉，頁 1975：「初，京師軍民居室皆官所給，比舍無隙地。商貨至，或止於舟，或貯城外，駔儈上下其價，商人病之。帝乃命於三山諸門外，瀕水爲屋，名塌房，以貯商貨。」

〔註191〕黃眞眞，《明代倉儲之研究》（臺中：東海大學歷史研究所碩士論文，1983 年6 月），頁 7～9。明代倉儲雖以儲粟爲主要作用，另外又兼具有賑貸、平糴、救濟等三大功能，詳見：呂士朋，〈明代預備倉之研究〉，《第二屆國際漢學會議論文集》（南港：中央研究院，1989 年 6 月），頁 130～132。

〔註192〕《明太祖實錄》，卷一三七，頁 4 下，洪武十四年五月己酉條。

〔註193〕明・夏良勝，《東洲初稿》，《文淵閣四庫全書》集部（臺北：臺灣商務印書館，1983 年版，據國立故宮博物院藏本景印），卷十一〈議儲蓄〉，頁 22 下。

〔註194〕連啓元，〈明代的巡倉御史〉，《明史研究專刊》第十四期，頁 107～142。巡倉御史或稱爲「巡視倉場御史」，有時冠以巡察地區爲「京倉御史」、「南京巡倉御史」、「鳳陽巡倉御史」等別稱，其職務簡稱爲「倉差」。巡倉御史屬於中差性質的專差職務，倉差爲每歲一代，爲倉儲管理制度下的一環，主要職責在於查驗錢糧、禁革倉場弊端等事。

並追原物入官，家屬發往邊遠充軍。正統七年（1442）又榜諭各衛所支發月糧官軍，凡有通同作弊者，令巡倉御史與戶部管糧官拿問處置〔註195〕。明代爲禁革倉場官吏搶奪、侵佔錢糧之弊，律法皆有嚴格懲處，戶部湖廣清吏司陳儒（1488～1561）認爲，此等初犯者雖於本處倉場門首枷號一個月，再犯者則處以充軍之罪，但爲使其罪行能達到警惕之作用，建議將此等罪犯除原有責罰之外，另委請由戶部移咨都察院，再轉行各處撫按衙門，並翻刻大字告示於各處倉場門首張掛曉諭，若有仍有違法不悛者，必嚴加察究。〔註196〕

　　倉儲積弊除管倉官吏、差役的偷盜侵吞之外，更大部分來自所謂的常例陋規。應天巡撫黃希憲鑑於漕運上納之期將近，而地方卻正值災荒，爲體恤百姓稅糧負擔，特別出榜告示於倉場附近，開列禁革各項條約：

> 爲儧運糧儲事，炤〔照〕得冬兌之限，奉旨萬不容移，士民戶下田糧自宜星運貯倉，候官旗交兌，第值此奇荒，有能早辦國課便是急公，奈何糧官、堂書、衙役及倉歇、倉夫等人，尚爾種種需索屬民，殊可痛恨。本院開列嚴禁，如有陽奉陰違，仍前巧索者立提杖，決不姑饒，慎之愼之。
> 一、禁糧官下倉首名備飯之費縣行禁革，書役、皀快亦不許索取分文，違者提治。
> 一、禁該管堂書每圖〔圖〕規米二石，衙書差役每圖三石，今盡行禁革，敢有擅自索取顆粒者，定行提究。
> 一、禁煽颺差牌每圖規米二石，堂上衙內押兌差人每圖規米五石，今縣禁革，不許需索，違者提究。
> 一、禁倉歇小甲每圖規米三石，看倉腳夫每斛規米一升，今盡行禁革，不許需索，如違重究。
> 一、禁合縣差役凡遇比較每圖索錢三千，今盡行禁止，不許勒索分文，如違重究。
> 以上諸款，各宜恪遵，倘有故違者，絕不輕饒。崇禎十四年十二月初三日出示六倉場。〔註197〕

此五項條款皆是禁革倉場事務的陋規與例錢，主要有兩類：第一類屬於「例

〔註195〕《大明會典》，卷二十一〈戶部八・倉庾一〉，頁 12 上～下。
〔註196〕明・陳儒，《芹山集》（臺北：漢學研究資料中心景照明隆慶三年刊本），卷一〈監督疏・爲監督收放糧斛禁革奸弊事〉，頁 5 下～6 下。
〔註197〕《撫吳檄略》，卷一〈嚴禁約束告示・爲儧運糧儲事〉，頁 58 上～59 上。

錢」，如管糧官的特別支出，即所謂「備飯之費」等名目，以及官府差役追比稅糧所索取的金錢。第二類屬於類似耗米的「規米」，此項涵蓋層面最廣，包含管倉堂書、衙書、衙內等官府差役，以及倉歇小甲、看倉腳夫等力役，皆有索取規米數石不等。此外，轉運途中若因河道乾淺，則需出榜招募有車輛之家，以陸運方式運往京倉完納。〔註198〕

　　京師地區糧食需求龐大，皆仰賴各地漕運轉輸，若漕糧徵收不足數，或漕運運送失期，將會造成糧食短缺與米價上揚。成化六年（1470）七月，各地水旱災變仍頻，漕糧因轉運接濟之延遲，京師米價不斷上揚，竟增至原先糧價的 1.5 倍以上，然而漕運旗軍葉官二等人卻於途中，私將漕糧發賣，再以所得銀兩，於京師地區買米囤積，更是造成京師米糧短缺，致使京師米價不斷上揚，朝廷為此嚴加任何私賣漕糧與囤積行為，都察院遂奉聖旨出榜禁約：

> 欽遵除將犯人葉官二等收問外，擬合僣榜，前去在京并通州等處，各該倉場市鎮處張掛禁約，仰各照奏奉欽依內事理，一體遵守。敢有運糧官軍似前沿途糶賣原運糧米，覓利肥己，卻來京師臨倉買米，轉與運糧官軍上納者，許四鄰火甲并巡捕人役指實，拿送巡倉御史并巡捕委官處，轉送法司究問，治以重罪。仍將本衛所把總并官員一體叅奏，拿問施行。〔註199〕

這種強行私自收納漕糧，買米囤積並營放取利等情形，以官府衙蠹、地方豪強之家最為常見〔註200〕。對於漕糧轉運的稽遲延誤，已經造成京師地區糧食供應的恐慌，然而部分漕軍軍衛藉運送漕糧之便，私賣漕糧然後再買米囤積，不僅使京師米價上揚，更可能因缺糧而衍伸民怨、動亂，造成京師失序的情形，影響層面所及甚鉅。

　　衛所倉儲皆設有倉吏負責出納與管理，衛倉設有經歷，所倉設有吏目，分別專司錢糧出納事宜，指揮、鎮撫等官亦不得妄加干涉〔註201〕。管糧倉吏

〔註198〕 明・謝純，《漕運通志》，《北京圖書館古籍珍本叢刊》（北京：書目文獻出版社，1988 年 2 月，據北京圖書館藏明嘉靖七年楊宏刻本景印），卷八〈漕例〉，頁 37 上。

〔註199〕 《明代檔冊》，《中國明朝檔案總匯》第八十七冊，〈運糧旗軍不許沿途將米糶賣臨倉人戶不許囤米糶與上納如違本舡并巡把總官軍一體叅問例〉，頁 251～252。

〔註200〕 《瞿忠宣公集》，卷二〈覈徵解以足軍儲疏〉，頁 16 下。

〔註201〕 《明英宗實錄》，卷八十，頁 9 下，正統六年六月壬午條。

有時藉由職務之便，將倉糧、倉銀私下借給貧窮的衛所官軍，以便收取利息自肥，因此弘治五年（1492）詔令追查私放虛債的情形，並出榜加以禁約〔註202〕。對於邊境缺糧的情形，有時也採行出榜招商上納至邊關，暫時抒解缺糧的困境，同時由於倉場官攢、斗級等倉吏，侵佔錢糧情形嚴重，進而影響糧食的支出與損耗，朝廷遂有裁減倉吏員額的措施。不過員額裁減之後，所負責的倉儲事務反而加重，致使有些倉吏分管四、五倉，距離有時多達數百里之遙，奔走往返多所不便，於是葉盛乃奏請恢復正統年間事例，每倉仍除授吏目一員，以便提調收放倉糧事宜〔註203〕。衛所倉儲制度之管理，自正統時期（1436～1449）以後受到朝廷重視，並遏止衛所倉吏的侵盜行為，不僅注重對衛所倉吏的配置情形，更透過布政司、按察司、戶部官員等行政體系，加強對倉吏的統治管理。〔註204〕

　　對於倉庫的管理，無論是一般的糧倉與庫房、積貯商貨的塌房、軍事用途的衛所倉儲，皆在於著重確實查覈、禁止侵吞、禁止索取例錢等陋規弊端，對於各項禁約條例的發佈施行，通常張貼或懸掛倉庫附近，以便相關人員確實依法遵守。

三、鈔　關

　　鈔關是由古代關隘設置演轉而來，其性質則由稽察防奸轉化為課徵商稅。關於鈔關的設置，既以徵收過往客旅之商稅為目的，設立地點皆位於水道要衝，如河西務鈔關位於進入京師的門戶，杭州鈔關位於閩廣總道之上，金沙州鈔關則位於出雲黃京道〔註205〕。明代鈔關就性質而言，可分為工部鈔關與戶部鈔關：工部鈔關是指各處抽分竹木場、局，用以徵收物料、竹木器物為主，屬工部管轄；戶部鈔關則徵收過往客商之商稅，以船鈔為主。

〔註202〕明・謝純，《漕運通志》，《北京圖書館古籍珍本叢刊》（北京：書目文獻出版社，1988年2月，據北京圖書館藏明嘉靖七年楊宏刻本景印），卷八〈漕例〉，頁37上。

〔註203〕《葉文莊公奏疏》，《上谷奏草》，卷四〈經畫邊儲疏〉，頁8上、13上～下。

〔註204〕奧山憲夫，〈明軍の給予与支給について——正統、景泰朝を中心にして〉，收錄於《和田博德教授古稀記念——明清時代の法と社會》（東京都：汲古書院，1993年3月），頁146～151。

〔註205〕明・徐復祚，《花當閣叢談》，《續修四庫全書》子部一一七五冊（上海：上海古籍出版社，1997年月初版，據明萬曆刻本景印），卷一〈鈔關〉，頁12下～13上。

鈔關衙門廳堂亦張掛告示，以告知過往商民收稅之名目。如南直隸蘇州府長洲縣滸墅鎮，設有滸墅鈔關，其正堂為辦公之所，內懸掛有榜文，將所應收稅名目、銀數等項，榜示給予商賈行旅周知，正堂兩側則用以貯存文卷簿籍、船戶報單之處〔註206〕。此外，鈔關有時亦會設置告示板房，用以貯放告示榜文之用，例如維揚鈔關即於嘉靖三十九年（1560），由戶部主事魏堂重修告示板房五間。〔註207〕

鈔關所徵收往來商民之商稅，其稅銀數目甚鉅，明武宗南巡至揚州時，江彬傳旨要查報揚州大戶，當時揚州知府蔣瑤即以兩淮鹽運司、揚州府、揚州鈔關、江都縣並稱為四大戶，可見揚州鈔關所收商稅數額之鉅〔註208〕。從表4-4可知，從嘉靖至天啟五年之間（1522～1625），明代鈔關的總稅額增加1.56倍，其中以九江、北新鈔關所增加的稅額比例最高，分別高達原來的3.83倍與2.42倍，而河西務、臨清鈔關則呈現負成長的情形，稅額卻僅有原來的0.7倍與0.77倍。明代晚期隨著定額制的確立，各處鈔關為繳足所規定之稅額，開始增加各項商稅稅目，部分工部鈔關從原本抽分竹木進而加徵商稅，而原本屬於鈔關轄下之巡檢司，於巡緝職務之外亦徵收船料。種種情形顯示各處鈔關徵收商稅的稅率不一，造成明代鈔關稅制的日益複雜化現象。〔註209〕

鈔關聚集往來的商民，雖然促成市鎮的發達，但是由於鈔關所收商稅數目龐大，容易引起不法之徒的覬覦，進而喬裝成鈔關官吏，攔截向往來商船強徵稅鈔，甚至公然劫奪商民財物。萬曆四十五年（1617）八月，南直隸蘇州府即因假冒滸墅關之鈔關官吏，於熟縣東門外等處，公然盤稅擾民，除冒名詐騙之外，甚至劫奪商民財物，官府遂刊出告示，提醒往來商民注意，以免遭到訛騙，並嚴加禁約此等詐騙行為：

> 鈔關委官多係假冒，乃為窘於通塗，棍徒藉口盤詰殃民，其弊由來已久。今據假冒滸墅名色，伙眾分截，近害尤甚，民奚以堪，是亟宜杜絕，以寧土著。……亟圖刊之，以便速繳，擬合立碑，為此著仰原呈陳德、丁時、霍祚等星火採石，豎立於讓塘港、黃莊、三丈

〔註206〕李龍潛，〈明代鈔關制度述評——明代商稅研究之一〉，《明史研究》第四輯（合肥：黃山書社，1994年12月），頁28。

〔註207〕《維揚關志》，卷一〈建置第二〉，頁15下～16上。

〔註208〕《四友齋叢說》，卷六〈史二〉，頁54～55。

〔註209〕〈明代鈔關制度述評——明代商稅研究之一〉，頁42～43。

浦各通衢處所，永爲遵守禁絕。〔註210〕

滸墅關位於蘇州府境內，由於假冒鈔關官吏事態頗爲嚴重，經蘇州府移文查證，滸墅關並無差委官員至常熟縣抽稅，因此蘇州府於境內讓塘港、黃莊、三丈浦等各處要道豎立石碑，嚴禁各項禁約，以免過往商民被不法之徒所訛詐。

表4-4：明末鈔關定額變動表

時間 鈔關	嘉靖年間 （1522～1566）	萬曆二十五年 （1597）	天啓一年前 （1621）	天啓一年 （1621）	天啓五年 （1625）	增減情形
河西務	46,000	61,000	46,000	32,000	32,000	0.70
臨　清	83,000	108,000	83,000	63,800	63,800	0.77
滸　墅	40,000	52,000	45,000	67,500	87,500	2.19
九　江	15,000	20,000	25,000	37,500	57,500	3.83
北　新	33,000	43,000	40,000	60,000	80,000	2.42
揚　州	13,000	18,000	13,000	15,600	25,600	1.97
淮　安	22,000	32,000	22,000	29,600	45,600	2.07
總　計	252,000	334,000	274,000	306,000	392,000	1.56

註：1. 稅收單位：銀兩。
　　2. 資料來源：參考李龍潛，〈明代鈔關制度述評——明代商稅研究之一〉，加以整理比較。
　　3. 增減情形：是以嘉靖年間（1522～1566）爲基準，計算至天啓五年（1625）各鈔關稅額的增減變動情形。

事實上，假冒鈔關的差役訛詐往來商民事件，仍層出不窮，特別是一般的鄉里百姓，不甚瞭解鈔關的規定，更是容易成爲奸徒欺詐恐嚇的主要對象。崇禎十三年（1640）八月，即發生蘇州地區的鄉里之民，遭到假冒滸墅鈔關官吏的劫掠索詐，以逃漏繳稅爲藉口，屢加盤詰、搜查劫貨，造成交易商民的困擾，甚至有人因爲被頻繁的嚇詐所恐懼，以致於「斷絕來往，片帆不入府城」，官府見事態嚴重，於是多次申明禁令，並將告示於張貼鈔關附近，以期能安撫商民情緒，同時緝拿假冒鈔關差役歸案〔註211〕。假冒鈔關差

〔註210〕江蘇省博物館編，《江蘇省明清以來碑刻資料選集》（東京都：大安株式會社，1967年8月），〈關稅禁約石刻〉，頁560。
〔註211〕《撫吳檄略》，卷一〈嚴禁約束告示・爲督撫地方事〉，頁29上～下。

役所帶來的影響，除造成商品貨物的阻絕，更可能因爲米豆等民生物資的缺乏，進而形成市場供需失衡的社會隱憂。

　　爲逃避官方商稅的課徵，有些商人採取賄賂關吏，甚至有越海偷渡以免除商稅者。浙江地方的天開河，因地勢外連海口，不少商人受到煽惑，夥同當地腳夫人等，將貨物先由陸路運往海岸附近，再直接潛往海上行船，儼然近乎組織龐大的走私集團：

> 天開河、赭山港、翁家埠等地方，內連束心、長安，外通江塘、海口，地出積棍豪戶，結連船壩腳夫，□攬大起商貨，竟不輸稅，越海走船，名曰：「調彈」。有等愚商，聽奸播弄，不念資本，身命爲重，惜費冒險，誠爲可憫。〔註212〕

此官府告示雖以海上航行危險來勸諭偷渡商人，但最重點仍著眼在賦稅課徵減少，嚴重影響國家經濟運作，因此出榜告示嚴禁越海行船等走私之舉。除了逃漏商稅之因素外，海上航行素來爲朝廷所嚴禁，即是基於海禁之措施，爲其目的在於防止海上賊盜與倭寇串連劫掠，甚至有些官府更於各處地方張掛告示，嚴令民船不得出海，若有故意違抗者，許官軍於巡查之時，直接將民船逕行燒毀〔註213〕，皆是基於地方治安維護的考量。

第四節　水陸交通要道

一、關　隘

　　關隘爲往來交通之要道，凡道路關津皆屬要地，所謂「道路之關，濟渡之處，皆要地也。無事則啓閉以時，惟往來有事則通調車徒，爲之防守，亦據險保民之一事也。」〔註214〕平時則依時啓閉，若欲突發狀況則專司盤查，閉關防守以據險保民。關隘設置之目的，在於防止敵人入侵，特別是九邊之設，專以防禦蒙古勢力南下，一旦邊境遇警，則以兵部刊布榜文委由總兵

〔註212〕明・堵胤錫，《棍政紀略》，《北京圖書館古籍珍本叢刊》四十七冊（北京：書目文獻出版社，1988年2月，據明崇禎刻本景印），卷一〈申禁令・天開河嚴禁示〉，頁7上～8上。

〔註213〕《兵政紀略》，卷十〈嶺西經略・申嚴禁斷船隻行陽江新會新寧海朗等縣衛所〉，頁16下～17下。

〔註214〕明・黃紹文修，《六合縣志》，《天一閣藏明代方志選刊續編》七冊（上海：上海書店，1990年12月），卷一〈地理志〉，頁32下。

散邊傳布，獎勵官軍奮勇抵禦〔註215〕。成化十九年（1483）八月，以北虜入
寇大同等邊地，朝廷遣官前往巡視守備，並詔令官府刊布榜文曉諭沿邊軍
民，備言朝廷已嚴加防禦，不日寧靜，各地百姓無須爲流言所困惑而過度驚
慌〔註216〕。因此，若事關沿邊軍情要務，大多是沿邊到處張掛榜文，以便廣
爲曉諭，如正統七年（1442）禁約偷盜瓦剌使臣一事：

> 比先有等無籍小人，緣途偷他（瓦剌使臣）馬匹，已拿問明白，就
> 會同館前砍頭，去原偷盜處號令了。如今瓦剌使臣等又來朝貢，恁
> 都察院還出榜會同館前，及居庸關至宣府、大同緣途張掛，曉諭多
> 人知道，今後官員軍民人等，但有偷盜瓦剌使臣每馬駝及行李等物
> 的，正犯照例斬首號令，戶下人丁發遼東邊衛充軍。〔註217〕

此既事關外國使臣，遂從會同館前，并居庸關、宣府、大同等處沿邊緣途張
掛，以便禁革其弊。

關隘巡察的目的，除了防止敵人入侵之外，另外還需嚴防不肖商人的走
私販賣，做爲查禁違禁物品的檢查哨站。邊境上走私的貨物，主要是以私
茶與私鹽居多，洪武三十年（1397）詔命榜示通往西蕃經行的關隘，嚴禁
販賣私茶出境〔註218〕。永樂六年（1408）十二月，戶部奉聖旨出榜禁約，轉
發所屬都司、布政司、按察司，於各關隘上張掛榜文，嚴禁越境販茶通番
〔註219〕。景泰年間（1450～1457），又命都察院出榜禁約各布政司，凡外夷經
過處所，務要嚴加巡察，不許官員、軍民、鋪店之家私下與其交易物資，違
者全家發海南衛充軍〔註220〕。魏校在任職廣東提刑按察副使時，爲嚴行查禁
沮壞人心、煽惑心智等書籍，行文南雄府抄案轉發各州縣遵行，並大書告
示張掛於各地關隘去處，隨時差官盤驗，不許從外省販賣前項書籍進入廣東
境內。〔註221〕

至於國界邊境的嚴禁限制，尤以私販違禁品買賣最爲嚴格，特別是弓
箭、銅鐵等武器物資。永樂時期即規定關津之處嚴行盤查，凡有將軍器私賣

〔註215〕《明英宗實錄》，卷十，頁2下，宣德十年冬十月壬寅條。
〔註216〕《明憲宗實錄》，卷二四三，頁2上～下，成化十九年八月丁卯條。
〔註217〕《訓讀吏文》，卷四〈禁約偷盜瓦剌使臣馬駝行李事〉，頁235～236。
〔註218〕《大明會典》，卷三十七〈戶部二十四・課程六・茶課〉，頁14下。
〔註219〕《楊一清集》，《關中奏疏》，卷三〈茶馬類・爲申明事例禁約越境販茶通番事〉，
　　　　頁90。
〔註220〕《典故紀聞》，卷十二，頁225。
〔註221〕《莊渠遺書》，卷九〈爲風化事〉，頁56上。

出境，正犯斬首，家財充沒，成丁男子俱發三萬衛充軍〔註222〕。成化十二年
（1476）十一月，兵部右侍郎馬文升認爲，若以弓材、箭鏃、鐵器等物，私
相貿易於朝鮮與女眞，實非中國之利，因此奏請著爲禁例，於是「禮部請差
行人著爲例，兵部請榜諭京師并諸邊軍民，違者謫戌邊遠，會同館及沿邊伴
送官吏人等有縱之者，殼治其罪；若夷人挾帶出關，事覺拘入官，給還原
直，仍追究所鬻之人。」〔註223〕事實上武器等違禁品買賣的限制，除經濟因
素的考量之外，主要仍是防範女眞、朝鮮於軍需充裕之後，遂有興兵進犯之
虞，進而造成邊防的危機：

> 訪得建州海西女直及三衛達子，遞年赴京進貢，其在京并通州、遼
> 東地方，有等市利之徒及通事之家，周知法度，往往將牛角弓面及
> 箭頭一應鐵器，私自買與，以圖厚利。其遼東之人，甚有於中途將
> 腰刀、甲葉、鐮斧之類賣與海西女直造成弓箭，卻又與三衛達子易
> 換馬匹，復來開原販賣。〔註224〕

爲嚴格執行違禁品買賣的限制，即使貢使回程時，沿途於貢道各處關隘，嚴
密盤查有無挾帶違禁物品。

除沿邊關隘的巡察之外，各省城、縣城的城門也需要巡視稽查，以維護
城內居民安全。各地省城都市，每日城門啓閉皆有一定程序，並張貼告示通
知往來行人。常熟縣以濱臨大海，地勢堪稱險要，爲嚴防城池防禦，督撫特
出告示，督令守城兵壯確實登城巡視，多設火砲晝夜固守，凡城門啓閉、盤
詰往來皆須用心，並將告示張貼於城門附近，嚴加巡察不懈〔註225〕。葡萄牙
修士克路士（Gaspar da Cruz）曾於明代中葉至中國傳教，1556 年冬天抵達廣
州，在宣揚布教之際，也仔細觀察當地的生活作息並加以記錄，其中有一段
記載，是提及有關廣州城門啓閉與告示等情形。據載：

> 城內城外有的街道，都同樣在沿房的一側或另一側植樹遮蔭，郊區
> 的街道在盡頭處都有門，派有專人看守，他的職責是每晚鎖門，玩
> 忽職守要嚴懲，每條街都有一名警察和一所牢房。……城門一到晚
> 上就關閉，每座城門的雙扇門上貼有一張封條，蓋有官員的印。天
> 亮開門，也有個告示所有人的標記，那是一塊膠板上簽署有同一官

〔註222〕《洪武永樂榜文》，〈爲禁約私賣軍器事〉，頁 529。
〔註223〕《明憲宗實錄》，卷一五九，頁 7，成化十二年十一月癸亥條。
〔註224〕《訓讀吏文》，卷四〈禁約交通夷人賣與軍需事〉，頁 305。
〔註225〕《撫吳檄略》，卷一〈嚴禁約束告示·爲督撫地方事〉，頁 66 上～下。

員的名字。每道門一員將官，他是很受敬畏的人，手下有若干士兵，

日夜不斷防守每道城門。〔註226〕

廣州城門關閉於黏貼封條，並加蓋官員之印，另委由將官率兵卒嚴加防守，
是防止偷渡越關的情形發生。一般而言，明代的榜文告示通常是以紙張、木
板、石材等材質所製成，而克路士所記載的廣州城膠板告示，似乎較爲罕
見，應當屬於誤記。

圖 4-3：曉關舟擠圖

資料說明：袁尚統〈曉關舟擠圖〉，紙本設色畫，長 115 公分，寬 60 公分，現藏於北京故宮
　　　　　博物院藏。此圖描繪晚明時期的蘇州西門，剛破曉之際，晨霧籠罩，船隻首尾相
　　　　　接，爭相擠入水門，擁塞不堪的情景，反映出關臨的嚴格巡察，以及江南地區商
　　　　　業活動的熱絡氣氛。

〔註226〕克路士（Gaspar da Cruz），《中國志》，收入博克舍（C. R. Boxer）編著，何高
　　　　濟譯，《十六世紀中國南部行紀》（*South China in The Sixteenth Century*）（北
　　　　京：中華書局，1990 年 7 月第一版），頁 70～71。

二、驛 遞

明代的驛遞機構可分爲驛站、遞運所、急遞鋪等，其中驛站所負責的事務最多，計有宣傳政令、飛報軍情、接待四方賓客。在接待四方賓客的事務方面，京師另設置會同館〔註227〕，以其擁有屋舍與馬夫眾多，規制閎闊，遂有天下首驛之稱。根據蘇同炳研究，在北直隸地區的驛路與驛站規劃配置上，從京師會同館爲起點，往山東、河南、山西、宣鎮、遼東等地共分九條線路。其中遼東一線，主要是由京師會同館起始，經通州潞河水馬驛，沿途轉由遷安馬驛出山海關，直通遼東地區〔註228〕。說明京師藉由驛遞的網絡通路，以便確實掌握各地區的消息與動態，同時透過遼東傳遞遠在東北的女眞、朝鮮等相關訊息。遼東由於與朝鮮接壤，自然成爲明朝外交政策的執行者，平時負責檢驗貢馬、政令傳遞、嚴禁私賣交易與出入國境等事務，在兩國外交惡化時，則執行封鎖貢道的命令。〔註229〕

遼東地區驛站地接兩國邊境，重要性尤爲顯著，而官豪勢要之家催斂月錢、私放錢債等行徑，嚴重影響驛遞制度運作，提督遼東軍務都察院左副都御史還爲此特地出榜禁約：

> 切照遼東地方，內則附於京師，外則接於諸夷，最爲緊要之處，但凡一應軍需置辦，不產於民間，實出於衛所之別處，甚是艱難。自山海起至遼東一路驛站，走遞馬匹，近年以來，被官豪勢要之家弟、男、子姪、家人興販貨物，私放錢債，或催斂月錢，私謁屯堡，或探望親戚，枉行衛所。……許令本驛被害官軍，即將違法之徒，不分官員人等，就便擒拿，審實明白，枷杻解院取問，輕則量情發落，重則奏奏解京。〔註230〕

遼東地區既爲京師及宣府、大同之屏障，因此軍事戰略地位重要，凡通州至山海關一帶的橋梁、路道、驛站屋舍，若有所損壞，則需委由工部調撥軍民修治〔註231〕。基於軍事因素考量，喜峰口及大同、宣府等沿途要害關隘與驛

〔註227〕《明史》，卷七十二〈職官志一‧兵部〉，頁 1753：「凡郵傳，在京師曰會同館，在外曰驛，曰遞運所，皆以符驗關券行之。」
〔註228〕《明代驛遞制度》，頁 31～35。
〔註229〕葉泉宏，《明代前期中韓國交之研究 1368～1488》（臺北：臺灣商務印書館，1991 年 7 月初版），頁 83。
〔註230〕《訓讀吏文》，卷四〈禁約擅起站馬事〉，頁 255～256。
〔註231〕《明宣宗實錄》，卷三十一，頁 1 下，宣德二年九月辛卯條。

站，廣積糧料以資備用。〔註 232〕

　　驛站的職能既涵蓋飛報軍情、轉運軍需的功能，而驛站的位置與分佈，
更標示著官方實際控制的區域，若是處於征戰之際，一旦取得軍事行動的勝
利，驛站就得以往前延伸，代表疆域的擴張，反之則萎縮。藉由各地驛遞制
度的設置與聯結，建立起全國交通運輸網絡，有效地帶動水陸交通的各項運
輸，並確實傳遞政治、軍事、經濟等各項訊息，有助於國家整體各方面的發
展。〔註 233〕

圖 4-4：北直隸地區驛路圖

資料說明：取自蘇同炳，《明代驛遞制度》（臺北：中華叢書編審委員會，1969 年 6 月初版），
　　　　　〈北直隸驛路及驛站配置圖〉。

〔註 232〕《明英宗實錄》，卷一四六，頁 4 上，正統十一年冬十月癸卯條。
〔註 233〕楊正泰，《明代驛站考》（上海：上海古籍出版社，1994 年 6 月第一版），頁 4
　　　　　〜5。

　　驛站既兼具負有接待外國使臣與賓客的功能，爲宣揚禮儀之邦的威儀，則規定驛所官吏招待外使的各項細則，因此在管理規範上頗爲嚴格。對於驛倉需要時常巡視，若有傾頹等情形，則以木料、磚瓦等物料修築堅固，並時常建築牆垣、修整房舍，並禁止官吏擅自使用驛站馬驢與舖兵，並出榜文於各急遞舖所嚴加禁約：

> 一、急遞舖所。仰本府州縣行移所屬提調官及舖長，時常點視境內舖舍及合用什物，務爲完備，如有損壞，即便修補，仍嚴督舖司晝夜聽候走遞公文，不許暫離。凡遞公文不許磨擦封皮及稽遲沈匿，仍出榜文各舖禁約往來差使官員人等，不設役使舖兵，損壞舖舍。〔註234〕

除了擅自役使驛站內馬驢與人夫的弊端，亦有官吏收受不當錢財，將原本搬運官物的差事，聽任有錢者逃避差役，而勒令無錢者勞苦搬運，在工作分配不公平的情況下，致使部分的役夫不堪工作勞苦，而紛紛私下逃走〔註235〕。爲遏止相關的驛遞事務弊端，通常是經由榜文告示發佈禁令的方式，予以禁革約束。

　　此外，順天府薊州漁陽驛爲修整驛站屋舍，曾發佈〈驛舍修理事〉的告示，準備籌措物料，以便修復因風雨而倒塌的房舍、牆垣，並申誡驛站庫役確實應役，敢有藉故點卯不到者，嚴懲不恕〔註236〕。值得注意的是，此次告示是由漁陽驛丞所發佈，驛丞職官品秩雖低，尚且有發佈告示之權力，說明只要是各機關衙門的負責官員（掌印官），都具有發佈告示的權力。

三、港　口

　　中國水系主要是以黃河、長江爲主要流域，縱貫兩大水係之間，則有維持明代經濟命脈的運河，而黃河流域時有改道，能航行船隻之流域不多，故不如長江與運河之暢行無阻。正因爲南北地形差異，影響交通運輸工具的使用，遂有「南船北馬」的區別，而江南地區水系龐雜，沙洲更列於江中，沿河城鎮不計其數，人口密度大多集中於沿岸，因此往來交通多取決於水道，舟船遂爲其主要交通工具。

〔註234〕《明代遼東檔案匯編》，〈廣寧左中等衛塡報軍器城池公廨印信廟宇囚犯等各種事項文冊〉，頁233～234。
〔註235〕《昭代王章》，卷四〈榜文程規・肅清驛遞〉，頁3下～4上。
〔註236〕《訓讀吏文》，卷四〈驛舍修理事〉，頁271。

長江流域船隻往來頻繁，但因江面寬闊，時有風浪，而船戶在受雇運送財物時，造成財物損失，須照價賠償〔註237〕。若是遭遇險灘，致使風浪湍急，航行極為不易，甚至有船隻翻覆之虞，造成無辜人命傷亡。如湖廣岳州府城北之城陵磯，位於川、廣、雲、貴之要衝，凡朝廷遣使西南、官府政令傳布皆經過此處，更是商賈民庶往來必經之地，但因地處低窪，每年夏秋之際，江河匯流湍急，舟行多受阻礙〔註238〕。基於保護船上乘客之人命安全，南京都察院遂於長江沿岸渡口石碑旁增設「靜渡旗」，凡遇風浪較大時則禁止船隻行駛以確保安全：

> 長江渡船攬裝人貨多至滿載，任風濤狂湃，亦所不避，且停棹中江，多方勒掯，致使舟覆人溺，歲月千百，有人心者，誰不動念？查得本京各埠口如龍江浦口、觀音門直江口等處，渡錢已議，有遠近盈縮成規，瓜州京口以立有渡船，渡子官給其直，勒石有禁。仍豎旗石側，遇風扯起，以示莫渡，名曰「靜渡旗」，此誠防危之策，相應通行。〔註239〕

除龍江浦口、觀音門直江口之外，另於長江沿岸梁山、采石等數十處渡口設置相同旗幟，作為示警之用，凡有渡夫不遵守禁約，擅自偷渡行駛者，官府得究拿問罪，而明代規定若撐船遇風雨險惡，不許開船，否則處以笞刑〔註240〕，以確保乘客生命安全。這些長江沿岸的渡口，原已設置石碑刻有官府禁約，而此「靜渡旗」之設，同樣具有告示禁約的功能。

相較於黃河、長江之風浪侵襲，各地方河道雖不及長江、黃河水面寬闊，流域廣大，但因人為因素所致，同樣發生渡船翻覆之危險。船戶是擺渡、操舟為生的人口，屬於四民之外，皆依賴舟船雇傭為業，其性質有雇傭於民、雇傭於官兩類〔註241〕。船戶擺渡的工資並不豐裕，有時載客僅有數文錢，以如此微薄的收入，實難以糊口維生，因此有部分船戶常以超載的方式，以便

〔註237〕明‧張肯堂，《𠌶辭》（臺北：臺灣學生書局，1970 年 12 月初版，據明崇禎年間原刊本景印），卷一〈夏尚儒〉，頁 22 下〜23 上。船戶王順成曾受雇於夏尚儒運送麥子，但因途中遭遇風浪，致使麥子漂損，遂協議還銀四十五兩。

〔註238〕李東陽，《李東陽集》（長沙：岳麓書社，1985 年 1 月第一版），《文前稿》，卷十二〈岳州府新築永濟堤記〉，頁 170。

〔註239〕《南京都察院志》，卷九〈操江職掌‧巡約十八則〉，頁 27 上〜下。

〔註240〕《明代律例彙編》，卷十五〈兵律三‧關津‧關津留難〉，頁 681。

〔註241〕吳智和，〈明代江河船戶〉，《明史研究專刊》第一期，1978 年 7 月，頁 35〜40。

獲取較多工資。南昌府生米鎮的船隻常遇風雨翻覆，其原因便在於船戶貪圖渡船錢兩，致使船上多超載乘客，驟遇風雨來襲，動輒翻覆溺斃。對於船戶載客之規定，雖然先前官府已有禁令限制，但船戶並未遵照施行，仍舊違犯如故。因此知府范淶再次申明前令，並豎立石碑與木榜於生米鎮埠口、圓覺寺渡口，嚴加約束：

> 爲今之計，合宜於生米鎮埠口，編立總甲一名，專管船隻，仍編定字號刻於船頭，開具船戶姓名、籍貫，手冊送縣立案，以便稽查。更刊刻大字石碑，或厚木榜牌，豎立埠口，額定每傳大者許載二十餘人，小者載十五、六人，仍照舊規每人出船錢伍釐，責令逐日輪流，挨照原編號次攬載，不許攙越。〔註242〕

爲確實解決船戶爭相攬載乘客的問題，知府范淶乃議定編列各船戶之號次，使其依次攬載，並遵守乘載人數限制，以免因招攬過多乘客，而造成船隻過重翻覆之危險。基於紙張之告示容易破損，石碑、木牌之質地耐用而不易損毀，故而官府所豎立之禁約告示，主要有大字石碑與木榜牌兩種。因此石碑、木牌多爲渡口常見之告示型態。

渡船超載所造成之乘客溺斃，尙屬船戶的無心過失，然而部分船戶則是憑藉操舟技術，夾帶私鹽販售〔註243〕，甚至還有勾結盜賊，劫奪往來的商船。這種劫奪商船財物的情形，在廣東沿海地區一帶尤爲嚴重，由於事件過於頻繁，萬曆三十九年（1611）四月瓊州府知府翁汝遇，爲此嚴行禁令且立石刻碑，明令今後今後商船被劫，則視船戶爲必然疑犯而加以問罪，企圖阻絕不肖船戶與盜賊勾結的可能性：

> 瓊州府知府翁，訪得海船行劫皆船戶通賊同謀分贓，如班船戶毛壬林、陸俊良等以拏正法外，合行禁約，今後商船被劫，則拿船戶依強贓得財律問罪，船沒官。信地官不行擒獲，通提究革，裁支月糧，的無虛示。萬曆三十九年四月立石。〔註244〕

〔註242〕明・范淶修，《萬曆・南昌府志》，《中國方志叢書・華中地方》（八一〇）（臺北：成文出版社，1989年3月臺一版，據明萬曆十六年刊本景印），卷二十五〈藝文・南昌府爲禁革渡船重載以一法守事〉，頁40上～下。

〔註243〕《明神宗實錄》，卷五二八，頁11下，萬曆四十三年正月甲戌條：「長蘆巡鹽御史潘之祥條議鹽法。一、防沿河夾帶，議於德州、臨清、東昌、濟寧四處各委巡河巡鹽等官，凡官船糧艘嚴加搜緝，如有夾帶，究治船戶。」

〔註244〕《民國・瓊山縣志》，卷十六〈府堂禁約碑〉，頁14下～15上。

部分船戶之惡劣行徑，確實引起官府的嚴密注意，而俗諺更有「十個舡家九個偷」的說法〔註245〕，可見船戶爲惡情形之嚴重。而行商客旅在雇用船戶載運貨物之時，尤爲戒愼警惕，不僅是透過信用較好的埠頭、介紹腳頭船戶，然後選擇忠厚老實之船戶，簽訂契約載明貨物交卸、損失賠償等細則〔註246〕。因此，對於瓊州府知府將境內商船被劫，則視船戶爲必然疑犯的規定，乍看之下似屬不合理的禁令，但事實上卻是反映出惡劣船戶劫奪商貨的存在事實，以及船戶與盜賊緊密共生的結構關係，故而透過告示禁約阻絕此種不法情形之擴大。

　　河道渡口所設立的禁約石碑，不僅是約束船戶與商船之船隻行駛安全，更因水道船隻往來頻繁，容易引起盜賊劫掠〔註247〕，因此也對防範盜賊產生相當的警示作用。江河水道之上雖有官府添發遊兵，往來巡捕盜賊，然因商船獨行或於凌晨、夜晚航行，皆是遊兵巡邏之外的死角，極易遭受盜賊的襲擊，官府爲此出示嚴禁商船獨行，並避免在凌晨航行，若有不遵守者，官兵巡察時，將船主押送官府並於埠岸枷號示警：

> 合給告示申飭，今後商船俱要晏行早宿，敢有仍前凌晨獨發及孤艇夜行者，仰哨捕官兵徑行截捕，將船主押送德慶州官查照舊例，枷號於埠岸示警。〔註248〕

江西撫州府等處雖然於河道附近都設有船兵，陸路設有保甲，但因巡捕衙門的怠忽職守，致使地方不得寧靜，即使擒獲盜賊，竟也任憑姑息釋放，布政使沈演遂於任內厲行申斥，並張貼告示曉諭官民，船兵需於河道上往來巡察，保甲則於陸路偵緝，相互會同支援，務使盜賊消聲匿跡。若官府仍聽任釋放盜賊，許受害百姓陳告，懲處重治不貸。〔註249〕

　　事涉海港、航運等事務，官方告示榜文則會張貼於港口附近。洪武二十

〔註245〕明・程春宇，《士商類要》，收錄於楊正泰，《明代驛站考》（上海：上海古籍出版社，1994年），卷二〈船腳總論〉，頁294：「千貨千弊，百狡百奸，是貨皆在裝卸之中動手，是船個個俱會偷竊，諺云：『十個船家九個偷』，信哉！」

〔註246〕韓大成，〈明代工商業管理〉，《明清論叢》第二輯（北京：紫禁城出版社，2001年4月第一版），頁152～153。

〔註247〕吳智和，〈明代的江湖盜〉，《明史研究專刊》第一期，1978年7月，頁107～137。

〔註248〕《兵政紀略》，卷二十四〈嶺西經略・申斥江防夜禁示〉，頁19上～下。

〔註249〕《止止齋集》，卷十八〈彌盜安民事〉，頁24下～25下。

年（1387）四月，朝廷限制麻鐵出境，即揭榜於海上使軍民臣民知曉，便是指將禁令張貼或懸掛港口附近〔註250〕。明代中晚期以降，因沿海地區倭寇肆虐，漳、泉地區屢遭侵擾，當地官府除申明原有律法以外，更制訂新法嚴加禁止。基於往年禁令舊例，僅著重嚴防通番規定，而今則應斷絕倭寇的物資接濟，方為首要之急，遂建議嚴加查緝鎗刀、鉛銃等違禁物資不許擅自出海：

圖 4-5：易州龍灣二廠榜示碑圖

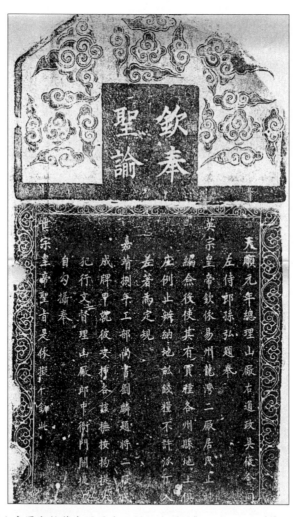

資料說明：取自《北京圖書館藏中國歷代石刻拓本匯編》五十四冊，〈易州龍灣二廠榜示碑〉。

查歷年明例，止嚴通番之條而不及於接濟，蓋彼時此風尚少，為便奏聞，今接濟之奸，以便於泉漳、寧波矣，而可不嚴定法治乎？合無勅下該部，再加參詳，此照前往番國買賣、潛通海賊、同謀結聚及為嚮導劫掠良民者，正犯處以極刑，全家發邊衛充軍事例，特為題請增入，轉行都察院榜示沿海地方，以杜接濟。〔註251〕

基於現實環境的改變，原本禁約條例已漸不適用，於是透過刑部詳審議定之後，增入杜絕接濟的相關事例，然後再轉行都察院榜示沿海地方，以期在缺乏物資接濟的情形下，重創倭寇之氣勢。而這些新定條例與舊例並行，仍轉發巡撫、按察等官刊刻榜文，曉諭沿海關津港口等處，凡有違犯者，依例重處。〔註252〕

〔註251〕明・王忬，《王司馬奏疏》，《明經世文編》（三）（北京：中華書局，1962年6月第一版），卷一〈條處海防事宜仰祈速賜施行疏〉，頁23上～下。
〔註252〕《明神宗實錄》，卷四九六，頁2下～3上，萬曆四十年六月戊辰條。